"十二五"国家重点图书出版规划项目

会计经典

会计中的经济学

The Economics of Accountancy

[美] 约翰·B·坎宁 著

宋小明 谢盛纹 译

立信会计出版社
LIXIN ACCOUNTING PUBLISHING HOUSE

图书在版编目(CIP)数据

会计中的经济学/(美)坎宁著;宋小明,谢盛纹译.
—上海:立信会计出版社,2014.6
(会计经典)
ISBN 978-7-5429-4058-2

Ⅰ.①会… Ⅱ.①坎… ②宋… ③谢… Ⅲ.①会计学 Ⅳ.①F230

中国版本图书馆 CIP 数据核字(2014)第 097113 号

策划编辑　　黄成艮
责任编辑　　黄成艮
封面设计　　陈　楠

会计中的经济学

出版发行	立信会计出版社				
地　　址	上海市中山西路 2230 号		邮政编码	200235	
电　　话	(021)64411389		传　　真	(021)64411325	
网　　址	www.lixinaph.com		电子邮箱	lxaph@sh163.net	
网上书店	www.shlx.net		电　　话	(021)64411071	
经　　销	各地新华书店				

印　刷	上海中华印刷有限公司			
开　本	670 毫米×965 毫米　1/16			
印　张	17.75		插　页	4
字　数	235 千字			
版　次	2014 年 6 月第 1 版			
印　次	2014 年 6 月第 1 次			
印　数	1—3100			
书　号	ISBN 978-7-5429-4058-2/F			
定　价	68.00 元			

如有印订差错,请与本社联系调换

会计经典编辑指导委员会

指导委员会

主任委员　葛家澍　郭道扬

委　　员　(以姓氏笔画为序)

　　　　　于玉林　王庆成　王松年　成圣树
　　　　　吴水澎　汤云为　张文贤　张以宽
　　　　　杨宗昌　徐政旦　盖　地　傅　磊
　　　　　常　勋　裘宗舜

编辑委员会

主任委员　邵瑞庆

委　　员　(以姓氏笔画为序)

　　　　　李颖琦　邵　军　张维宾　曹惠民

前　言

数年前,我受命在斯坦福大学设立一门适合于想成为职业会计师的人学习的专业课程。最初的问题在于如何使那些提出这项计划的非会计专业人士能够很好地理解职业会计师的工作。我之前所接受的训练和兴趣是在经济学方面,作为经济学家,我曾以较为自由但却不甚了了的方式使用会计师的数据资料。所有这些,使我能够从一个经济学专业学人的角度对会计理论和实务进行深入研究。本书即是该项研究主要成果的展现。

鉴于某些对读者而言颇为明显的原因,本书所涉及的仅仅是有关职业公共会计师的理论和实务。我并不认为,本书这种总括性说明可适用于指导私人会计师或任职于各种企业的会计师及簿记员的工作。倘若要对上述各个领域做全面的科学研究,绝非一人之力可以成就,而是需要许多研究人员共同努力。

一项对会计学二次文献的调查研究不久之后就使我明白,我必须借助于来自各个方面的所有可能的文献资源。当然,在各种相关著述中存在大量真实而重要的论述,同时还包含许多有关会计师有意采用特定程序的说明。这些作者实际上并不赞同此类想法,而且,这些想法本身也没有形成自我协调一致的体系。事实上,真正重要的并非这些想法本身,而是一项程序的统计结果。"想法"本身是很私密的事情。想要获知别人的想法,很大程度上只有依靠推测。而统计结果则是公开面向世界的。本书试图通过一定的努力,指出部分此类统计结果的经济意义。

我所依赖的主要是会计师工作的实际样本,其中既有公开的,也有私下流传的。其中,许多样本是经过验证的。我尤其注意广泛收集各种不同级次的企业和不同行业所编制的报表。对于各个报表上所附证明的言辞,我并未过多地留意。然而,显而易见的是,我所能处理的只能是一个样本——没有人能同时顾及所有实务。我不能保证我已经完全避免了所有疏漏,也无法说对所有观察到的事实都作出了准确解释。

感谢包括本书注释中所引介的各位作者在内的所有相关文献的著作者,尤其感谢科勒、哈特菲尔德、麦肯锡、蒙哥马利、佩顿、斯蒂文森和斯普拉格。也感谢其他一些著作和论文的作者。感谢我之前的一些学生,他们的激励和积极贡献促进了我观念的形成,对他们的感激之情是难以言表的。欧文·费雪教授和罗亚·米嘉博士对本书第八章提出了很有价值的评注和有益的建议,在此谨致以诚挚的谢忱。费雪教授的著作对我的思想影响颇大,其影响贯穿本书。在书稿写作过程中,同事玛格丽特·梅丽金小姐和卡尔·B·罗宾斯先生通读了手稿,提出了很多建设性意见。特别要感谢我的妻子,感谢她对我研究的鼓励,以及在本书写作过程中提供的支持和帮助。

约翰·B·坎宁

1929 年 9 月 10 日于斯坦福大学

目 录

第一章　会计的学术地位 ……………………………………………（1）
　　经济学家对会计师的依赖 ……………………………………（1）
　　经济学与会计学渊源的不同 …………………………………（3）

第二章　资产的性质 ……………………………………………（7）
　　会计基本等式 …………………………………………………（7）
　　资产的属性 ……………………………………………………（9）
　　资产的定义 ……………………………………………………（16）

第三章　资产:解释之难 ………………………………………（18）
　　定义不完整的项目 ……………………………………………（18）
　　估值账户 ………………………………………………………（20）
　　商誉 ……………………………………………………………（29）
　　第二、第三章概要 ……………………………………………（34）

第四章　负债与所有者权益净额 ………………………………（36）
　　所有者权益总额 ………………………………………………（36）
　　所有者权益与负债的区别 ……………………………………（38）

第五章　负债与所有者权益净额:解释之难 …………………（46）
　　次级债务 ………………………………………………………（47）
　　优先权的区分 …………………………………………………（49）

术语方面的困难 …………………………………………（51）
　　公司的所有者权益净额 …………………………………（54）

第六章　总收益 …………………………………………………（69）
　　收益的概念 ………………………………………………（69）
　　"最终收益总额"的定义 …………………………………（73）
　　一个时期的总经营收益 …………………………………（78）
　　一定期间的总财务收益 …………………………………（84）
　　总财务收益与总经营收益的比较 ………………………（89）
　　本章总结 …………………………………………………（95）

第七章　净收益 …………………………………………………（96）
　　净收益没有定性特征 ……………………………………（97）
　　总收益抵扣项目的性质 …………………………………（97）
　　损益表 ……………………………………………………（104）

第八章　收益的计量 ……………………………………………（109）
　　会计师理论与经济学家理论的比较与对照 ……………（109）
　　费雪理论概要 ……………………………………………（111）
　　费雪理论与会计师理论的比较 …………………………（120）
　　费雪和会计师处理收入的优缺点 ………………………（130）

第九章　财务状况 ………………………………………………（135）
　　文献中未定义的"财务状况" ……………………………（135）
　　会计师估价的假设前提 …………………………………（141）
　　"财务状况"的理想定义 …………………………………（144）

第十章　会计师的估价问题 ……………………………………（147）
　　会计师所受的约束 ………………………………………（147）
　　价值理论与计价理论 ……………………………………（148）

  关于未分类总体的命题 ···（150）
  关于类和子类的命题 ···（151）
  关于样本的命题 ···（152）
  优越性的标准 ···（153）

第十一章　计价程序：直接计价 ···（155）
  采用直接计价必须具备的条件 ······································（155）
  财务项目的计价 ···（158）
  存货计价 ···（161）

第十二章　间接计价 ···（172）
  "资本价值"与"谨慎投资者的计价方法" ······················（172）
  谨慎投资者的估价方法 ··（176）
  会计师的间接计价方法 ··（180）

第十三章　重估价技术：简单法 ···（186）
  初始计价 ···（186）
  调整初始价值或重估价 ··（188）
  说明性重估数据 ···（196）
  直线法公式 ··（200）
  偿债基金公式 ···（207）
  余额递减法 ··（209）
  年数总和法 ··（210）
  工作量法 ···（211）

第十四章　重估价技术：调整后的方法 ······································（216）
  修正的直线法 ···（216）
  修改后的偿债基金法 ···（220）
  余额递减法和年数总和法的修改 ···································（220）

工作量法的修改 ·· （221）
　　首次修改：忽略利率 ·· （223）
　　工作量法进一步的修改：包含利率 ····························· （225）
　　工作量法的修改公式 ·· （233）
　　相等的利润率公式 ··· （233）
　　第十三章、第十四章总结 ······································· （234）

第十五章　总结与展望 ·· （237）
　　会计学与经济学的专业区别 ····································· （237）
　　会计数据的未来趋势 ·· （247）
　　经济学家的会计学习 ·· （252）

附录 A　重估价与单位劳务成本：几种公式所产生结果之比较 ······ （257）
附录 B　优先标准：一种用以测定两种方法相对优势的方法 ········ （269）

第一章　会计的学术地位

在学术的大家庭里,会计学充其量只是一个新生儿。尽管簿记记录产生至今已有好几个世纪,公共会计师作为一个实践性职业也已有七十多年历史,会计学作为一门学科在美国大学课程中出现,却不过短短二十几年。然而,就在这样一个很短的时期内,尽管开设课程门数并不多,但不论教学单位、教职人员,还是选修这方面课程的学生人数的增长却非常迅速。

不言而喻,随着会计所提供的职位数的增加,会计教学和会计著述的质量也应该同步提高。由于选修会计学的人数快速增长,学校不得已从从未接受过会计学术训练的人中选派教学人员。早期大学教材大部分是为簿记员和好学上进的初级职员编写的程序性手册,而不是专为大专院校学生编写的课本,这种状况迄今依然如此。现今,每年出版的各种著述,依然采用以前的形式。除少数极为杰出的著作外,大部分著述强调的重点依然在程序方面,而不是进行系统的分析;即便是那些旨在对公司问题进行分析的著述,通常情况下也不过是对公司经营做一些简单的分解。人们讨论会计报告的具体形式,只是把它当做会计的最终产品,而不是作为赖以作出有关政策选择的各项决策所依据证据的集合。

经济学家对会计师的依赖

有种似乎颇为流行的观念,认为会计学是经济学的一个分支。倘若不实质性地扩大通常情况下对经济学范围的表达,则很难说这种观念的道理究竟何在。所幸的是这个结论影响甚微。真正重要且日渐明晰的是,经济学家在经济调查中对会计师报告的运用正在日益增多。可以肯定的是,从学术角度看,是经济学孕育了会计学,但是,这种新型关系对作为母体的经济学的影响,远比对其孕育而生的会计学的影响更为巨大。对母体而言,这个新生体总体上是很难理解的,对其行为的解释,常常让人感到大惑不解。

需要说明的是,此处所言并非为了贬低会计实践者们在发展会计学方面所作出的贡献。尤其在过去二十多年中,他们付出了巨大努力,建立了一个颇具学术性的职业。在通常职业中,很少有人能在日益增长的极有价值的公共服务中有比这更好的表现。我真正想说的是,任何朝着好的方向快速变化的公共职业,都很难像会计这样对这么多人产生如此巨大的影响。在接下来的研究中,根本没必要过多地关注现代会计理论和实务所存在的巨大缺陷,尽管它迄今尚未表现出任何想要进行自我改善的迹象。

经济学家通常会误读和误解会计师的工作,并非因为他们有失勤勉。会计文献的特殊格式,使得除了那些有机会对会计进行深入研究的人之外,大多数人很难理解会计报告的真正意义,而大多数经济学家是不具备这个条件的。

本研究的性质和目的

假如要从经济学家的角度对会计师所使用的主要概念和主要业务做一简要分析并能切中要害,则来不得半点马虎。由于会计实务的快速发展,不仅会计本身处于不断变化之中,也使其极度缺乏一致性。为此,想要确定会计师在做什么,又有什么是他们没在做的,将会非常困难。在将一个专业的知识引入到对另外一个专业工作性质的理解中时,可能会取得暂时的成功,然而,不论这个成功有多大,都会因为理论和实务变化而很快遭到破坏。甚至在开展本项研究的过程中,起初所写的一些东西因为已经失去了出版价值而不得不被放弃。不过,即便如此,我们依然觉得,在现实中存在着一个较为稳定和一致的会计实务的核心体,它的存在足以保证经济学家完成此项研究之所需,前提是他可以保证不会错误地理解这些实务。

本研究要求在较大程度上关注经济学家对有关价值及企业关系中估值问题的看法。某种意义上来讲,这两个专业乃是处在同一领域,可以互相从对方的工作中获得裨益。本研究的目的是使人们可以更加便利、更加确定地接近会计师的工作成果,同时也引导会计师关注经济学家的研究成果,这将有助于会计师解决他们所遇到的一些理论和实践问题。假如能做到这样,哪怕两个专业中的某些思想可能并无实际用处,也依然会使相关人员受益。本研究是在确信两个专业都没有意识到它们可以互相提供帮助的前提下进行的。随着研究的加深,我们对此更加确信不疑。

本研究并非要从总体上考察会计理论和会计实务,也不是要对经济理论做总的考察。我们所关注的仅仅是会引起经济学家兴趣的那些基础性会计理论,以及对会计师而言极为有用的那部分经济理论。不同学派经济学家观点上的差异以及会计理论表达上的不同,不管多么有趣、多么重要,在此一概不予考虑。跨学科的理论协调是一项极为艰巨的任务。本研究感兴趣的只是这两个专业已经开始结合的区域。

经济学与会计学渊源的不同

早期经济学是一门博学和演绎的学问

不论是经济学家还是会计师,都无法找到其任何观念的确切起源,也无法追溯其发展轨迹。我们所能做的,只是从两个专业不同的文献渊源中,通过分析性研究找出其观点和术语上的差异,并做简单的说明。自产生种群意识伊始,经济学家就一直认为其学科属于社会科学的一个分支。他们从一开始就致力于社会领域的问题而甚少关注个人问题。正如他们饱学的祖辈一样,他们的想法,是从有关人类行为的一些自证性假设(有多少算多少)中推演出一个完整的思想体系,他们通常采用演绎法来推演出其思想体系。

我们不能把这种准欧几里得模式视为早期经济学家的过错。经济学的初创者不可能像现代经济学家那样拥有大量系统的调查成果。早期经济学家比其他学术群体依然要高明许多,他们主动地影响信息收集机构观念的形成和人员配备,为后世经济学家的研究做了很好的准备。不过,早期经济学著述的模式却往往引向错误的方向。许多应该作为假设的东西常常被毫不置疑地视为业已存在的事实;而且,其理论体系的很大一部分通常缺乏稳固的基础。此类事例有很多。即便在最近的著述中,他们依然基于假设市场条件下虚拟个体行为的推理来得出结论。事实上他们完全有条件对现实市场中真实个体的实际行为进行调查,但他们却依然故我地那样做。

比如在估值领域,只有在假定市场中的个体可以占有一定成本信息的条件下,有关成本与价格间关系的一些特定假设才会成立,问题是他们不但现在没有此类信息,以后也不可能会有。此类假设无论你如何精心修正,都不可能指望用它去解释过去的价格或预测未来价格。

经济理论中包含许多不太正规的量化研究成分,应该归责于统计信息不充分、统计方面的训练和经验不足。不变成本和可变成本,受固定、增量或减量成本条件约束的生产等概念,都属于量化概念,但对实际分析而言,这些概念都太过粗糙。①

早期经济学家的术语

就术语而言,我们有充分理由认为,为了让非专业人士能够接受其成果以便对公共事务发生影响,经济学家尽量避免使用系统而特殊的术语,

---

① 电话业务常被用来作为增量成本的例证,这个例子也可以用来解释我们的观点。如果我们同时观察大型电话企业和小型电话企业给定时期内的总成本以及该时期内当地用户的成本均值,的确可以发现,若按用户来计算,大企业的成本较高,小企业的成本较低。但是,这种分析并不足以支持这里所引用的一般假设。问题在于,对此处所谓单位成本而言,电话用户是否属于最有效的计算单位?电话用户肯定不是一个产量单位;用户从大公司和小公司购买的服务也不见得能够完全等同。如果能够确定一个适当的用以代表服务的计量单位,电话业务很可能会转而成为典型的减量成本例证,对此我们一点也不应该感到奇怪。如果以公司规模作为独立变量画出一条单位服务成本曲线,将会发现这条曲线上有很多显著的斜率变化和拐点。实际上,还没有哪家单一经营企业的规模大到其足以表明其最具规模经济特点。

而代之以普通语言。经济学家对解决具体问题所带来的积极影响,在抵销因为赋予资本、收益、成本及财产等术语多种含义所导致的令人绝望的混淆之后,究竟还能有多少剩余,我们对此很是怀疑。不过,这种混淆所带来的现实影响之一,是隐藏了经济学家向会计师所提供的最有成效的建议。

早期会计学是一种对技艺的描述

与从一开始就在传承一种博学专业的经济学家不同,早期会计学作者大都没经过学术训练。其著作充其量只是对他们所注意到的或者专为特定企业设计的簿记实务的描述。然而,无论他们所描述的是由来已久的复式簿记,还是眼下粗陋的簿记实务,都未曾显示出有什么系统化的思想,他们只是始终不懈地去展现技术性程序。像许多其他商业或职业群体一样,他们对自己的观点是自信满满,但论据却始终不足。

随着企业业务规模扩大,自然地需要有一种扩展了的会计记录方案,需要有特定的组织提供大量详细的记录资料。伴随着企业扩展的步伐,各种更为简化的方法、有利于节约劳动的设施,以及专门化的表格等纷至沓来。有关这类方法的描述广见于各类著作。随着审计师专业群体的兴起,人们开始通过会议和期刊进行经验交流。某些程序开始标准化并固定下来。一些经事实证明不甚便利或明显会带来不利后果的做法被放弃。然而,直至最近,会计师工作和会计学著述方面的进展依然还只是修补性的。肯定地说,这些修补是经过精心计划的,但无论如何也依然只是修补,并没有为了一个全新的开始而追溯到基本原理上去,并无任何会计"学派"被公认。在这个领域里,所谓应计制会计和成本会计的引入(后者要更晚一些)是复式簿记发明以来最显著的进步。

与经济学家不同的是,会计师总要面对更多(属于某种类型的)未知事实。他们经常被要求处理与现代大规模商业企业的交易、事件及变化中的关系相关的迅猛增长的大量信息。而且,随着企业组织的变化,这些信息的性质和内容也在不断改变。因此也就难怪会计师为何难以赶上变化的步伐。因为业务不会静止地待在那里等着你去分析、研究和描述。

早期会计师的术语

就术语而言,会计师和经济学家一样,也是用普通语言。他们也说资本、收益、成本及财产等,而且他们给每个术语赋予了更丰富的含义。① 总体来看,会计师并不像经济学家那样认为给一个术语赋予多种含义会导致混乱。一旦某个人提出"成本与市价孰低法"这样一种存货计价规则,学者们就会相继断言它是良好实践中一项普遍适用的规则。以半成品计价为例,学者们会比较"成本"与"市价"的定义,或者比较"成本"与"市价"据以产生的程序,他们会很快发现,现实中存在着各种不同的规则,而不仅仅是这一种规则。当进一步考察采用该"规则"的理由,关注所需遵循的程序时,就会发现不但有无穷的多样性,还会有无限的不一致性,尽管其差异并不很大。

必要的解释

经济学家所关注的社会问题往往有这样一种特质,即这些问题的解决需要大量信息,相对于其他信息来源,会计师所提供的信息往往更为适宜。当今时代,企业为了维护其财务安全并获得巨大的财务优势,需要具有更大的依赖性,会计师要为其客户提供最有价值的报告,将不得不转向经济学家寻求帮助。任何职业都不会拒绝相互利用,然而让人疑虑的是,这些职业相互之间对对方的工作究竟有多大程度的了解。

在此无须罗列究竟哪些社会问题是经济学家在没有会计师帮助的情况下不能妥善处理的。公共事务专业的学生谁都可以列出一份有关此类问题的长长的清单。我们同样无须列出经济学家用于帮助会计师的各种方法。这种清单不会引人注目,但确实蛮有用。

---

① 关于此类概念的含义,他们脑海中是否有比经济学的著作者们更多的想法,我们无从得知。只是在对具体项目(比如"成本")进行计量时所遵循的统计程序表明会计师关于该术语含义的理解更具辨别性,经济学家的语言却更大众化,他们的术语很难明确地说要包含或排除什么。

第二章 资产的性质

会计基本等式

所有经济学家都熟悉这个表达式:"资产－负债＝所有者权益"。这即是会计师所谓的会计基本等式,它有多种表达形式。然而,由于缺乏对等式中术语的细致阐述,包括经济学家在内,人们通常并未能准确把握该等式的整体含义。如果不能像经济学家那样对会计实务做长期研究,则将无法领会这个等式的含义,从而无法正确理解会计师报告。

毋庸赘言,即便从字面意思上讲,这个表达式也是不完善的;原因在于,假如"资产"与"负债"不同,则不能从一者中减去另一者。当然,此处所用的其实是一种总括的计量,或者说是对一种共性的计量,即三个术语各自货币价值的总括,但这还远远不够。这个等式究竟是在强调数量上的相等关系,还只是对某种特性的表达?也即是说,它意味着资产价值总额等于负债价值总额与所有者权益价值总额之和,还是资产价值总额是其余两者的数量之和?其间有着极为现实的重大差异。代表这些术语的每项总额是可以独立确定的,还是一项(或多项)总额必须由前一项总额(或多项总额)中导出?

每一术语的标题下所要计量项目的性质又是如何?显然,无论采用什么样的计量模式,计量的结果最终是否重要,取决于所计量事物的性质。作为术语的"资产"项下究竟包含哪些内容?资产是否具有这样一种属性,即当对每一项资产、每一个个体所拥有的资产进行适当计量之后,可以将其加总,从而得到可称之为社会资产的计量值?

虽然我们只强调三个术语货币价值的计量,但这并不意味着我们可以因此省了对计量结果进行解释的麻烦。显而易见,某些货币价值事实上很让人头疼。一个人所拥有货币资产的货币价值可以通过按标准单位清点货币来确定,但一匹一岁小马的货币价值就是见仁见智了;关于这匹小马价值的任何数字,都必然是通过估值程序的某些规则来确定——无论这些规则是否预先做了明确系统的阐述。问题是,如果某一种资产估值中所使用的程序与其他资产估值时所使用的程序不同,那么,这些价值的总计数又将被赋予何种意义?

"资产"的含义

或许只有在讨论完会计等式中各项术语之后,我们才能更好地考虑等式本身的含义。本章重点阐明第一个术语"资产"的含义。对会计师在进行资产计量时所使用价值指标的性质,为方便起见本书偶尔会有所提及,但那些内容将在本书后面部分做详细讨论,此处不做深入探究。本章讨论的重点,是会计师系统地视为资产进行处理的各类事物的明示及暗示性意义,至于这些意义是否适当、便利,将在第三章进行讨论。此处最困难的任务,是如何阐明那些通常列在会计报告中资产项下,但会计师一般又根本不视其为资产的项目的性质。

会计师对这一术语的定义

会计师所谓"资产"究竟是什么意思?假如你想在会计教科书中找到正式定义,首先你会惊讶地发现,许多(甚至是绝大多数)作者根本未曾给出过任何定义。你也可能会发现,某些所谓定义,事实上是将事物的性质与其计量混为一谈的。你无须查很多文献,就会发现人们所给出的定义是多种多样且十分令人费解的。进一步检查作者本人使用这一术语的情况,你会很容易发现,他所谓资产甚至是不符合他自己所给出的资产定义的。

此外，你还会发现，许多字面上符合资产定义的事物并没有列示在资产账户和报表中。想要广泛地收集有关资产的各种定义，将是一件费时费力，而且得不偿失的事情，你根本不可能穷尽所有。

为什么会出现这种状况，我们无从揣测。很可能是作者认为读者已经知道这一术语的含义，或者认为在各种情况下想要判断一项事物是否属于资产是非常容易发现或者毫无意义的。

不管是什么原因导致在资产的正式定义方面存在一些问题，我们还是有另外的方法来解决问题。我们可以通过广泛阅读来确定著者和实务工作者视为资产的项目究竟是何性质。这样总体上依然会有多样性特点，虽然差异会相对较小，但却更难发现。公共会计师标准实务在判断一个项目是否应该计入资产方面，可能比目前的书面理论更为有效。对于厘清这一术语的含义而言，观察实务可能比研究教科书作者的观点更为有效[1]。只有在教科书作者所写内容属于对实务的描述的情况下，我们才会以教科书内容作为参考。

资 产 的 属 性

资产代表可享受某种服务或收益的权利

不论是一项实物的有形存在，还是与该存在相关联的其他任何事物，都不足以将该物体确认为一项资产。并非所有资产都与具体的物体存在直接或近似意义上的联系。最根本的是，必须存在某些预期的、可识别的、

---

[1] 此处需要预先说明的是，后面对其他各项术语的考察，也将采用这种方法。首先，需要列出该事物的各种属性或判定标准，并予以说明；其次，区分逻辑学家所谓偶然性特征和基本或区别性特征；最后，对实务工作者提出的定义做一些建设性评价。显而易见的是，即便如此也不可能获得有关实务的终极的权威表达，因为没有人能够对所有的实务进行观察，也没有任何人可以说他的定义就是对该术语最终的完美表达。他只是描述了对该术语的更为规范、更具代表性的使用而已。而且，他也只是注意到了使用术语时及实务中一些真正具有较重要意义的变化。

分开的(或可分开的)服务(或收益)①,作为一种法律或对等的权利,为某一所有者所拥有,这种权利来自某些人或物,但却未必是确定的人或物。我们把一辆由某公司所有并在该公司业务中使用的货运卡车作为该公司的一项资产。但这并非因为对该实物的合法权利,也不是因为该实物的存在,也不是因此两者的结合才使它成为一项资产。最根本的原因,在于该卡车所提供的可预期的服务有助于公司实现利益。需要注意的是,此处所关注的并非该卡车所能提供的全部服务,也不是该卡车能为社会经济价值最大化所提供的全部服务,而仅仅是该公司从该卡车在本企业内部使用中能够便利地获得的服务。

合法权利的状态其实是不确定的。假设该公司通过一项租购合同(hire－purchase contract)获得该卡车(该合同尚未得到完全执行),且合同中明确约定,只要合同中任一部分尚未执行,则所有权仍归卖方。只要买方按照合同约定的期限继续履行合同,公共会计师就会毫不犹豫地将该卡车作为买方的一项资产列示,而不会将其作为卖方资产以票据(或允诺付款的其他形式)②列示。

无论对买方还是卖方而言,资产的本质皆在于预期的特定服务。对所有资产,都不能说服务的来源即为资产。然而,对某些项目(事实上是大多数项目)而言,不论是从实务还是逻辑上来讲,要区分清楚来源和源自某一资源的服务都有点吹毛求疵。举例来讲,对一张可流通应收票据的持有者而言,服务来源可能是票据的第一责任人、间接的第二责任人,也可能是不管是完全流通还是"无追索权"和(或)"无担保"转让的未知受让人,或者是某些"为名誉而支付"的人。显然,某些来源必须是可预期的,但却不一定是特定或确定的来源,有时甚至可以是无条件的来源(unconditional

---

① 本章及随后3章中对"收益"(income)一词的使用,与欧文·费雪教授在其《资本和收益的性质》(Nature of Capital and Income)中相同,也即是说,它可与"服务"(services)互换,而不在意具体服务的形式。据我目前所知,从来没有哪个会计作者曾赋予"收益"如此广泛的含义。

② 当然,细心的会计师会在他的报表或报告中列示买卖双方的全部状况。

source)。构成票据持有者资产的并非此种来源，也不是将证明是有价值的来源的事物(或人)。确证资产存在的最重要因素，是有价值的预期服务——未来某一时刻的货币回报。

"资产"和"服务来源"

在经济学家看来，坚持把服务而不是来源(不管来源是否明确)作为资产的本质属性会使资产这个概念变得使用不便、不完整或者空洞，这对于那些与费雪教授关于财富、所有权、资产和收益分析观点一致的人来说肯定是尤为正确的。实际上，对于经济学家来说，在其整个研究领域中，资产也许不是一个完全让人满意的概念。因为经济学家对所有来源都感兴趣，这些来源都会产生有利的稀缺服务，而不论这些服务的利益由谁获得；他同样对所有的稀缺服务感兴趣，而不论这些服务直接或最终来自何处。然而，会计工作却扎根于特定企业。除那些在企业中有用的服务外，一种既定的来源会产生哪些服务不是他所关心的。收益而非有形或物质意义上的资本才是会计师关心的重点。他不从事加总社会资本或社会收益的工作，为方便他人做这样的工作而提供统计数据也不是他的主要职责。

我们可以用两个事例来说明对资产总计数的运用超出其应有效用及混淆"资产"与"服务来源"的危险。比如，某园丁发现，在他的实验性幼苗中，有一种桃树，不论是对果园经营者还是顾客，其运输质量都远远超出其他竞争性品种。然而，众所周知，该园丁不可能从该树苗所带来的更新更好的服务中获得哪怕一丁点的好处。当他将已经嫁接好或可嫁接的苗木投入市场后，他的特殊优势很快就会丧失。种植此种苗木或将其嫁接到成熟果树上的果园经营者同样会很快地失去其大部分优势。尽管该苗木的推广能够带来巨大的社会效益，但没有谁的资产负债表会因此大幅改变，资产负债表的合计数中也不会明确或隐含地包含某项指标，反映出以该苗木作为最终或中间来源所带来的总体服务的增加。该资源所有者所占有的来自该来源的服务是极其有限的。

另一方面,特定所有者所用来增加其个人利益的服务,对社会服务总和的增加可能贡献极少甚至毫无贡献。黄金开采对企业资产负债表的影响并不局限于矿业公司,因为黄金开采量增加导致货币购买力下降可能影响到所有资产负债表。尽管我们可以将所有资产负债表上的价值按照固定购买力标准进行缩减,但金矿开采业资产价值的增长对整个社会的影响,却与铜矿业和铁矿业资产价值增长对社会的影响有极大不同。即便我们把进行此种比较的来源做进一步局限,仅限于三类矿业中的实体机构,情况依然会如此。会计师对服务的兴趣在于企业可以从中获得的实际利益。经济学家所关心的则是各种资源为人们提供服务的能力,不管是直接还是间接的。

"可修正权利"与"预期"

在目前会计实务中,显而易见的是,一项权利想要成为资产,必须是合法合理的,而不能仅仅是"道义上的权利"或纯粹的预期。如果 B 在一份人寿保险合同中指定 A 为受益人,则 B 依然保有用另一个人取代 A 的权利而无需经 A 同意。只要 B 活着且不取消这一保留权,会计师就不会确认 A 拥有这项资产。即便在法庭上,B 对 A 在道义上的责任也不足以取代这一可修正权利。

进一步讲,权利必须具有强制性。如果权利依然存在但补救办法已经取消,资产也就不存在了。此类事例比比皆是。比如 X 由于破产而免除了对其债权人 Y 的一笔未付款项,Y 的这项资产也就不存在了。不过,破产豁免并不破坏债权债务关系,而只是抑制了债权人的司法补救权,债务人很乐意免于诉讼。但倘若豁免后 X 答应照付欠 Y 的款项,Y 就可以针对旧账提起诉讼,而不管是否会出现有关于 X 的任何新的事项①。在 X 承诺偿还旧账的情况下,会计师可以重新确认资产。

---

① Brandenburg on Bankruptcy, 4th ed., Sec. 1538.

完全未执行的有效合同

但是,并非所有可获取收益的有效权利都会被会计师视为资产。如果享用某项服务必然伴随着同时发生且等价的补偿义务,形成对服务的抵偿,会计师就会从资产列表中将此项可获收益剔除出去。因此,如果 A 签订了一项为期一年的房屋使用合同,约定于每月最后一天等额支付租金,在 A 的账簿上就不能记资产,除非他自愿提前支付租金。① 关于这份合同,在 B 的账簿中唯一可能出现的资产,是 A 尚未支付的"赚得"金额。如果 B 签了合同要为 A 生产商品并负责送货上门,在尚未递送商品也没有支付货款之前,不论在 A 还是 B 的账簿上,都不会因为该合同而出现任何资产,也不会出现任何相应的负债。

在对双方均有效的合同下,如果可获服务不仅在交易时间上而且在价值量上都总是能被所提供服务完全抵销,那么,从资产列表中删除此种收益也就无任何不便了。然而,几乎不用观察就能知道这种对等状态并非经常存在。B 可能在很早时就已经订立合同,确定在 A 的资产负债表日之后一段时期内以大大低于目前市价的价格向 A 供应商品。从 A 的资产中排除此类资源,会使其资产负债表表明的财务状况远远差于实际状况。同时,从 B 的资产负债表中排除该合同的影响,又使其资产负债表中所显示的财务状况优于实际。在有关资产估价的章节中,我们将进一步讨论此类合同的重要性,其估价模式,以及对资产负债表的正面影响。

有效合同不对等的部分执行

在此,我们不妨来讨论一下上面所述合同类型的不对等执行,也就是说

---

① 有些会计师可能对此存有异议。他们可能会认为 A 所支付款项中有一部分应该作为制成品存货的租赁成本予以资本化。事实上这项存货是一项不同的资产;其确认取决于一组完全独立的权利,其估价则取决于那些权利所能带来的利益。无论依照内部成本程序在账簿上作何记录,职业会计师也绝对不会给一项无法确定市场价格的存货赋予正面价值。该房屋之前的服务未曾资本化。该房屋所提供服务的成本可能成为对另外一组服务(即由存货所提供的服务)进行估值时所用公式中的一个项目。

其中一方所执行的幅度大于另外一方。比如,倘若 A 已经为某些商品支付部分款项但却尚未收到商品,那么,会计师就会毫不犹豫地将其列示为 A 的一项资产。再如,B 有一项房屋租赁合同,有效期为 10 年,每年租金 12 000 美元,B 将此项租赁合同下的权利以 10 000 美元价格出售给 A,由 A 向所有权人支付剩余租金,那么,会计师将会把其确认为 A 的一项资产。

"资产":一个经济学概念

经济学家会毫不迟疑地指出,确定某一事物是否属于资产的基本检验乃是经济而非法律事务。一组法律或公义上的权利,无论其多么完备,都无法导致某项资产的存在。决定资产的最基本要素是令人满意的服务和收益。从表面来看,会计师是以是否存在法律或公义上的收益权来决定应该包含或排除某项收益的。然而,那些未能得到可修正权利保障的服务之所以会被排除,主要是因为估价困难这一统计背景,而不是因为对法律权利的内在需要。会计师在审计报告中会毫不犹豫地表明,所有显得特别有利的情势都不等同于他在审计过程中所发现的预期收益(只要它存在出现的可能)具有可实施性。之所以会在会计报表(比如说资产负债表)中包含一些纯粹的预期,是为了在价值可以较为可靠地计量的项目之外,增加一些价值具有较大不确定性的项目。事实上,我们可以找到一些例证,表明某些属于纯粹预期的项目的价值比那些受法律保护的收益更容易准确确定。不过,此类事例并不多见。因此,对有关各方面来讲,会计师最好能将此类预期项目排除在报表之外,这样就避免了一种难度很大的确认工作,即判别应该将可能性小到什么程度的预期项目完全排除在报表列报范围之外。

并非所有预期服务都归类为资产。原因在于,一项可能的服务如果会有结果,其在企业中的实际影响就应该与法律所保证的相等同,但我们所看到的是,任何资产合计数,充其量只是某个样本的合计,实际上应该视为未来服务的指数,而不是此类服务整体上的量度。任何给定数值都可能高估或低估资产价值(其概率相同),因此,全部未来服务的总计数可能大于资产总计数。当然,一般来说,作为所计量样本的资产会构成所有预期服务的绝大部分。不过,我们将会看到,在讨论商誉计价时,它是在很多情况下被忽略的重要部分。

收益必须可转换为货币

一个人可能对某物或某人所提供的服务享有可执行权利,但却并不构成资产。对于一项以资产作为其中一个项目的等式而言,采用货币计量是恰当计量所必须的条件。凡是无法用货币单位进行计量,也非货币本身的服务,即便很有价值,也要排除在资产之外。倘若只是一个等价物,对服务的拥有者而言,该服务尚存有疑问,或者要用手头全部的现金去购买,则也不足以构成资产。构成资产的服务必须本身就是一项货币收益,或者以货币收益作为最终结果,它必须能替代或转换为货币。因此,一份由 A 根据自身情况购买的人寿保险保单,如果该保单所确定的所有权益皆归属于 B,尽管 B 可能只是一个利益受赠者,该保单也不构成 A 的资产。该保单确实给 A 提供了一项真正的服务,即便在 A 仓促死亡的情况下,该保单也能对 B 提供保障。而且,对 A 的服务不仅可能,而且确实就是以 A 所付出的货币价值来计价的。但是,因为 A 不能从该合同的结果中得到任何货币收益,因此,该保单不是 A 的资产。

通常可以这样说:只有可转换为货币的事物才是资产。如果这句话是说"应该可以转换"或"在法律上是可以转换的",以此作为限定资产范围的约束条件就毫无意义了。而如果它意味着"实际可转换"或"可直接转换",许多通常被作为资产处理(且十分有用)的项目就可能被排除在外。制造业企业中许多处在生产流程某一阶段的原材料,对除拥有整条生产线的公司经营者之外的任何人而言都是毫无价值的。可交换的并非熔化了的金属,而是经营中的钢铁制造企业。但是,将滚烫的金属视为一项资产(可以换成货币——虽然其间需要经过一系列加工处理)还是很有用的。此外,还有许多可能的货币收益,虽然并无法律或公义权利的支持,依然可以转换成货币,但会计师并不将其作为资产处理。

有时人们会说,作为一项资产的事物必须"涉及债务的偿还或以之作为条件"①如果这意味着"可被所有者用于偿付其债务",则等于是"转换为货币"的另一种说法。但是,如果这意味着"可由债权人使用"②,所有可依法免于履行的项目将会被排除在外。当然,尽管审慎的会计师会关注此种豁免,此项排除却并不能服务于任何实际目的。

资 产 的 定 义

鉴于以上原因,职业会计师对资产的隐含定义,可做如下表述:资产是指处于货币形态的所有未来服务或所有可转换为货币的未来服务(除非此种未来服务所涉及的合同双方均同样地未按规定执行合同),与之相关的收益权利合法或合理地指向某个或某些人。此种服务仅对有权享受此种服务的人构成一项资产。

在文献中实际上是找不到这种定义的。与之最接近的定义见于斯普拉格的《账户的哲学》(第二版,第 41 页),他在讨论资产时认为"它们是可获得服务的存储器"。

倘若去掉括号内的内容,该定义将对经济学家以及所有可能的相关方面更为有用。在实际中是否有可能承认此种例外事项,我们将在后面另作讨论。

个人资产与企业资产

上述资产定义与会计的关系与和个人之间的关系并无二致。会计师通常处理的是企业事务,而不是某一个或一些人的个人事务。假如 A 是

---

① Kester 的《会计理论和实务》第一卷,第 14 页。
② 以"可由债权人使用"作为一项检验标准,会把公用事业公司的公共建筑、公园等项目全部排除在资产负债表之外。以此来考察"会计师究竟将什么视为资产",明显会看到 Kester 的论述是不对的。

一家零售五金店的个体经营者,当他聘请一位会计师对其业务进行审计时,除非另有相反的表达,否则将自然地认为他所要审查的是企业事务,而非 A 的个人事务。审计报告中所涉及的资产负债表不会牵涉 A 的个人资产;只有那些交付给企业在企业经营活动中使用,并且不能由 A 撤回的资产才会出现在资产负债表中。

如果 A 拥有的企业不止一家,或者是多家企业的成员,则需为各家企业分别设账并编制报告。A 所拥有的各家企业资产负债表上显示的全部资产的简单加总,并不能看做是他所拥有的全部企业资产。假如 A 同时经营一家名为 De Luxe 的洗衣店和一家名为 Standby 的汽车修理厂,当汽修厂为洗衣店修理卡车时,该业务会在两家企业的资产负债表中同时予以反映。汽修厂的资产负债表会反映一项应收账款,洗衣店的资产负债表会反映一项应付账款。只有当要求 A 编制涉及其名下全部企业的合并报表时,A 所拥有的所有企业资产才会出现在同一张报表中。[①] 然而,对 A 个人而言,上述业务所涉及的资产和负债并非真实的存在。

按照各个企业分别编制报表极其便利,其优势无须额外证明。同时,作为报表的读者,对会计师的工作程序应该做到心中有数。就某企业主来看,他所拥有企业的个别资产负债表或全部企业的合并资产负债表很可能表明他拥有巨额资产且无偿债义务,而作为个人,他所负担的债务可能远远超出资产。一个个体经营者的资产负债表上可能会显示其债务超过资产,作为个人,他在财务上却可能是安全的。

按照已经成型的习惯,会计师对"资产"一词的使用可能没有其他条件上的限制,仅指"投入在企业中的资产",而非该企业的所有者所拥有的个人资产。之后对该术语的使用也就是按照会计师的习惯,而不管其他的表述。

---

① 在会计师所谓的合并资产负债表中,此种资产和负债会相互抵销。

第三章 资产:解释之难

解释一项术语并非只是给出定义那样简单。不论定义下得多么完善,如果定义的目的是使读者能够正确地使用术语,并在别人用到它时能够作出恰当的解释,则必须注意使用术语时可能遇到的各种问题。同其他人一样,本书作者也预见到,在使用本书前一章所给出的定义时,可能会遇到很多困难。

此类困难归结起来可能有四种类型,包括:(1)项目命名不当;(2)项目描述或定义不完整;(3)"估值账户"性质不明或类别混淆;(4)商誉的性质及处理。

会计师常常会用一种或一项费用支出的名称来代替某种可能享受到的服务。因此人们常常会在资产负债表中看到"预付工资"、"预付租金"之类的项目。对雇主而言,工资不可能是资产,对房客而言租金也不是资产。然而,根据上一章所给出的定义,即将获得的由劳动力或租赁物所提供的服务,明显属于资产的范畴;而且可以推想到,这些服务的价值至少等于为之所付出的成本。

定义不完整的项目

对阅读那些极度精简的资产负债表时可能面临的困难,我们毫无办法;对于那些偶尔会用到极为简略的说明文字的项目,我们也没有太多办法。不过,实际中确实存在一系列文字说明,因其过于简略,使得许多在其他方面表现极为出色的会计师也无能为力。

基金账户

每个人可能都熟悉诸如"偿债基金"、"托管人掌管的偿债基金"、"偿债基金款"、"债券偿债基金"、"折旧基金"、"重置基金"之类的项目。然而,很多在专业上很强的会计师通常却并不使用这些术语,除非确实存在从企业营业资产中分离出来,与特定资产相对应的专门基金。通常情况下,人们很难搞清楚某项"基金"究竟是谁的资产;即便能够确定该基金确实是资产负债表所属公司的资产,也很难搞清楚该公司在使用这些资产方面究竟有多大自由度。

比如说,某项债券发行的条件是债务人必须把与某一具体项目相关的增量货币,交到代表债券持有人的任职托管人手中。托管人的职责并不仅仅是保存资金,还要通过投资使之增值,于债务到期时,向债权人支付超过累计数的金额。在这种情况下,公司对偿债基金的列报,可能既没有适合该基金的合法名称,也没有合理的名称。在法律上,该基金是属于托管人的,从道理上来讲,它却是属于债券持有人的。债务公司无法以任何方式享有基金的直接成果。基金的数额只是证明公司对一份可分合同各项条款的遵守程度。基金的作用是宁可降低原始债务的金额也不愿夸大公司的资源。它表明,某些通常按名义价值或票面价值来表现的债务,可以被小于资产负债表上所列示债务的总价值的未来支付(即基金的数额)完全抵销。也就是说,此种基金的数额所计量的,只是所列示的负债超出对债务人而言的目前不利价值的部分。在有偿付能力的公司的资产负债表上,此种"偿债基金"的含义可以用一个更为完善的标题表现得更加清楚明白,进而,还可以将其列示为该项负债初始价值的扣减项。

然而,并非所有的"偿债基金"都是属于这种类型。有时资金会自动进行分配和投资,以偿付某项债务。债务赖以产生的合同中可能并不会明确规定债务人具有向托管人分期偿付的责任。但是,债务人可能会任用一个托管人,让其持有基金并使之增值,并依照委托人的指令按累积金额进行支付。显然,此类基金与前面所讨论的基金截然不同。这种基金有时可用于可赎回股票的赎回。

除上述"偿债基金"之外，还存在第三种类型的基金。在将来有足够的盈余且公共法律允许的条件下，公司可能在未来某一时刻或多个时刻，按照某种协商价赎回持有者具有优先选择权(或公司具有回购权)的优先股股票。在同一协议中可能有一项约定，要求公司为股票赎回设立一项基金(再次强调必须以不违背公共法律为前提)。显然，这又是另外一种极为不同的基金，其特殊意义是显而易见的，因为在任何情况下，股东都不能强制执行这项协议。但是，如果公司繁荣且能够继续繁荣下去，与该项股票发行相关的股东就有权利强制保留这一基金并使之独立存在。

从事采掘业的企业，如采矿、石油生产等，有时会在资产负债表上列示"递耗基金"。这些递耗基金，与前面讨论的偿债基金一样，也是由合同而产生。公司为保护债权人的利益而持有这一基金，并将该消耗性资产抵押给债权人。因此，其金额代表着用作抵押的消耗性资产的价值的减少，在多大程度上可由托管人所保管的货币或其他资产予以补偿。这些基金可能与正在执行的合同性偿债基金相关联，也可能与之毫无关系。与"偿债基金"一样，此类基金有时候也是在公司计划安排下自愿设立的，有时则是在企业财务状况影响下，根据临时性的股票回购协议而设立的。

"折旧基金"和"重置基金"可用于描述与"递耗基金"完全不同的情况。它们在以下方面存在极大的差异：委托人是可以随意提取基金，还是只有在折旧所属的抵押资产可以被托管者愿意接受的其他资产所替代的情况下才可以提取。还有一种差异是委托人必须提取相当于折旧额的保证金，还是可以根据自己的选择来提取。

一直要等到会计师开始在资产负债表或报表附注中对这些不同种类的基金作出详细说明，或者等到他们已经在使用根据惯例或对基金的明确分类所确定的一系列术语时，报表的使用者才可以就基金的状况独立提出质询。

估 值 账 户

会计师常常发现，对一个资产负债表项目的独立估值，不论它是资产、

负债还是所有者权益,所能给出的有用信息实在是太少。因此,如果一个项目仅仅显示为:

机器 ················· $150 000

如果仅凭资产负债表所给出的有限信息,没有人会知道这些机器究竟是全新的,还是已接近报废,或者居于两者之间。如果这些机器是全新的,则意味着在未来几年中用于机器重置的资金需求会很低。而如果是旧机器,尽管现值为 150 000 美元,也意味着很快需要现金用于设备重置,而且究竟会有多大的现金需求只能靠估计。

但是,如果此项目显示为:

机器 ················· $165 000
减去折旧准备 ············· 15 000
　　　　　　　　　$150 000

则可以提供更多信息。

初始成本、可能的重置成本、已发生的折旧金额、目前价值以及未来几年需要用于重置的最低现金需求都在一个简单的和差计算中体现出来了。为了更充分地描述和估计一个主要项目的价值而在账簿中予以记录,并在资产负债表上列示的账户,叫做"估值账户"。

某些估值账户,比如折旧准备、坏账准备等,目前已经被一些出色的会计师列示在资产负债表上,以便向理智的报表用户说明其性质及重要性。遗憾的是,并非所有会计师都已经采用这一做法。作为行业领导者的优秀会计师也并没有能够系统地处理所有的估值账户。为什么会是这样一种状况,无需在此做进一步的探讨。我们可以猜想,会计领域就像许多其他艺术领域一样,总是实践先于理论。欲早于实践去进行归纳(系统地阐明理论),总是缺乏简单有效的办法。许多项目,如折旧准备、发行债券的折价、不动产的预付税金、"暂记"账户、开办费、预付广告费、申请专利的试验费用等,起因往往是完全独立的,当其在实务中产生时,很自然地会被处于特定条件下的发明者所接受。另外一些项目在类似的条件下被发现,就用了相似的标题。经过长时间使用,每个项目逐渐有了颇为明确、独立且具有技术性的含义。但是,当这些项目一起出现在资产负债表上时,则显示了一系列相同的功能,而且没有人可以以某种理由忽视它们。

估值账户的设置可能与资产项目有关,也可能与负债或权益类项目有关。三类估值账户都可能包含借方余额或贷方余额。因此,我们可能发现在同一张报表中既有对房屋的折旧准备项目,又有针对该资产的预付保险费项目,前者表示自房屋原始价值确定之后对其价值下降的量度,后者表示在保单有效期内因为承保风险而带来的损失,或者因为风险解除而导致的价值增长。我们发现在一个债务人的资产负债表上有一个与长期债务有关的称作"应付债券折价"的项目,同时还存在与另一项债务有关的项目"应付债券溢价"。前者表示债券票面价值超出按发行时实际利率计算的债券初始发行价的数额;作为后者的溢价,则是指债券按照初始售价的内含利率定价时,其现值超出债券票面价值的数额。一个"暂记"账户所代表的实际上是因"尚未归由损益负担的"项目所引起的一项损失①。业主权益的减少其实已经发生,只是会计师不愿意减少已经赚得的要不是因为这项损失就会存在的盈余。因为"或有事项准备"的设立,会使盈余减少,通常情况下,它意味着企业管理者或会计师出于保守的原因,希望在报表中

---

① 多年来,记入账簿并列示在资产负债表上的诸如"暂记账户"或"尚未计入损益的损失"之类的项目经常会受到一些批评与谴责。批评者只看到了资产的流失和业主权益的减少。损失无论如何结转最终是回避或减少不了的。如果对该项目作出充分的描述,那么它不仅不会带来严重的缺陷,而且还能传递有用的信息。举例来说,一家年轻的公司从以往的经营中积累了 250 000 美元的盈余,假设因为一项既无法规避又不能通过购买保险来应对的意外引起了 200 000 美元的损失,此时公布资产负债表,列示的业主权益将仅仅等于股本面值加上 50 000 美元的累积盈余。此时的资产负债表是"真实的",但是,它远没有反映"完全的事项",因为该公司一直有且预期继续有一个超出其股息率的利润来源的事实被隐瞒了。相对于目前发生的这一偶发性灾难,过去的事实对预判将来有更大的意义。如果以暂记项目的形式在资产负债表中进行反映,则可作为业主权益的减项列示如下:

净业主权益:
  股本··· $ 1 000 000
  超过股利的经营盈余 ······················· $ 250 000
  减去由(事项)引起的损失 ····················· 200 000
                      $ 1 050 000

按照这种方式列示,没有人会觉得自己受了欺骗,而且所有人都能得到更充分的告知。当然,对于含糊或误导性的陈述,人们通常是毫无耐心的。毫无根据地误解所发生的事情是一种愚蠢且让人蒙羞的行为。

列示的是对盈余的一种无风险估计。他们都很清楚它可能既不是特定的可能负债,也不是特定的损失。此类准备的计提有很大的随意性。

估值账户的功能

对此类估值账户的功能常常缺乏恰当的解释,因为会计师对特定估值账户的真正性质很难达成一致认识。就作者所知,迄今还没有人说明此类项目究竟有多普遍,也没有人说明,在资产负债表中它们是否在执行同样的功能。在这一问题上,人们宁可冒过度强调和过于充分的风险,也不愿承担解释不当的责任。不过,在具体对待各个估值账户时,则不会有任何托词。在此,我们选择一些常见项目做较为全面的阐释。

开办费

我们首先来探讨一个经常会遇到的项目——"开办费"[①]。一些会计师和会计理论家认为这是一项资产;有些人理所当然地将它视为资产,因为它曾经是一项资产;还有一些人则直接说它根本不是一项资产。但是,没有人会无条件地否认该项目在资产负债表上的位置。将这样的项目称作"递延费用",仅表明试图在未来某个时期将其确认为一项费用;称之为"预付费用"则仅仅说明为什么发生这一问题。这两个一般性术语中的任何一个,都无法确切地说明该项目的性质。通常就是这样的,如果企业创立者认为所采用的组织形式是在既定环境下(包括获得该形式所需付出的特定成本)所能获得的最佳形式,则最初的花费就是合理的。

发生费用的结果是某些资产消失了,其货币价值也不再存在,但是,业主权益不会由此而减少。因为开办费的发生不会同时伴随着某种负债,因此,该项支出要么本身必须是一项资产,要么因其发生而产生的剩余资产

[①] 此处英文原词为"organization expenses"(组织费用),是指企业创设期间为了获得某种组织结构形式而发生的费用。此处按照目前的习惯译作"开办费",但在阅读下文时需注意,文中对"形式"或"获得形式"的讨论,意义大致相当于"开办费"。——译者

的价值必须超过业主权益。显而易见,前者是不正确的。纯粹的组织形式并不能提供分离的或可分离的服务;它不能单独转换为货币;实际上,它也不具备资产的任何属性。称其为资产,只是说被称为资产的项目,不一定具有资产所必须具备的一般属性。要表明支付开办费之后的剩余资产对业主权益具有更大价值并非难事。不论对一个个体经营者、一个合伙企业还是一家公司,一台火车机车所能提供的服务都是相同的。但是,如果只有公司才有能力获得在最优规模上建造、装配和经营一条特定铁路线所需的资金,则显然,火车机车(包括与之相关的所有其他项目)对一家公司的价值,要远远大于对一个个体经营者或者一个合伙商号的价值。

由于资产价值预计会持续增加,因此,要将开办费的任何一个部分在某一时刻分配给现有资产(相对于将来所持有的资产而言),除了做纯粹武断的任意划分之外,不可能有任何具有合理的统计意义的处理。因此,"开办费"的真正含义乃是"为了获得所要采用的组织形式而付出的价值,在这种组织形式下,各项服务和资产对业主权益的价值将会大于其他组织形式(至少也会相当于支出额)"。我们将在稍后的章节中讨论此类估值账户的重估价问题。

各种"递延费用"或"预付费用"项目,比如旨在提高现有商品或未来商品销售额的"预付广告费",为了加速营业额增长而付出的"研发费用",以及读者可能注意到的资产负债表上的其他类似项目,稍加分析就会发现,它们与开办费很类似。

所谓"预付利息"

另一类非常不同的估值账户,诸如"预付利息"、"应付债券折价"等,常常被错误地解读。在这方面,我们再一次发现会计师和会计理论家们观点上的混乱。有些机敏的会计理论家认为它们是资产[①],有些人则恰恰否认

[①] 见 Cole 的《会计学基础》第 103～104 页。

这一点①。大部分人仅仅讨论项目的来源和随后的处理,而没有明确地讨论其真实性质。

会计师经常使用"预付利息"一词,其实是用词不当。固然,因契约而产生的应付利息可能是在合同到期前支付,但是,即便是这样的支付,也会导致负债减少——而不是产生一项资产。通常这个术语意图描述的是付给债务人的净对价与所产生债务的"面值"或"票面价值"之间的差额。

也许通过比较实务中的两种情况,可以更清楚地说明该术语的真实性质。假定某债务人同时发行两种票据筹集资金,每种票据的对价皆为952.38美元。第一种票据承诺1年后到期支付1 000美元;第二种承诺一年后到期支付952.38美元,加5%的利息。(需要说明的是,两种情况下的到期支付额皆为1 000美元)。票据各方期望的结果是完全相同的,两份合同的经济和财务效果也无差别。如果像各方期望的那样,该合约按期清偿,两种票据之间唯一的不同就是描述清偿金额的方式②。但是,会计师会对两种票据做不同的处理。

第一种会这样记录:

现金 $952.38

预付利息(或其他标题)   47.62

   应付票据 $1 000.00

在发行日编制的资产负债表上,两个借方科目的金额会以各自的标题分别包括在资产总额中。贷方项目账户金额1 000美元会包括在应付票

---

①Paton 和 Stevenson 的《会计学原理》第 401~403 页;Paton 的《会计理论》第 415~423 页,都曾对合同性证券折价发行的真实性质有所讨论。在《现代会计学》第 77、第 118~120、第 186~188 页中,Hatfield 称这些为折价资产,但在他后来的《会计学》第 230 页中,他采用了 Paton 的观点。

②当然,违反这两份合同的法律效果可能有些不同。因此,如果两种票据到期拒付,第一种的损失计算将包括从到期日起 1 000 美元按照法定利率计算的利息;另一种票据的损失则是从相同日期起 952.38 美元这一票面价值的合法利息。债务人破产可能带来债务清偿上的其他不同。就作者所知,目前还没有会计师或会计理论家是根据违反合同所带来的后果差异来确定会计程序的。

据总计之中。

第二种票据会这样记录：

现金	$952.38
应付票据	$952.38

在发行日编制的资产负债表上，这些数据都包括在各自标题旁边的总计之中。

这里是两种同时发行且对价相等的票据，它们同时到期且需要相同的金额来清偿。但是，在账簿和资产负债表上，似乎第一份合同与第二份合同相比引起了负债的增长，同样也引起了总资产的增长。在47.62美元的"预付利息"项目中，可以说没有利息或其他任何的预先支付，该票据不会造成损失，同样另一种票据也不会造成损失。哪种票据都不会发生财务或其他费用。发生在一份合同上的任何未来费用将会在时间和金额上与另一份合同上所发生的费用完全对等。两种债务之间没有实质的不同；所不同的只是记录和列示它们的程序。在发行日当天的原始记录上，第一种票据的现值表现为两个账户——负债账户（贷方余额）和估值账户"预付利息"（借方余额）——余额之差。在同一时间，第二种票据的现值则以一个数据来表示——负债账户的数据。

如果债务人的账目在发行日与到期日之间的某一时间（比如说发行后6个月）结清，则两种票据都需要做一个利息调整。

第一种票据记为：

利息费用	$23.81
预付利息	$23.81

第二种票据则记为：

利息费用	$23.81
应计未付利息	$23.81

值得注意的是，第一种票据此时的负债数值会更大。它依然像之前那样由余额的差异来表示，但是因为估值账户的余额变小，所以负债数值会

相应变大。第二种票据的负债值也同样增大,增大的金额相同。但是,这一负债的价值现在由两个余额的合计数来表示①。当然,在代数上,两个负债的估价都是由总额来表示的。

如果在同一中间日按常规方式编制一张资产负债表,为了确定债务人应付票据的真实状况,读者必须找出三个项目:一个在资产中、两个在负债中。事实上,项目和估值账户数量超过一个以上既无必要也很不方便②。最简单通常也是最充分的列示,是与债务工具的类别相对应,列明其现值。即便遵循记录这些票据需要有点麻烦的常规程序,并要求将所有余额都列示在资产负债表上,也应该把它们归拢到一起进行列示。比如,如果前述票据在发行三个月后要编制报表,资产负债表项目会作为一组填列如下:

应付票据,面值　　　　　　　　　　$1 952.38
减去发行折价　　　　　　$47.62
　加上应计未付利息　　　　　　　　23.81
　　　　　　　　　　　　　　　　$1 928.57

这种方法与现代会计实务中分类计提固定资产折旧准备的会计处理是一致的,与资产账面原始价值相对应,是特别设立的准备(估值)账户。

应付债券折价

当债务人以低于面值的净价出售分期付息的长期票据时,也就是说,该票据以高于所谓"名义利率"的利率予以资本化③,会计师会按面值设定

---

① 所有会计师皆认为"应计未付利息"是一项负债,但如果认为它是一项新生的独立债务则是不正确的;我们只能说,随着时间的流逝,以前存在的债务有所增加。

② 当在债务到期之前分期支付利息时,情况会有所不同。

③ 在现实的经济生活中,这个"名义利率"根本不是一个利息率。它仅仅表示与债券面值的固定金额和债券年金收益之间的百分比关系。它唯一的价值是为债务人的义务提供一个方便的描述。

一项负债,按面值与净对价①的差额借记"应付债券折价"或"应付债券折价和费用",或具有类似目的的其他账户。就像前面例子中说明的应付票据"预付利息"一样,会计师通过不时地减少估值账户的借方余额来调整其余额。如果在"利息"支付日编制资产负债表,负债价值中将包含票据面值和折价两部分内容。但是,如果在"利息"支付日之间编制资产负债表,则通常情况下需要包括三部分内容——第三部分是按名义利率计算的应计"利息"。这一项目通常会列在流动负债项目中。这三个项目的最佳报告形式和最便利的排列方式,可能是将面值和未摊销折价列为一组,其形式如下:

应付债券,面值	$1 000 000
减未摊销折价	5 000
	$995 000

由于应计"利息"代表了在资产负债表下一期中的现金需求,因此它通常会列示在流动负债中。然而,读者通常必须找到三个分散在各处的项目。而且,这三个项目通常并不是分别列示的。应计"利息"项目可能同时包含着债券利息和短期借款利息;此外,"递延费用"、"预付费用"或"未调整借项"的总额中也可能隐含着债券折价。

预付税金和保险费

"预付税金"、"预付保险费"等项目被归结为第三类估值账户,被认为是真正的资产项目,因为与之相关的费用是实实在在已经发生了的,因此,这些项目比列示在它们旁边的其他项目更有价值。所有权上偶发损失的风险会降低暴露在风险下的事物的价值,这在价值理论中是最常见不过的事。如果一栋房屋烧掉了,除非另有补偿,否则损失将全部由所有者承担。所以,一栋没有火灾风险的房屋比易于遭受火灾风险的房屋价值更高。如

---

① 债券准备和发行的相关费用,例如,律师费、登记费、调查土地所有权的费用、印刷费、交易挂牌费用等,需要从总售价中扣除以确定净对价。

果所有者能够理性地处理各项事务,且规避风险的成本高于火险保费,那么他便会投保①。

成为对特定财产的一项留置权的税金,虽然在相应的纳税期间开始以前相对而言很少支付,但如果在纳税期满前还未支付,通常就会成为拖欠税款。显然,没有留置权的财产比附有留置权的财产价值更高。销售不动产的常规条款最清楚地确认了这条规则。如果在纳税期满之前提前支付税款,显然,事实情况将会是,在剩余期间内可以免税提供服务,将会创造出更大的价值,至少也是相当于剩余期间内所应负担的税额。

虽然将由于免受火灾损失风险、免除纳税义务而引起的增值分配给几个资产项目是可行的,但这样做是无用的。此外,单独列示这种项目的资产负债表比没有列示这些项目的资产负债表所给出的信息实际上更为有用。按此列示的此类项目金额,除了表示相关资产的价值增加外,还表明下一期间企业现金需求量的减少。

商　　誉

会计师、会计理论家、经济学家、工程师和法官都在尝试定义商誉,讨论其性质,并找到与之相适应的计价方法。大量著述中最引人注目的特征,乃是不同意见的数量和种类。其第二大显著特征,则是没有哪一位作者的著作对这一问题的分析是完整的。每位作者都乐于在其作品中列举出一大堆独特贡献,这些作者确实都很优秀,然而,遗憾的是,每一位作者

---

① 我们有明显的理由将一份尚未到期的保险视为一项资产。根据火险合同的惯例,在客户退保时,会有短期利率溢价回扣产生,而且按照惯例,当标的物出售时,假如保险公司可以接受购买者的道德风险,保险公司会同意一项合同的转让(实际上是合同的更新)。在发生退保的情况下,补偿金额总是低于"预付保险费"项目所记录的金额;当然,不论补偿金额是否在账簿中确认,总是伴随着标的物价值的降低。针对已投保财产的买价和指定保单溢价的比例分派达成协议的惯例是,仅仅承认一项已投保财产比未投保财产的价值更高的事实。在要求继续支付应付保险费的信托书下,承受抵押人和受让人的惯例又是另一种确认原则。

似乎都不怎么欣赏其前辈的成果。

试图分析和定义商誉的大部分人都犯了这样的错误,他们主要寻找完全的或折中的原因,及其基本组成部分。于是就有了对企业诚信的声誉、服务的可信任程度、商标名称、有利位置、顾客习惯和品位、贸易中的人际关系等等永无休止的讨论。这些不同的方面每一个都能分成无限复杂的部分。但是,人们却无法对其性质进行全面的分析,无法对其各个组成部分做统计处理,因此,问题就变得像想要物理学家写出一个容器内所包含气体的每一分子在空间内运行的轨迹方程式一样,人的生命还不足以长到可以成功完成这一任务。推究商誉的基本要素是很有意思的,但只是在任一个给定公司中,才能对整个结果进行统计概括。

目前关于商誉的最好的著作,是杨汝梅(J. M. Yang)的《无形资产论》(Goodwill and Other Intangibles),在该书前言中,他说:

关于商誉已有很多著述,并且都是由著名的权威人士所写。但是,就作者看来,这个问题在会计的角度上还没有得到充分的讨论。在会计学教材中,甚至在迪克西(Dicksee)和李可(Leak)内容宏富的著作中,情况也依然如此,因为作者只是用大量篇幅描述了商誉的法律特征和计价方法。事实上,公平地说,尽管无形资产的特性长期以来已经被职业会计师和商人所认可,但在真正理解无形资产的基本性质方面,并没有很大的进步……

……讨论商誉和相关资产的不同方面与多种解释,通常被认为是必须的。在这个讨论中,特别想说明的是,无形资产的价值基本上是特定企业超常盈利能力的表现,而且,因为这一事实,当无形资产作为一个群体时,它们之间不可避免地存在一种紧密而且不可分割的关系。

与之前的任何著作相比,他的著述更接近于完成陈述的目标,并形成一种适合他所谓无形资产的处理方法的综合理论。杨汝梅在其著作前言中大方承认佩顿(Paton)对他的帮助是非常大的。佩顿在其《会计理论》一书中,尤其是在其中商誉和现行价值一章,提供了一个关于商誉的最佳的简短讨论,这个讨论在经过杨汝梅更为充分的论述后,成为关于这一主题的最好的综合讨论。

在杨汝梅和佩顿的著作中,有几处的论述,似乎已经到了此处所讨论问题的边缘,即:商誉到底是不是一项资产?杨汝梅在其著作中详细讨论了无形资产的特征(第8~19页),在详细考察了资产的各个属性之后,他发现无形资产与之相去甚远。佩顿在其著作中谈到(第310页):

无形资产是剩余财产,是与公司作为一个整体相关联的合理价值超过各种单独计算的有形资产的合理价值总数之余额。也即是说,无形资产衡量的是公司资产总额中的一部分,它存在于作为一个整体的实物形态中,除非根据一些非常随意的基础,否则一般不能认为本质上就属于或存在于厂房、设备等特定单元。或者,换一种说法,公司各种有形财产依次经过盘点确认的价值总额小于公司全部资产合理价值的那个数额,就是无形资产的价值。

他们两位在关于什么项目属于无形资产这一问题上实质上是一致的。就资产负债表左边项目而言,这些项目有一些专属于它们的共同特征。至少在这些作者的讨论中,这些共同特征不包括其他所有资产的共同特征和专属于这些资产的任何特征。但是,两位作者似乎都未曾明确提出这个问题:这些无形资产实质上是一项资产吗?不仅他们两位似乎没有考虑到这一问题,还有那些引起我注意的其他著作的作者也似乎没有考虑到资产负债表左边项目的统计同质性问题。这个问题考虑清楚了,商誉的性质也就明确了。

商誉的构成要件

所有人都同意,未来收益是构成企业价值的唯一来源。未来服务或收益的特定来源,可以根据与企业利益相关的各个方面分别进行便利地估价的可靠程度来进行评价。其他来源,诸如对未来的预期,与公司管理层签订有待执行合同的个人(但双方都尚未执行合同),一旦发生公司将有主张权,但也可能永远不会发生(或者,即便发生了,也可能证明是毫无价值的)

的或有服务等等,可能实际上无法作为具体项目进行可靠的计价。此外,那些会计师能够单独计价的收益项目(比如来自土地、机器、应收账款等确定来源的收益或服务)也不能被准确地估价。因为不仅未来不是完全可预见的,而且即使它是可预见的,将销售收入总额在实物和人力(他们的服务作为整体带来该收入)之间进行分配也是不可行的,除非允许武断的分配。除了企业在特定时点所实际拥有的货币外,会计师对一个特定项目所做的估价不会高于与该项目未来盈利能力的现值指数。生产分配理论是完全不可能用到会计上去的①。

让我们以一家历史悠久的企业为例,看看会计师在估计其预期未来收益方面究竟是怎么做的。年复一年,未来收益的某些独立项目实际上一直是被忽略了的。某些服务(比如公司总经理所提供的服务)的价值可能远远高出公司为获得这种服务而付出的价值,对此会计师根本就未作考虑。在资产评估中,根本没有考虑一连串已经签订,但迄至结账时还没有执行完的销售订单。年复一年,某些项目,比如企业通过长期租赁合同取得的土地使用权,合同条款证明该权利绝对是有利于企业的,但在统计列表中这类项目完全被遗漏了。年复一年,包含在资产列表中的某些项目,其估值可能远低于对公司而言的实际价值。处在某一有利位置上的某块土地,其价值可能远远高于其购入时的成本价,高于接收土地租赁权时按成本记录的剩余部分的价值。机器设备的价值是以特定市场上的成本价为基础确定的,这个市场上的机器是为众多购买者制造的。但对某一具体公司而言,该机器可能会更好地发挥效用,创造出比对其他用户更大的价值。

未来收益的许多部分在资产估值中被忽略了,同时,许多包含在内的部分也可能被明显地低估,这一点也不奇怪。年复一年,公司根据资产账面价值计算的经营收益率会比同行业其他公司高出许多。这样的公司会被认为有较高的商誉。如果将该公司转手,其总对价将超过资产账面总额

---

① 对这种分配理论本人表示怀疑。要完全消除该理论对现代经济理论的影响是不可能的,作为一种概念性的分析基础,该理论曾经发挥过一定作用。

与负债账面总额的差额。关于商誉究竟可以在什么程度上进行可靠的估价，对此我们所能说的只是：它来自且等于资产列表中忽略掉的未来收益项目的价值总额，加上列示在资产列表上的那些未来收益项目（包括系列项目）被低估的总额，减去列示在资产列表上的那些项目相应的高估总额（倘若有的话）。

商誉：一个主估值账户

商誉，当它出现在资产负债表上时，它只是一个主估值账户——它包罗万象，里面既有未曾列明的具有经济意义，但却未必合法的系列资产项目，也有作为资产列示的那些被低估项目的一个未分配清单。这是一个出色的估值账户。它在任何情况下都不能被称为一项"资产"，因为作为一项术语，它包括了至少两方面的事实，被认为不属于资产所应该有的一般属性。不过，可以看到，它具有一系列的属性，与此处称作估值账户的项目所具有的属性颇为相符。而且，那一组估值账户是作为一些真正的资产账户的附属项目而设立的，它们不仅表现出一系列共同的属性，而且表现出一些专属于它们的属性。

从诸如商誉、开办费、研发费用等项目进入会计视野之后，会计师会如何来对其进行处理，我们可以对此处所表达的观点获得一定推理上的支持。通常情况下，在相对短暂的时期内，他们会取消这些账户。他们确实会这样做，尽管导致该费用发生的条件会持续地存在。会计师编制的通用电器公司资产负债表中，包括以下项目：

专利权、商誉及其他无形资产 　　　　$1.00

它们的意思并不是说公司在这些项目上的巨额开支是一种错误，也不意味着与已花费的支出相关的经营成果都已经汇总在内，不意味着如果公司作为一个整体出售，会以资产总额与负债总额的差额出售。同时，我们会发现，同样是这些会计师，已经最大限度地做了调查，以使他们自己确保，所有那些属于公司并符合本书提出的资产定义的项目都已在账簿中一一说明，并反映在资产负债表中。也就是说，会计师强烈地倾向于排除那些仍旧持有但不能分离描述的成套服务项目，他们也小心翼翼地努力列出能够可靠计价的所有可分离的未来系列服务。换言之，他们会尽量将此处称为资产的事物包括在内，但对总价值的差额，他们并不怎么关心。

有些人可能无法确定这两章关于资产的分析是否合理，尤其当涉及估值账户时，这不要紧，他们可以在读完本书后面有关估值的章节之后再做判断。关于事物性质的分析，是对相同事物量化计量之外的另外一个问题，而且是在进行任何合理的统计调查，或对统计程序做批判性分析之前必须首先解决的问题。但这两个问题并非毫无关联。相反，定性分析中所提出的任何观点，必须要经过量化检验，确定了其便利性或不足，才能显示出真正完整的意义。也只有在通过定性分析做了恰当的分类并确定了分类的原因之后，才能真正显示出定量分析的意义。

第二、第三章概要

我们的主要目的在于讨论会计师究竟是如何定义资产的。我们通过考察项目属性来了解会计师在账户和资产负债表中列为资产的各个项目的性质，而不是通过阅读会计师和会计理论家有关资产性质的说法。诚然，在各种著述中，我们确实发现了许多有关本议题及相关问题的富于建设性的见解，但是，我既没有努力地描述，也没有承认或不承认会计师所做的工作，除非这些事情实际上已经在做且对所做事情可能的统计影响做了认真的思考。

那些被会计师系统而完全地认为是一项资产的事物，只有当它被某个个人或实体作为资产而使用时，才真正作为一项资产而存在。本质上，它是属于未来收益的构成要素或部分，是一系列合意的未来服务，具有货币价值，并且可以直接或通过经营活动间接地转换为货币。会计师在其统计处理中完全排除了所有这些收益，因为从某些法律或公正权利的要求来说,这些收益并非确定无疑的利益。他们同时还排除了有效但双方皆尚待执行的完全合同下的预期应计收益或服务,以及部分待执行合同(假设双方对等地待执行)下的预期应计收益和服务。

不是所有列示在资产负债表"资产"标题下的项目都是真正的资产。有些项目只是表明按照预期已经发生的一项费用支出,作为其结果,对于一个持续经营的企业来说,真正的资产(目前和/或未来)的价值要高于列示或被列示的数据。一些项目通过列示在其旁边的数额表示一个或多个负债项目的高估;另一些项目则表示企业净业主权益的高估;它们解释的仅仅是业主权益价值上的某种程度的减少。

除了出现在一般报表中资产标题下的项目的估价模式或估价的可靠性,那些依靠会计报告的人还应清楚地认识到并不是所有的项目都有同质的特征。他们也应该认识到,并不是所有与所议企业财务状况有关的统计信息都能在传统报表里找到,因为某些可能具有资产效力的项目未列在其中。

最后,作者还想说明的是,具有最高职业等级的会计师不需要对会计理论家们所谈及的会计师的工作负完全责任。许多经济学家和统计学家在阅读会计教材时,一定都已了解到其中存在大量缺乏支持的认定、无意义的讨论、明显的统计上的前后矛盾、缺乏同质性和完整性。但是,有耐心查明会计师实际上做什么并思考所发现问题的人都会发现,现代会计实务在整体上比文献中所描述的更合理。很显然,那些真正创造公认现代程序的人,并没有特别地被委任来编制程序。在许多例子中,作者更多地考虑会计师所做工作的统计影响而不是发现其工作程序的可推测的原因。

第四章 负债与所有者权益净额

在第二章第一段中,我们曾提出会计等式究竟是一种对相等关系的表达,还是对一种实质性状况的表达的问题。当会计师讲资产等于负债加所有者权益净额,或者更完整地讲,是资产价值总和等于负债价值总和加上所有者权益净额价值总和时,他是不是在说,此处存在三种不同的事物,其价值之间具有一种必然相等的关系?在一定量的碳酸中,氧原子数量等于氢原子数量加上碳原子数量,会计师所说的是否是这种关系呢?或者,从本质上来讲,只存在两种事物?如果是,那么,这两者究竟是:(1)资产;(2)对资产的主张权;还是:(1)企业所有者所拥有的资产;(2)与所有者相对的其他各方对资产的主张权?

所有者权益总额

用数值衡量所有者权益净额暗示了一个可能更大或范围更广的价值思考。实际上,很多人对解释这个术语中的词语感到困惑。但会计师既没使用"总业主权"这个词;也不称之为"业主所有权"来定义这个术语,而把它作为一个词与"所有者权益净额"互换使用。仔细研究教材的人也很少能发现它的用法或潜在思想。人们很难理解一个数从第二种计量结果中减去第一种计量结果,最终的差会是第三种计量结果的净值。同时,如果我们忽视所有者权益净额及其估价模型,而仅仅关注所做事的过程和结果,则在传统的实务中,等式第二个术语的大致含义就能够表述出来了。

在前面章节中我们已经说明不存在与某人（某些人）无关的资产。在那里我们认为资产是服务或收益的要素。它们按照收益发生的来源进行分类。同样，资产的持有者可能被认为是收益或服务的直接接受者或受益者。业主仅仅意味着"资产的持有者"。为了说明预期从任何现存的控制资源中获取收益的重要性，可以用货币价值来对其进行计量。对于任何一组资产，比如业主投入企业使用的资产，可以找到正确的货币计量方法，资产估值总额不仅仅是对给定项目所产生服务的计量，而且是对接受服务者所获收益的一种计量。也就是说，虽然可以从两个方面去认识这个过程，但只涉及一项总额。把资产作为等式的一边，那么我们就可以看出另一边不是两个数量之和，而是从数字的来源、计量方法和数额上来说都和左边一样，唯一的差别是看待数额的方式不同。

资产的价值和作为同一来源的所有者权益总额

显然，对待项目及其总额的方式之不同，并不只是概念上的不同。同时，我们对资产的处理、收入的获得也还存在一些疑问；资产（作为可用于获得和制造用于销售的产品或服务的服务）应该可以被汇总、被更改和替代。也就是说，我们会有管理和运营方面的问题。成本会计师和工程师的分析主要关注有借方余额的会计账户，这不是偶然的。从另一个方面看，我们可能存在操纵最终可实现货币收益的问题，存在为了使业主最终利益最大化而在各个贡献者之间分配经营成果的问题。在现代公司制企业里，所有者权益被分割成多个部分，有些利益的获得者并没有参与企业的经营管理，经营管理的几个职能也被分成多个部分，一系列估价方法的差异可能对个人和社会都有重大影响。无论是会计恒等式的发明者，还是自发明后数百年来的使用者都没有想到这种影响的重要性。事实上，这些方法几乎包含了所有会计学问题，具有重大意义的账户只有两个：经营账户和业主账户。

如果能够从更广泛的角度对这个恒等式进行表述，我们就可能在会计术语和会计思想方面取得巨大进展。相反,我们并没有明白这个恒等式,所以大家都认为这就是混淆负债和等式第三个术语处理的根源所在。负债就其最一般的意义上来说,乃是暗示了人与人之间一种关系。一个有义务去行使有损于自己利益而有益于他人之事的人就对他人存在负债。在会计师所用的术语中,所有服务就是服务所指向之人的所有资产。但在正规会计账户和报表中,这个术语是从狭义上使用的。例如,在个体经营者的资产负债表中,所显示的负债不能被认为是这个个体经营者的全部负债,而应该仅仅是那些在融资和经营过程中产生的尚未清偿的债务。除了对其含义做更广泛的表述,或者能够从上下文中获得明确的暗示(比如从处于破产中的自然人的"事务报告"中)外,会计师往往有限制地使用负债这个术语来指代企业负债。本书随后章节将对此做更为详细的介绍。

所有者权益与负债的区别

资产负债表是会计恒等式最独特且最重要的运用,它从三个方面量化展示企业业务。包括:(1)从业主投入企业使用(或在企业经营过程中获得的),尚未从企业使用中收回的指定项目中获得的一系列服务;(2)业主作为整体服务收益的接受者所获得的利益;(3)在企业经营过程中附带产生的由业主提供给他人的一系列服务。

就算术意义而言,该等式其实只显示了两个量值:(1)从源自业主的各项服务中所获得的最终利益的货币价值(这种价值对业主具有重要意义);(2)由业主按照约定提供给其他人的服务的货币价值。从统计意义上来看,会计恒等式是对预期收益的流入量(与业主相关)和反方向的利益流出量之间的差额所进行的概括。

在估值方面,负债和资产并无区别,所不同的只是价值流动的方向。①比较而言,那些主张把负债看做负资产的作者,比那些习惯于把负债和所有者权益净额联系起来讨论的作者,其观点更具建设性。② 但是,获取收入问题与为获取收益筹集资金和分配企业成果问题是如此之不同,乃至于各个项目在数量方面相同的程度,很难被用作根据会计师的调查原则来确定资产与负债的分类问题。

尽管负债和所有者权益净额是两种相互关联但又独立的存在,然而,由于其在人们言谈及书面表达中的联系是如此密切,以至于不了解内情的人很难不产生误解。在资产负债表上,它们常以同样的数字形式出现,尽管它们之间的这种联系只是由于统计上的习惯。无论是将其中一组数字记做一项被减数、从中减去一个减数,还是以该技术的形式来表示其中的差数,或者相反,得到一个差数、将减数加于其上,或以一个总额(原被减数)表示合计数,都完全没有实质性意义。那些以任何实质性方式对企业感兴趣的人,他们所真正感兴趣的,是所有者权益总额和负债总额之间的各种关系。这两者之间虽然存在显著差异,但充其量也只是这两个不断变化着的量值之间许多重要关系中的一种而已。资产负债表等式可以从统计学的角度来这样概括这两个量值之间的差额,但整个现代会计却并不是这样来表述的。

负债和所有者权益净额并不同质

然而,我们也发现有一些人,他们给资产负债表右边项目起了一个单独的名称,将这些项目作为同质性项目来对待,而不是只认可它们之间的联系。这些项目或者被看做是其他人在企业中的利益,或者是被看做一种

---

① 甚而,流动方向的不同也只是一种逻辑性的不同,被认为是偶然性特征而不是区别性特征。在有关固定资产计价的章节里,我们将介绍一个在其开发的某些阶段将呈现为负值的真实案例。

② 认为资产和负债存在相似性(除代数符号外)的著述,包括斯普拉格(Sprague)《账户的哲学》中有关负债部分的章节;哈特菲尔德(Hatfield)《会计学》第九章。人们认为,会计师们可以很好地反映哈特菲尔德(以及他所引用的其他人)在这方面的建议程序。

主张权。比如科勒(Cole)的"所有权主张",佩顿的"权益"观点。① 但这些作者所发现的一致性在特征上完全不同于前面针对资产合计与业主权所提出的一致性。这两位作者的讨论中很多建议是十分有用的,尤其对会计师而言。针对他们所构建的术语及有关论述,唯一的反对意见是,他们没有准确描述会计师在做什么,也没有明确地反映法律事实。他们很小心地指出,科勒所谓的对资产的"所有权主张",佩顿的对资产的"权益",在无担保债务例子中,不依附特定资产,除非根据法律程序自愿偿付或采取措施。他们指出,通常称为负债的项目是针对作为一个整体的各项资产而言的。但在某些事例中,情况却并不一定如此。例如,市政公司的一项负债到期了,而此时手头上却并没有资金偿还,也无法通过征税去获得资金,市政办公室也没有未指定用途的资金可用于偿还该项债务。即便债权人胜诉,也已经不存在可用以清偿债务的资产了。他必须通过法律程序增加税收以满足这一特定主张权。与此同时,他的主张权要列示于资产负债表,但从实际来看,没有任何资产可以作为此项主张权的基础。如果市政公司属于国有(在此可以指联邦),除非获得国家特许,他甚至都不能起诉。

对个体经营者而言,公众通常并不是根据其企业资产来确定其债务的范围,而是要在纯个人财产的基础上,把个人所拥有的不动产也拉进去,也即是说,必须考虑个人的全部财产,这样,构成还债基础的既包括企业资产也包括非企业资产。类似情况(稍微有所不同)在合伙经营的情况下也会存在,合伙经营的目的在于分散筹资。在由于侵权(联合负责或者由数人共同负责)而引起的公司债务中,公司任何或所有成员的非无法执行资产(non—execution proof assets②)作为一个整体,与公司资产一样可用于偿还债务。

资产负债表右边的某些项目,是针对作为个人或群体的业主的主张

---

① 见科勒《会计学基础》和佩顿《会计理论》在相关术语中的引例。
② execution proof,也称"judgement-proof",是指因债务人无财产而使判决无法执行。——译者

权,这一点通常是事实。在一般企业的资产负债表中,对业主的此类主张权被限定在执行商务的过程中所出现的事件方面。首先,对企业经营成果的直接主张权完全属于业主。如果他可以选择,那么,在经营企业的过程中,他根本不会选择成为债务人。假如他确实做此种选择,他可以处置他所选择的任何资产去偿付债务,直至没有任何资产可以供他处置。究竟用什么办法来偿债,完全是他个人的事情。只有当他完全拒绝偿还债务时,债权人才可以向他的任意资产索偿。一旦出现这种情况,则没有必要再把此类索偿所指向的资产反映在资产负债表上;在某些情况下,这类索偿所指向的是一些根本不被会计师视为资产的东西。市政公司依法所拥有的征收权——不论该公司属于国有企业还是国家的法定权利所产生的实体——就从来不会被会计师列为资产。

有关所有者权益净额的其他术语

人们经常会发现,处于资产负债表第二栏的那一组项目还有其他一些名称。人们常用"净资产"(net assets)一词来替代所有者权益净额。对这一术语唯一的反对理由是,它没有任何有关业主权的隐含的意义,它所意味的只是资产总额的扣减或减少。实际上,这种扣减是从业主权益中扣减的,而不是从资产中扣减的。资产数值与业主权数值相等这一事实,并不能排除"净资产"作为一个术语逻辑上的含混。

"资本"或"净资本"(两者可替换使用)也经常出现。反对使用这两个词的理由是,它们在商业演讲、经济学家的著作以及许多会计师的日常使用中,往往隐含着收入、收益及所要提供的服务的来源之意,而不是意味着特定业主的利益。

与其他术语相比,对"净价值"(net worth)一词的反对理由相对较少一些。至少对某些人来说,这个术语所代表的数字乃是一个真正的或真实的价值,更容易为一个充分了解真实情况,按照自己的利益理性行事的经营者所接受,不管他是买家还是卖家。然而,商业交易的事实表明它其实并没有这样重要。事实上,这个数字并没有任何实质性意义,它所代表的只是依照统计程序在得出该数字的过程中究竟做了什么(以及忽略了什么)。不过,得出这个数字的环境条件倒是为后面有关估值的章节中考虑真实价值提供了一条很好的线索。

同时,就其字面意义而言,"所有者权益净额"并非意味着:(1)(在报表的某个地方所存在的)资产的高估;(2)与资本工具的某种一致性;(3)有关企业资本化价值的一种肯定意见;(4)业主和债权人的一种并列关系。它意味着企业的一系列经营活动,使某个(或某些)人成为了企业资产的持有者(所有者),同时也引出了一些反向项目。"所有者权益净额"作为一个术语所要描述的,乃是业主利益的这样一种代数加总值。

最后,有必要来考虑一下应用于资产负债表右边的另外一个术语——"负债"。这是有关这一主题的英文著作中最早使用的术语之一。不管最早时期采用该术语究竟基于什么样的理由,但现在看来,该术语有很严重的混淆和误导性。一些人想通过比喻的方式来解释这个术语。他们认为,企业作为一个实体本身是人格化的——独立于业主、债权人以及那些和他有交易的相关者之外。通过会计账户,把与该企业有商业或财务关系的各个方面组合成了一个会计主体。一些人甚至认为,就公司制企业而言,会计实体不只是一个形象化的说法。他们把股东当做业主,认为公司相当于这个实体,这种看法其实是不对的。股东本身仅是他所持股份的业主,他们和公司之间只是一种契约关系,通过这种契约,公司经营中所获得的某些利益作为报酬给予签约者及其继任者。想象的实体在纯数学分析的概念世界里有其适当的位置,但在现实的统计分析中是没有实际意义的。这种比喻的方式作为阐述工具可能偶尔是有用的,但要把统计分析与全部的综合性阐述系于比喻的手段,就得承担将数字转化为一种记忆而不是理解现实的风险。

业主权、负债和所有者权益净额的定义

在企业资产负债表中,会计师所关心的一方面是作为一个特定企业所

使用的资产,另一方面则是这些资产所代表的业主利益,以及在经营企业的过程中生发出且须由业主承担的义务。对影响会计等式右边项目的两个术语可做如下定性描述:

业主权由企业资产中一组资产持有者的全部利益所组成。负债是一项具有货币价值的服务,是业主在现有法律(或公平)条件下为了对另外一个人(或一组人)进行补偿所承担的义务。它并不是无条件地同意抵销等于或大于由此第二方提供给业主的特定服务的货币价值。

所有者权益净额只能被定性地描述为一个差值。这个差值是从业主权数值中减去负债总额所得到的。

不对等履行合同条件下的负债

对负债的定义,有必要做进一步说明。曾记得,从法律上来看肯定会给业主带来收益的一些独立项目并没有被会计师列为资产。由此可知,假如 A 签订了一份价值 1 000 美元的合同,约定制造一批设备并交付给 B,如果 A 没有制造,B 也没有付款,那么无论是 A 还是 B 的账簿或者报表都不会列示由该合同所产生的资产或负债。此中所涉及的金额,正如会计师所评估的那样,是相等且相互抵销的。但是,当 A 按照约定将全部或部分机器交付给 B 时,B 对 A 就有一项负债(同时 A 有一项资产)直到 B 付款。同时,如果 C 开出一张 1 000 美元的票据给 D,作为向 D 订货的应付票据,在票据到期之前,D 用公开账户以协议价 1 000 美元向 C 购买货物,这种债务是不能相互抵销的。当然,从法律上说,如果 D 仍然持有票据,当然他能够用票据来抵销购买货物的债务,且 C 也能抵销因为欠 D 货物所形成的债务,如果后者作为主方提出以它作为支付的话。但在这两项负债尚未清偿之前,在他们的账户中,每一方都会显示有一项资产和一项负债。需要注意的是,C 所作出的承诺并不是支付给 D,而是支付"D 或订单"。C 并不能抵销 D 作为持有者因为货物而形成的债务,按照合法的程序,只能是抵销 D;而且,C 公司的会计师不可能知道 D 是否会转让票据。D 公司的簿记员可能会根据指令把公开账簿的负债账户和票据(假如 D 依然持有该票据)抵销。但是一个职业会计师在审验 D 的资产负债表时,会要求 D 在报表中列示应付账款,并将该票据反映在应收票据中。会计师无法知道 D 是否会转让票据,因此要求在编制资产负债表时假定是用现金来偿付所存在的债务,而不能无条件地进行抵销。

然而,我们不可能指望有很多信号可以表明在实际中很快会发生许多变化,赋予资产和负债更多的内在含义。有一些零星的例子,表明在资产负债表中确实存在这样一些资产项目:

尚未履行的购买义务	$ 10 000
减去(特定日期)价格上的或有损失	$ 2 000
	$ 8 000

在负债中会有一个与此相对应的项目:

购买义务	$ 10 000

这就是说,有些会计师已经开始把完全未履行合同下将获得或提供的服务作为资产和负债在资产负债表中列示。如前所述,当未来将要执行的订单有可能在资产负债表日带来实质性损失时,他们更会这样做。蒙哥马利是此类实务方面一位令人信服的预言者,他认为[①]:

将未来义务(销售或购买)列示在已验证的资产负债表中并非一种普遍的做法,即便这种做法在将来变得十分普遍,它也不会是一种很好的会计实践。但是,如果这些信息对于了解企业真实财务状况具有非常重要的意义,则必须这样做。

正如后面将要看到的,这种做法进一步扩展的可能性很大。然而,如何做到适度扩展,难度却是很大的。

所有者权益净额意义上的局限

对上面所给出的所有者权益净额的定义,也需要做一个简单的概括。

---

① 蒙哥马利,《审计理论与实务》第四版,第一卷,第 307 页。

两个数值的差只有在这两个数值保持同质的情况下才会有实质性意义。业主权和负债的价值确实都是用美元来计量的，这一点毫无疑问。但是，业主权的价值，尽管在量值上等于资产总计数，但其计量所采用的方法，却与不同种类的资产所采用的估值方法有所不同（以后章节将对此做详细讨论）；而且，资产和负债不管来源还是目的均有所不同。此外，正如我们所见，并非所有具备资产所要求的经济实质的项目都会被作为资产进行处理。各类资产分布上的差异，以及包括在会计资产之内的资产项目与不包括在会计资产之内的资产项目之间的差异，也影响到资产与负债之间的差异。因此，所有者权益净额数据，远不像人们通常所认为的那样具有重要的价值，其确定性或准确性都很低。人们通过所有者权益中所包含的几个具体项目得到的有用信息，要比通过其总计数得到的更多，更有价值。

第五章　负债与所有者权益净额：解释之难

为了使上一章中所下的定义能够更好地发挥效用，如同阐述资产时的方法一样，本章将用一定篇幅来阐明如何将这些定义用于解释资产负债表。

人们认为，鉴于未能很好地理解业主权的真实性质，使得一些作者在试图分清某些负债项目和业主对净财产的权益的构成要素时显得很困惑。在理解公司资产负债表时尤其如此。一些见识很高之人——既包括学者也包括实务工作者——认为要做这种区分并加以恰当运用确实难度很大。贝尔(Bell)就曾说道①：

有些会计师和会计学者在考虑资产负债表相关名词时，非常关注负债和资本（业主权净额）的区别。当然，对会计师而言，对这两类贷方账户之间的区别保持清醒的认识是十分必要的，然而，依我们看来，通常情况下我们应该更注重财务报表和会计术语的简明性，尤其是在不严重违背原则的情况下做到简洁明了。正是这个原因，在对账户的类别做总的界定时，我们并不主张过细地区分"负债"和"资本"。

贝尔在其著作中用了很大篇幅来讨论这些项目，然而，即便你花很大精力去仔细阅读他的著作，也不可能就如何解决这一难题获得很大助益。事实上，在某些情况下，在远未做到仔细地区分清楚相关项目之前，贝尔就

---

① 贝尔和鲍威逊(Powelson)《审计学》第 261 页，以及第十四章和十五章。（该书序言中曾指出鲍威逊对该书的贡献仅限于编写案例和问答题）

已经有了止步的打算①。

次 级 债 务

对这个问题,蒙哥马利的论述可能是最好的,他说②:

除了准备外,资产负债表的右边(或者说是贷方栏)有三类项目:(1)负债;(2)资本(业主权净额);(3)根据具体情况,可能是负债也可能是资本的项目……举一个所谓信用债券发行的例子,到期日为1990年,利息只在当董事会宣告发放时才支付,且不能累积。简单点说就是,只要对他人有直接或可能的义务时,都不能要求公司偿付本金或利息。对股东来说,只有债券持有人才是债权人。债券持有人到期应得的全部金额是有风险的,对债权人和潜在债权人来说可以认为是股本。这种情况解释了上述第三类项目。

关于次级债务③,蒙哥马利谈道:

次级债务是为了对债权人提供保护并更好地解决企业所面临的财务问题。一旦构成次级债的相关事实确立,则必须通盘考虑其对资产负债表的影响,否则就有可能忽略其部分甚或绝大部分影响。将次级债项目引入应付账款中,即使有备注作为解释,也不属于适宜的报表形式,次级主张权或负债应该紧挨在资本项目之前单独列示。

最常见的一种次级债务出现在合伙企业中。当一个合伙人为了向公

---

① 贝尔和鲍威逊(Powelson)《审计学》第98~99页,第292~293页,第301页,第304页。
② 蒙哥马利,《审计理论与实务》,第四版,第一卷,第261~262页。
③ 次级债务是指合同中经过双方协议,债权人同意将他的主张权列于一般债权人之后,这个协议将优先权让给协议日短期债务的债权人,或者让给在将来特定时期内,或者某个特定意外情况出现时,或者某个条款履行时可能出现的一般债权人或其他人。在公法中并没有阻止这种债务的债权人同意将资本账户的主张权列于优先股股东之后,或者说在盈余分配中的主张权列于除了普通股之外的要求者之后。利用这种债券筹资方式,在出现预料之外的危机时,股东必须尽快采取行动,而且不向公众公示,以此来挽救财务损失,这很难理解。财务专业的学生和筹资者似乎对这个预警方式不太认可。

司提供一笔永久或暂时的额外公司基金而借一笔钱给公司,即构成次级债务。对这种业务,蒙哥马利认为:

……如果是普通合伙①,则对任何合伙人都不构成负债,来自合伙人的所谓借款都不是负债……在对外公布的资产负债表中,所有合伙人账户的借方和贷方,都应合并为一项数据,作为合伙企业的净资本。

如果是有限合伙②,则合伙企业和单个合伙人之间有可能存在也可能不存在债权债务关系,取决于具体事实和相关法律。如果次级债务属于短期性质,则必须明确列示其具体期限。

相关定义

准确地说,此处所考虑的问题,并非所讨论项目究竟是负债还是资本(业主权净额),而是该项目到底是不是负债?因它而产生的主张权是否会引起对业主权益的损害?需要注意的是,后一个问题并不是说导致该主张权的该项交易的结果是否会对业主利益产生不利影响,而是说该项主张权本身会对业主权益有不利影响吗?一旦完成了所提议的测试,会计师和会计学者们所面临的问题就不再那么令人费解了。

在上述引自蒙哥马利的"所谓信用债券"的实例中,经过测试就可以清楚地得知这些债券并非负债。我们所讨论的业主很可能是一个公司。根据发行条款,只要对他人负有直接或间接义务,就不能对业主有任何的"本金或利息"主张权。也就是说,对公司而言,只要它和另一个人之间的合同没有全部和完全履行,以及只要侵权责任或刑事责任尚未免除,它就没有主张权。这显然等于说,只要公司实体存在,或者说,只要公司作为一个业主的目的存在,在合同的约束下就不能有主张权。只要公司继续经营,是

---

① 普通合伙制是指公司内所有合伙人对基于公司任何合同的债务都共同承担无限责任,以及对基于诉讼企业产生的可能民事责任承担连带或者共同责任。

② 有限合伙制是根据法律组建的,允许其中一个或更多(但不是全部)合伙人以投入额承担有限责任。所以在此类公司中,一个或者一些合伙人承担有限责任,一个或者一些合伙人承担无限责任。

否支付利息或本金将是公司的自由。诚然,"债券"具有负债的属性,按照条款他们是可以依法公平地执行的,但是,只有当公司自愿或按法律程序结束公司事务时,其债券持有者才能获得或有补偿,而不是依据合同条款行事。在法律上"债券"也许是负债,但是它缺乏对业主利益构成损害的经济属性。

对任何一种次级债务都可以实施同样的测试,一旦了解了协议的全部后果,并且职业会计师已经就此类问题听取了法律方面的意见,就可以相信,在良好的会计实务中,这种债务到底是不是负债就毫无疑问了。在会计实务中发现的对次级债务的主要处理方法与本书给出的定义完全相符。事实上,构建定义就是要描述最好的实务,而不是表达作者所空想的定义。

公司内部债务

对因合伙人向公司提供借款而形成的次级债务,可能需要做进一步的解释。上文曾引用蒙哥马利的观点,即"如果是普通合伙,则对任何合伙人都不构成负债",在公司作为资产持有者的情况下,这种观点无疑是正确的。只要公司持续存在,提供借款的合伙人就不能实施对公司采取法律行动的权利。在公司存续期间,是否支付取决于公司,因此,该债务对公司利益不构成损害。但蒙哥马利接下来谈道,"从合伙人手上借来的钱不是债务",就走得有点太远了,远到超出了此处我们所讨论的主题。当公司成员作为独立的个体,如果他本人的债权人公司破产,或者作为公司合伙人的某个人官司缠身时,就会产生一定债务。所有会计意义上的负债都是法律意义上的债务,反之则不然。

优先权的区分

会计文献中到处充斥着这样的观念,认为负债和业主权净额的区别,一定程度上取决于法律上的相对优先主张权。以此为基础进行区分,需要明确税款主张权和剩余索取权(不管他是谁,也不管他以什么理由提出要求)之上是负债,之后是所有者权益净额项目。很多人试图解决这个问题,但是,没有一个人能提出一种明确的切合实际的解决办法。本书作者是不赞成做这种努力的,这一点姑且不论;关于主张权的优先顺序问题,需要考虑的问题实在太多。此处唯一的反对理由,是到目前为止,还没有人能够提出一种真正具有实际应用价值的区分——即一种与实务相当吻合的区分。

业主权净额的项目化

人们经常发现在资产负债表"业主权净额"、"资本"或"资本净值"等栏中,几个项目的价值总和,等于业主权价值与负债价值的差额。对于这个事实,很多人认为是用某种方法才从这些项目中得出了这个总额。事实当然并非如此。如果有这些项目存在,并在报表中明确列示,那么,它们必然是对总额进行分析的结果。因此,在一个公司的报表中,我们会看到:

业主权净额:

优先股股本	$ 50 000
普通股股本	50 000
盈余	25 000
	$ 125 000

或者会看到:

优先股股本	$ 50 000
普通股股本	50 000
总股本	$ 100 000
减去亏损	75 000
	$ 25 000

上列数字中,股本所反映的只是一种法律历史,其合计数代表了公司净资产的最小数额,在未得到国家允许的情况下,这部分资产是不能以股利的方式分配给股东的。第一个例子中的盈余代表的是公司实际净财产

超过应支付股利的法定最小额度后的差额。另一个例子中的亏损代表的是公司实际净财产少于上述额度的数值。

人们经常说的盈余指的是已实现的尚未分配股利的利润,亏损则是损失。但是,就我们目前所知,未分配股利前的利润和亏损实际上是通过资产和负债的连续估值来确定的。可以肯定的是,就这两项数据的总计数究竟由何而来,有一种共性分析可供使用。

术语方面的困难

解释之难

如果某个人的工作要求他去读很多资产负债表,那么,他肯定经常读到许多表述不太正确的报表。在资产负债表右边项目中遇到的难题大多与其左方一样。主要错误包括表述错误和分析错误。比如未充分说明的项目、误导性或模糊不清的名称、估值账户出现余额以及项目位置错误,诸如此类的问题都会给读者造成痛苦。当然,还有估值错误,对此我们将在后面章节进行讨论。

太过简化的报表无论是对说明的充分性还是对分类的准确性,都不会有很大助益。财经刊物上经常用大量篇幅登载许多在表达和披露方面都大大缩减的资产负债表,以这样的报表为依据,很难得出可靠的意见。与其这样,还不如少而精地刊载一些资产负债表。

"准备"的含义

职业公共会计师常常不得不忍受专业词汇贫乏的折磨,对细心的读者来说,这一问题最为突出的,莫过于资产负债表中各种让人莫名其妙的"准备",尤其是资产负债表右边栏目中的准备项目。我们会看到特定资产的"折旧准备"、作为估值账户余额的"废弃准备"(reserves for obsolescence)及"坏账准备",其数额表示在另一方向显示的相应资产项目被高估的价值。"存货损失准备"（reserves for inventory losses）可能是针对对面栏目中存货高估价值的估值账户，也可能只是表示了对未来某一时期产品滞销或价格下降时可能遭受损失的担忧。还有"重置准备"（reserves for replacement），可能隐含了（也可能没有）一个有关折旧的估值账户以及按较高的成本进行资产重置的预期。"纳税准备"（reserves for taxes）看起来是纯粹的负债，不过很可能发生估值错误，因为税金是很难准确预知的。

"偿债基金准备"（reserves for sinking funds）或"递耗基金"（depletion funds）出现时常常缺少应有的解释，说明到底在做什么，为什么要这样做。"商誉减值准备"（reserves for depreciation of goodwill）和"开办费"仅仅代表与某些估值账户相对应的估值账户。或有事项准备可能只是意味着对未来可能发生的损失的一种估计，包括可能性很大的损失及可能性很小的损失。

当具有良好声誉的企业过度使用准备项目时，我们通常可根据具体情况，尤其是记入准备的项目，来确定该准备是否只是一个估值账户、一项负债、一项对业主权净额的内部差异进行分析的要素，还是对未来可能发生的或好或坏的或有事项的一种确认。如果不知会计师的信誉如何，在使用报表资料时就必须留有很大余地，或者做认真的查证。

所幸我们有希望摆脱这种困境。美国会计师协会尤其是其下属术语委员会（The American Institute of Accountants）曾为此做了许多努力！一些身兼会计师和会计学者双重身份的人员如芬尼（Finney）、杰克逊（Jackson）、麦肯锡（McKinsey）、蒙哥马利等的努力，也结出了丰硕成果。在一流企业所发布的大部分资产负债表中，与资产和商誉相关的估值账户几乎全部从资产负债表右边栏目中消失了，转而作为资产负债表中与之相对应的资产项目的扣减项，列示在资产报表上。这些由一流企业所编制的报表很少会省略流动负债、长期负债及总负债的小计数。其他企业估计不久也会仿效这种做法。

虽然近来实务中有所改进，但依然有许多项目被普遍误解。正如我们已经看到的，债券折价作为一个估值账户，并没有很典型地作为一个扣减项从债券面值中减去以显示债券的现值;还有其他一些估值账户,比如应计利息,就是作为独立负债而设置的。

营运资金比率

流动资产与流动负债之比非常重要,但在计算时经常会把数值弄错。例如,假设公司决定分派股利,这将导致一笔特殊用途的资产,如开设一个股利账户,由银行执行财务代理。通过这个账户支付股利,这笔专款一旦拨出就有了特殊含义。一旦设立了这样的基金,则法定权利(legal title)就转到了银行手里,股东则拥有衡平法权利(equitable title)。如果是这样,那这项基金,尽管它可能未从现金中分离出来或者作为一项单独的流动资产出现,但它却不再是真正意义上能为企业所控制的资产。股东将不是一般的债权人,而是此基金的绝对所有者。尽管这个做法不能把要支付给已经属于股东的资金和向股东支付已宣告的他们有主张权的股利(并没有单列这部分清偿资金)区分开来,也不能改变流动资产和流动负债之间的差额,但只要在计算比例时把同质资产和负债考虑进去,这个比率将会发生改变。

在随时可转换证券和银行存款余额累积到可以偿付发行债券所形成的债务时,也可能发生类似的解释错误。这部分资金可能作为流动资产列示,而债券发行本身作为长期负债列示。即使两个都作为流动项目(1年内到期的债券),如果这个比例要作为公司目前经营状况的指数,那么专项资金和可能的负债部分在计算比率前都要从总额中扣除①。

---

① 近年来有很多文章讨论财务状况和经营状况指标。这些指标大多采取差数或比率形式。本书作者并不后悔试图对其中某些比率进行归纳性总结,但我们希望对这些比率的研究能更深入一些。对于处在同一行业的两个企业,某个既定比率最好能有显著差异,即便这些企业所采用的会计处理方法并无很大差别。对于一些通常认为比较重要的比率,人们总是希望通过这些比率获得对一些重要的推论支持。尽管用以设置账户的方法相当一致,但这种方法却并不是为了让计算出的比率值能够有人们通常能够理解的意义。举例来说,它们常常很像出生率,在计算时根本不考虑所涉及人口的年龄、性别、婚姻状况、种族以及宗教信仰的分布情况。因为对于如何计算出生人数、如何确定总人口数缺乏统一的方法,所以根本无法保证计算出来的出生率能够在较大的区域范围内具有可比性。会计比率只有在具有"良好的专业品质"的情况下,其计算和解释才是可足信赖的。

公司的所有者权益净额

总体上来看,会计师在编制会计报表时,在负债部分犯意外错误的余地并不是很大,但在构造右边剩余部分项目时,出错的可能性比其他部分加起来还要大。对于这些错误,会计师只负部分责任。当今时代,企业报表所反映的是人们普遍关注的问题,且公司所发布的报表皆是由公共会计师编制的,会计师在这方面遇到的问题确实很难。他必须分析每一项仅有细微差别的数据,必须尽量想办法根据具体情况给出尽可能详细而清晰的信息。在公司中情况也是如此,对公司资产的受益权完全掌握在股东手中。公司的股东可能是像董事会成员或公司高官那样积极的投资者,也可能是毫不积极的普通投资者。公司股票可能年复一年一直为同样的人所持有,或者在交易所进行频繁的交易。它们可能很少是有担保的,也有可能全是有担保的。可能只发行了一次,也可能发行了很多次,而且在任意两次发行之间,股东所享有的权利、特权和豁免权不断地演变为表决权、参与盈余分配的权利、转换和转让权利、股利优先权、清算时的优先赎回权等。对股票发行合同中特殊条款的数量和种类,公司财务方面的学者了解甚少,会计学者的了解则更少,受过普通教育的人对此则完全不知。把公司所有的股票划分为优先股和普通股,或是有面值股票和无面值股票,这个事实本身说明对这个问题的认识很少。每一次发行的股票都是独一无二的,近来这种观点比起那种把所有股票分成两类或是仅以两个基础对股票进行分类的观点要更为合理和更容易被接受。

分析基础

这并不是会计人员对股票进行会计处理时遇到的唯一问题,他必须从各种分析基础中选择一种。他可以从股东利益的历史发展角度来分析,也可以从资产负债表日一种股票和另一种股票在分享盈余(或承担亏损)的基础上来分析。他可以分析从最近一期报告起或者是在某个特定时期内股东利益变化的特征和数量。他可以选择只列示由传统会计得出的数值，或者是以有形资产重置成本为基础进行重估价。他也可以选择只说明"经营活动已实现的利润"或者试着去解释商誉或未实现收益。他可以针对不同的资产负债表做上述任意一件事，但决不能同时做上述所有事情。

开明的公共会计师（有很多这样的人）在遇到这个问题时，会根据情况尽其所能做到最好。此处所谓"情况"通常包括报表使用者对会计报告的熟悉程度。一般来说，那些批评会计师对会计报表这一部分处理不当的人，他们的著述中往往表现出他们对会计师经常面对的这个问题并没有充分的了解。

对那些只是偶尔才会出现在资产负债表中这一部分的项目，这里将不予考虑。此处所讨论的只是那些经常出现同时又非常重要的项目。要把这个问题彻底搞清楚，恐怕需要写一部专著，而不是区区一些章节。

股本

关于股本，每个经营者、投资者、律师、经济学家和会计师所使用的术语，很少没有歧义的①。会计师使用股本一词常包括以下几种含义：

1）所谓"核定股本"（authorized capital stock）。这只是一个总额，不具有实质性意义。它是公司核准发行的股票面值（或设定价值）的最大数额。它除了说明不大于一个特定数额外，并不表示任何意思。会计师在使用"股本"一词时，很少有不加限定语的情况。

2）已发行股本（capital stock issued）。这是指向初始认购者（而不是初始认购者的受让人）发行，且后来没被公司回购或依法撤销的股票的面值或设定价值。不包括已认购但尚未发行的股票，以及已经发行但目前由公司持有的股票（即库存股），也不管已发行股票是否已经全部付款。大多数公共会计师（但不是全部）会使用"已发行"这个限定词来表达他们想要

---

① 如果有谁对这个术语含义的多样性有所怀疑，那么他可以去读读宪法、最高法院的裁决书、公司法律条款、会计及财务教科书中对该术语的定义。从弗莱彻（Fletcher）的《公司百科全书》中，可以找到法律界对该术语的很好的定义，具体请参阅该书索引。

表达的意思。

3）流通在外的股本（capital stock outstanding）。指已发行在外由股东持有的股票的面值或设定价值总额。不包括公司取得并持有的股份，不管是通过什么方式取得，比如没收、赠与、偿债、回购等，因为公司本身不可能是自己的股东。当然，它应该可能包括公司仅作为监护人或受托人时而持有的股票。在完整意义上，它也不包括那些已经接受认购但尚未发行的股票。该术语不涉及是否已按认购合同完成付款。当股票"已发行"但尚未"流通在外"，以及/或者已经认购（且认购申请已被接受）但尚非"已发行"时，会计师常常不加任何限定地使用股本一词。

股本的定义

"股本"一词在不加任何限定语使用时，其最普通最恰当的含义可表述如下：公司资产中净财产（或者除去负债的）的最低额，非经所在州相关法律的特别允许，该部分财产不得因向公司股东分配股利或作赎回分配而减少①。

股本的计量

基于这一定义，股本额的确定可区别三种情况分别考虑。

如果一个公司只发行标明面值的股票，其股本额为：

---

① 据说这个定义是最常用的，理由是：(1)它的内容实际上包括了这个术语在注册会计师编制的绝大多数资产负债表中应有的意思，这一点引起了本书作者的关注；(2)其内容中不包括被大多数人在相同的资产负债表中排除在外（或至少不包括）的意思。这个定义是注册会计师内心所推崇的，但是没有人提出来过，因此无人知晓。我们应该尝试着从最佳实务中提炼出精练的文字，对其作出最具代表性的描述。

人们所认可的说法即可以说是最好的说法。人们认为符合上述原则的金额对董事会、股东、债权人、潜在投资者以及社会公众在处理关于几乎所有私营企业的事务时是至关重要的。用单一数字表述，或者当经过了数次股票发行时用一种确定的数字表述，都无碍于报表披露更有益的其他信息。这个金额考虑了法律允许投资者中一些负有限责任或有约束责任的团体，在企业出现失败时作为股东最大的担保者。正是这一原因，使得企业经营范围极具弹性。在缺乏关于股东附加债务的特殊法律条款时，这个金额也是债权人根据与公司间的合同可以合法信赖的。除非债权人在他的债务期间内要求更多的无股息不动产。

1）在可执行合同下已接受认购的全部股份的票面价值总额,此合同:

（a）经公司同意;或者;

（b）当公司已遭禁止,经代表公司未偿还债务的债权人的国家同意;加上:

2）全部已发行股份,或依法决定并已宣告要发行的股票(比如股票股利）的票面价值总额;加上:

3）认购付款额超过股票票面价值的那部分金额,当然,其前提条件是国家明令禁止此后再将这个超出部分以普通股利形式分配出去;减去:

4）在同意认购之后,经国家许可可以赎回或撤销股票的票面价值。

如果公司发行的股票未标明面值,其股本额为:

1）在法律和宪法规定的限制条件之内,附着在可执行合同下已接受认购的股票,由公司规定或隐含地设定或宣布的股本数额:

（a）经公司同意;或者;

（b）当公司已遭禁止,经代表公司未偿还债务的债权人的国家同意;加上:

2）公司合法获得盈余而增加的部分,不管股份数量是否改变;减去:

3）在认购被接受之后,经国家许可可以赎回和撤销的股本额;减去:

4）经国家许可,在不改变股份数量的前提下而发生的任何减少。

如果公司既发行标明面值的股票,也发行无面值股票,其金额是:

1）用上述方法确定的标明面值的股票的价值;加上:

2）用上述方法确定的发行的无面值股票的价值①。

股本和认购者的负债

人们曾经多次尝试,想要为参照认购者购买股票所产生的负债找到一

---

①当股票无票面价值时,想要找到一种方法,以确定会计师认为的留存资本或注册资本额,肯定地说是不大可能的。无票面价值的股票并不多见,期望出现统一的处理程序可能性很小,因为法律对这个问题的规定差异很大,而且这些规定的含义极少有被最高法院正式公告过的。对这个问题最好的论述可参见罗宾斯(Robbins)著作的无票面价值股票部分。根据我们的调查,目前很少有包含无票面价值股票的资产负债表,这正好说明了,比起他设计的其他原则,人们更倾向于上述原则。

种确定股本价值总额的方法。迄今为止,在本书作者的眼界内,尚未有任何一种既简单又成功的做法。的确,认购者的法定负债总额与因认购而增加的股本总额之间存在一定数量关系,但不是全部股本都可以由认购来解释。获得100%股票股利的权利,既不需要股东认购什么,也不需要股东付出什么。然而这样的分配却会使股本增加一倍。在所要计量事物的本质和重要性尚未得到清楚界定之前,尝试借助于认购者负债来描述股本的计量,也不失为一种较好的方法。

股本的分项列示

找到股本分项列示的方法其实不足为奇。最常见的分析是分别考虑各种不同的发行状况。分项列示的目的最明显不过,无需赘言。尽管如此,我们有时会发现,有些股票已经认购但尚未全部支付,有些已经被认购并完成了支付,但股票尚未发行,有些股票已经发行,但付款方面还有一些遗留问题,如此等等。在已经包含了以上各种情况的资产负债表中,会计师可能还要考虑以尚未付款的已认购股票形式存在的资产金额,以及/或者股票登记的情况,比如,他要记录公司与股票认购者之间的关系,或者与公司股票持有者之间的关系①。

盈余(或亏损)项目

在公司资产负债表的右方还有一类项目要考虑,即盈余或亏损。在最普遍的意义上,盈余仅指公司资产中的财产,即前面定义的公司业主权超过其负债、次级债务(如果有的话)和股本的总和。亏损仅指后面三项超过业主权。同样明显的是,现存的盈余或亏损是怎样得出来的,这对于资

---

① 值得注意的是,股票持有者拥有的根本不是经济学或法律意义上的股本,也不是公司股本。股东真正拥有的是附着在公司不动产上的未分配收益,是在业主权中的利益。此类股东利益的总金额不仅有可能不同于股本,而且常常确实不同。情况确实如此,它与账簿和报表上所列示的价值,以及表现在股票市场上的投资者的估值也都各不相同。

负债表的读者来说可能具有重要意义。盈余可以分解为好几种或几类项目,这说明会计师已经在努力尝试着表明现有的盈余究竟是如何得出的。通常发现,有些项目具有相当一致的含义,有些则是独立存在,并无一致的解释。

  盈余或亏损可能自公司成立伊始就已然存在。如果第一批认购者支付的对价高于股本总额,也就是说,如果最初的认购属于溢价认购,那么这个公司就有现成的盈余了。这种盈余的金额通常会一年一年留存下来记录在诸如"资本公积"、"实缴资本盈余"或者"股本溢价"之类的账户中。除了银行公司外,这种初始盈余在公司组建为一个全新企业时是相对少见的,但在目前的企业融资中,接管现有企业或合并现有的数个企业的情况中相对较为常见。需要注意的是,并非所有"资本公积"或"股本溢价"项目都是从一开始就有。如果一个公司在盈利或积累了大量盈余后准备增发股票,就可能以超过面值或设定价值的价格发行。这个超过部分和售出库存股所获得的利润通常和初始盈余一样贷记盈余账户。

  相反,"股本折价"代表收到价款低于发行股票的面值或设定价值的数额。这种"折价"通常并非完全法律意义上的损失。有时候,为了保护债权人利益,公司会迫使认购者、其受让人或者无权折价发行股票的董事们支付相应的金额。但是一个面临财务困难的公司可能会折价发行股票,而认购者并不会被要求按照高于约定价格的价格支付从而形成一项负债①。当然,这里有个假定条件,即不违反法律规定且董事们也是诚信行事的,也即是说,他们的行为符合董事会的总体利益。一般来说,当公司收益累积到一定程度,"股本折价"就会从公司账簿和报表中消失。

  近年来,"增值盈余"(surplus from appreciation)频频出现。这个项目的金额在有些情况下表示真正的增值,即现在持有的资产价值高于其获得时的价值的增加值。最常见的是土地增值。然而,在许多情况下实质上并

---

①P76 Handley v. Stutz,139 U. S. 417. 这个事例极大地震动了法学界。

没有发生增值。经常出现的是，房屋、机器等的价值确实比先前账面上记录的要多。由于折旧计提过多，之前的账面价值低于可转换价值，在这种情况下，会计人员会毫不犹豫地将多出来的价值贷记盈余公积。但是，在有些情况下，重置一项全新的与原来类型相同的资产的成本增加，导致资产账面价值小于可转换价值。会计师如果真要增加账面价值，通常会将其贷记"增值盈余"账户。

"资本公积"（capital surplus）目前也很常见，它没有统一含义，有时会包括各种具有不同特征的要素，比如股票发行溢价、处理公司自己的股票获得的收益、资产价值增值、固定资产价值增值（代表重置成本减去折旧后的价值超过原始成本减去折旧后的价值）、出售固定资产收益或仅指总的盈余超过来自一般经营活动的盈余减去支付股利后的部分。如果我们看到这个科目下的一个盈余项目，它一般（但也不一定）指的是董事会目前不会用于支付股利的盈余金额。

"拨定盈余"（appropriated surplus）和"资本公积"一样，它可能表示在近期内董事会不会将这部分盈余用来支付股利。不同的是，它通常包括一般经营活动赚得的收益。它也可能包括有时出现在"资本公积"中的除"增值盈余"之外的任一要素。"拨定盈余"经常和"任意盈余"（free surplus）一起出现在资产负债表中。与"拨定盈余"相对应，"任意盈余"通常指公司不打算保留的当前盈余，也即是说，当前的盈余预期在下一次正常分派股利时会被用完。有时（但并非必然），当流动资产超过流动需求（不包括发放股利的需求）的累积达到一定程度，就预示着将要宣告发放股利了。

盈余"准备"

"厂场扩充准备"（reserves for plant expansion）之类的项目不仅说明企业不想分配盈余，而且表明企业经营规模和政策的改变。不过，公司"扩大盈余"或"扩展利润"的意图，并不总是通过此类项目表现出来。

正如我们从第三章中所讨论的偿债基金、折旧基金和递耗基金中所能预期到的那样,如果不透过表面深入到资产负债表信息中去,则很难理解(乃至于根本不可能理解)"偿债基金准备"、"递耗基金准备"等项目。有些债券发行契约不仅要求债务人向债务托管人定期支付一定金额,还要求设立一个保持一定余额的"剩余收益准备"(reserves of surplus earnings)账户。对这个"剩余收益准备"做贴近分析,通常会发现,除了在托管人手中形成一笔独立资金外,它必须在借款期间内形成高于法定要求的股利代扣。

在采掘业中,比如说矿业企业,开采保证金是很难可靠估计的。其原因在于不了解矿藏的范围,不了解未开采部分的构造、将会遇到的问题以及制成品的市场情况。在这样的条件下,矿藏保证金并不能独立地构成占矿藏最大可能价值很大一部分的债务的一项很好的特别保证。但是,通过设立保证金,可以提供更好的保证,这样债权人的收益率也可以更高;假如矿藏因此而增加了置留权,债权人将会同意在定期支付一笔款项给受托人保管的同时,同意在一定范围内进行股利代扣支付。如果公司之前几年连续盈利,现在发生亏损,此时对债务人来说,完全将债务超过累积基金的部分指望在抵押财产上,债务是不安全的。在经济繁荣时期,为日益增加的资产与负债的差额提留准备,会使公司的总体信用水平提高;在契约有效期内,有担保债权人和无担保债权人皆因此而获得一个更大的安全边际。不管涉及的金额是多少,两份契约总比一份要好。将过多的保证金交给债务托管人可能会影响到公司扩大经营的资金需求。如果债权人的境况不加以改善,债务人很可能陷入困境。如果只是依靠保证金,很可能影响到有担保债务的市场流动性,同时也会迫使擅长矿业经营的管理层担当起作为一般投资者的责任。

当然,会计理论家们都会说,"偿债基金准备"之类的项目是盈余的一个组成部分,但他们普遍都没有说明设立"准备"的全部财务影响。他们也未曾说明,除了合约中有单独的条款规定之外,"准备"和"基金"之间是不存在任何关系的,包括数字或其他关系。从财务的角度,更准确地来讲,偿债基金和依照合同规定设立(和/或累积)的盈余准备(或部分)与股利的减少无关。在同一份合同中要求设立资产基金和代扣股利只是法律上的附带要求。在经济上,"准备"和"基金"完全是两码事。基金和准备成为两个相互关联的术语,在某种程度上来讲,乃是一种不幸。

如果所有偿债基金都是同一类型,比如说,都是根据契约为了保护特定债权人的利益交付给托管人的准备金,同时,如果所有准备都是同一类型,比如按契约限制分派的盈余,混淆基金和准备的关系也就不会那么有害。但是,正如我们在第三章所看到的,在"债券偿债基金"标题下的项目可能存在完全不同的性质,因此,我们也发现"偿债基金准备"与"债券偿债基金准备"也完全不属于同一类型。有时可能根本不存在契约约定的代扣义务。该准备可能只是记录了未支付最大股利,或者企业不打算支付最大股利,也即是说,它只是表明存在一定盈余。有时候,代扣股利可能只是因为在债务到期时不想重新举债,也不想将资产账面价值减至债务发生后的价值。但是,因为有这种意图存在,因此,不管是现任管理层还是以后的继任者,都有可能改变目前的政策。当前合同规定的准备很可能带来股本的增值。自愿准备则不会有这种影响。

如果不同种类的基金和准备的独特术语能被大家一致认可并统一使用,对债权人和潜在债权人而言,资产负债表的重要性就会有实质性的提高。鉴于相关术语还有待进一步完善,为了使表述更加准确,会计师只能在资产负债表或报表附注中予以充分说明,相对而言,前一种方法更为可取。

"重置准备"(reserve for replacements)可能包括也可能不包括为了重置资产而计提的折旧备抵。最佳的实务处理方法,也即是说能够使信息更加清晰,是将折旧备抵排除在外的。如果一项资产在取得之后其持续经营价值(going concern value)发生了实质性的下降,而资产账户的余额并没有相应地减少,会计师就会在资产负债表的某处引入一个估值账户。较为可取的做法是将这个账户的余额单列,但实际中并不总是这样做的。如果某个房屋很有可能被重建,但重建的初始成本比以前高,作者会发现这样的事实,即"重置准备"账户会累积达到重建所需成本的估计数。因此,一般来说,这个账户的累计额会比它原本要增加到的实际成本减去残值后的数额大。用这个大的余额取代小的余额,需要将平常的估值账户与平常的盈余要素结合起来考虑。

为了保持一致,会计师希望在资产负债表中反映为重建成本高于实际成本做准备而必须保留的数额,因此,会计师应该将平时的折旧备抵和为了筹备将来高出历史成本的部分而保留的盈余分开来单独列示。一个项目是部分盈余,另一个只是估值账户。本书作者从未发现过这样的情况,即注册会计师在确认了在他们看来比较适当的折旧备抵之后,基于重置成本可能低于原始成本,再设立一个小于他们估计的应计折旧的重置准备。也就是说,"重置准备"有时包含未披露的盈余,但是,在执业实践中,显然是决不允许用一个小的重置准备去取代大的折旧准备的。

"或有事项准备"

对需要依赖资产负债表的用户而言,独立存在的"或有事项准备"总是一个不太令人满意的词汇。在负债、盈余项目及一些标题为"准备"的单元中,本书作者发现了一些诸如此类标题的甚为含糊的项目,从其表面,你很难判定它究竟是不是负债、盈余或者估值账户。此类项目出现的部分甚至都不是结论性的。出现在负债中的"或有事项准备",是由下列数额合并成的一个数字:

1)有争议的应收账款的可能损失。

2)由于企业出售不合格产品使已付款顾客遭受损失,顾客可能要求的赔款。

3)背书转让票据和账款计提的损失准备金——这不是对负债的估计,而是对由此带来的损失的估计。

4)早年计提的准备金的余额,尽管事实上那些年发生或有损失的可能性很小。

确切地说,最后一项属于例外情况。在绝大多数情况下,当负债中出现这一项目时,则表示会计师对以下情况的估计:

1)已经认可的现实负债,其最大数额只能估计得出。

2)在各种可能的情况下都不用支付的现实负债,就像在已发行股票的次级债务实务中出现的情况,在预示公司经营成功的各项指标都很高时,根本不用支付的。

3)只有当将来实质性的或有事项可能不发生时才会行使的主张权。

4)既没经审计师认可又未经债务人同意的债权人的主张权。

既然上述所有事项都只是合理的怀疑,其总额的含义也就不言而喻了。它所代表的是会计师对存有疑问的项目的最大数额的估计,这些项目可能是因为资产负债表日之前所发生的经营、交易或其他事件造成的。当这些独立项目合成一个总体,其发生的概率当然应该是几个项目发生概率的乘积。谨慎利用这种方法,并进行全面准确地表述,这个项目会是一个很有价值的信息项目。

如果实际中依此行事,"盈余"作为一个独立的数据项,通常会是被低估的,但是,盈余的范围和价值上的限定会被很清楚地列示出来。也就是说,会计师对于自己所得出的盈余数据(项目),不会希望它由于过往的经营导致负债升高或者资产负债表日资产价值的高估而减少;相反,他会希望该数据有某种程度的升高。升高的最大限度为"或有事项准备"与目前任何资产价值低估数之和。当事实表明"或有事项准备"高于到期应付数额时,则应将其贷记转回到盈余中去。资产价值的低估最终必然要体现在盈余中,或者通过直接的分录,或者减少将来的折旧或其他费用支出。

"或有事项准备"属于估值账户中的一员,当估值账户在报表中占有独立位置时,"或有事项准备"出现的机会相对较少。本书作者注意到,该项目的构成在实际中并无一致表现。或许因为它只是一个概率事件。然而,无论如何,确实有资产负债表给予了这一项目一定位置,说明有部分人不愿意让报表给出一种清晰的景象。

当这个项目出现在经历了长时期繁荣的公司的会计报表的资本或业主权净额部分时，人们总是会认为，它是董事会不打算通过利润分配而抵销掉的一部分盈余，或是董事会留下来以备在公司出现暂时性利润下降或亏损、甚至直到公司恢复兴盛时才会用于支付股利的盈余。但是，当这个项目出现在一家新公司或是风险较高的公司的报表中，体现在其盈余部分时，人们最可能的猜测是盈余被高估了。当然，事情也可能不是这样，但是，用户必须深入资产负债表中去探究其真相。

对于资产负债表中所列示的"亏损"，本书作者只能这样说：当它经由注册会计师签署意见后，对其真实性人们不会去进行调查。遗憾的是，我们并不能反过来说，也不能说报表上的亏损总体上是否与实际情况相吻合。正如本书后面将要讨论的那样，在资产估值中，高估盈余低估亏损的情况常见于用资产换取新发行股票的时候，尤其是在新成立的公司中。

总的来说，联系接下来要讨论的估值问题，在此我们可以讲，在成功的老牌公司中，巨额盈余会被低估，而在新成立的公司中，公布的盈余和亏损数要小，所公告的情况也总体上要好于公司实际状况。读者们对此可能有大致的印象，只要随意选取某一种股票，将其连续的账面价值和相应日期的市价平行排列，然后给记载的应付股利加上适当权重，就可以很容易看到出现两个极端。还有一个简单但不是很可靠的测试是，通过将支付的所得税与调整股票股利、新发行股票之后宣告的股利以及增加的盈余作比较，即可以反映出来。

股票的"账面价值"

这里不是在讨论什么是还是不是盈余或其构成要素，也不是在讨论盈余的各种来源，而是盈余的利益分配问题。资产负债表出于某些原因，很少说明现存的盈余是怎样在不同时期发行的股票间进行分配的。有些特别条款下发行的股票除了获得固定利率的优先股利外，从不参与分享发行公司的经营成果。超过满足股利分配所要求数额的盈余与这样的股份持有者毫无关系。事实证明,真正的盈余、盈余所代表的全部利益,完全与优先股股东无关,而是全部落在次级股票持有人手中。但是,并非所有优先股都是如此。事实上,参与盈余分配的方式有很多。

要弄清只是偶尔才会存在的剩余盈余究竟是如何在各种股份之间进行分配的,实质上只需要观察优先股累计未付股利(空过股利①)。假设有一家公司,发行了 100 000 美元 7% 非参与累积优先股,100 000 美元普通股,两种股票的面值都是每股 100 美元,假设有 100 000 美元盈余,如果不论什么原因已经有 3 年时间未向优先股发放股利了,则所有者权益部分的利益可以在股份间做如下分配:

优先股:

最终清偿主张权(通常是面值)	$ 100 000	
因空过股利在当前盈余中享有的利益	21 000	
		$ 121 000

普通股:

最终清偿主张权(通常是面值)	$ 100 000	
享有的盈余	79 000	
		179 000
在业主权净额中的总利益		$ 300 000

也就是说,优先股的"账面价值"是每股 121 美元,普通股是每股 179 美元。

如果优先股在每年享有 7% 股利后还和普通股一样参与盈余分配,账面价值将会大大不同。如果普通股每股享有的总的股利与应支付给优先股的股利相等,那么,两种股票的每股账面价值就会相等。条件是在未分配股利的几年内,剩余盈余的数额大于两种股票的 7%。如果所有的股份

---

①Passed dividend,是指在一个时期未满应分派而未分派之股利。——译者

在优先股享有7%股利后都参与盈余分享,但享有比例不同,则会得到另一组数字。

不论是会计师还是会计学者,似乎都未怎么注意到股票的"账面价值"。在资产负债表中,除了会对优先股未支付股利作补充说明,或在内部栏中列示一个单独的盈余项目外,根本没有区分各种股份享有的盈余。毫无疑问,股东、潜在股东和把股票当做抵押证券借出的人,都会从这种分析中受益。但是,正如之前曾经指出的一样,一般来说,只有一种分析基础能在资产负债表表面显示出来。①

如果对同一数额以两种各自独立的分析基础进行分析,肯定会有一系列项目不能被包含到总体中来,或者必须增设一些项目,或是为不同的用户编制不同的报表。上述所谓"账面价值"分析不应该视作对目前流行的分析模式的反对性批评;它只是说明,在常用的分析方法之外,我们还有可能选择另外一种替代性分析方法并从中受益。

特殊目的资产负债表

为什么公共会计师基本上都不愿根据委托人的主要信息需求自主地编制资产负债表,而是通常倾向于编制"通用型"资产负债表,其中原因不得而知。可以肯定的是,之所以会这样做,绝对不是因为他们不具备为某一利益主体改善常用分析形式所必需的独创性,也不是因为他们对不同利益主体之间信息需求的差异性缺乏鉴别。"融资方案实施后的资产负债表"、"预计资产负债表"、"联邦储备委员会的资产负债表"格式,目前已经广为人知,表明会计师既具备独创性又知道特定主体的特殊需求。对此,最好的猜测可能是蒙哥马利的观点②,他说:

---

① 如果以盈余的来源作为主要分析基础,比如初始盈余、由股东所贡献的盈余(发行溢价)、资产增值带来的盈余以及经营活动产生的盈余超出全部已宣告股利的部分,那么,将前述某一种或全部项目细分为"优先股利益"、"普通股利益"、"未付股利"等,则会是纯粹武断的、让人混淆的程序。

② 蒙哥马利著,《审计理论与实务》,第四版,第一卷,第433页。

提倡编制特殊报表者的主张是相当有道理的。现在,为了满足那些并非以信用作为主要关注对象的委托人的使用和服务需求而编制的资产负债表,比为信用目的而编制的要多得多。但是,只要审计师没有可行的方法来限制他呈交的资产负债表的最终用途,他就不得不假设在任何情况下资产负债表可能都会呈交给授信人。

认真审阅最近 10 年编制的资产负债表可以立即得出结论,比起其他相关者的需求,公共会计师更多地考虑银行的需求。换言之,当授信人在资产负债表中得知他们的需求没有优于其他团体时,他们能有效地表达对资产负债表的不满。同一时期,审计方面的学者也相当关注债权人对他们报表的认可度。

总有一天,公共会计师会选择在他们的资产负债表中郑重声明,如果不按所要求的目的而为了其他目的去使用报表,后果自负。或者,利用资产负债表信息的公众总有一天会明白这个事实,即不能用太过具体的特定视角去理解通用型资产负债表。

不仅在会计中,统计中也经常出现这样的情况,让一个没有统计知识的读者去阅读专用统计报表很可能得出错误的推断。会计人员与统计人员一样,需要作出自己的选择。他们或者必须界定和限制他们编制报表的对象,并让所有超出限制之外使用报表的人自行承担相应后果,或者他们可以尽量使报表简单化。如果选择第一种方式,他们肯定会受到那些不顾警告又自食其果之人的众多批评。批评的后果很可能是业务萎缩。如果做另一种选择,他们也会招来报表太肤浅、太刻板的控告。要求任一通用资产负债表都能很好地满足不同用户的使用,当然是不切实际的。折中的统计绝不会是成功的统计。

第六章 总 收 益

在本章之前的四章中,我们试着对会计基本等式中的各项要素作出一个全面的定性分析。为了弄清我们是在处理一种纯粹的等价表述还是一种恒等关系,我们对各个术语间的关系进行了研究。但是,仅对资产、负债和业主权益的性质以及这些术语之间相互关系的理解,并不是理解会计报表的充分条件。可以肯定的是,不管一个人对所采用的计量方法多么熟悉,倘若不了解所计量事物的属性,则不可能很好地采用一系列计量指标。同时,如果满足于对项目性质的了解而对于项目的实际计量一无所知,那么在根据估值进行推断时就可能面临严重错误和混乱的风险。

但是,如果跳过对会计师在收益、费用处理方面所采用方法的探讨,而直接对会计师的估价程序进行讨论,则可能无法对所计量事物的意义和在这些计量中出现的许多数字关系的意义有很好的理解。每一个真正熟悉会计程序的人都知道,即使某个问题是会计师正在直接处理的问题,要从会计师的报表中得出有效、可靠的推论也是很困难的。当采用取自会计师报表的数据作出推论时,如果他们所考虑的问题并非会计师在确定程序时考虑的首要问题,则难免出现推论错误。

收 益 的 概 念

欧文·费雪写道[①]:

[①] 欧文·费雪,《美国经济评论》,第 14 卷,第 64 页。

我认为收益概念毫无例外是经济科学中最重要的核心概念,并且完全掌握收益的性质和它与其他概念的相互关系,很大程度上取决于经济理论的现实成就以及它在税收和统计中的应用。

　　确实,除非他打算把会计理论包含在经济理论中,并把会计程序纳入到经济理论的统计应用中,否则,则必须把会计学列为一个需要学习的重要领域,并在这一领域中,对收益概念有一贯而明智的理解。这是进步和成功的必要条件。有关会计理论问题的著作者们在对收益问题的分析上,总的来说,是否比经济学家、统计学家和税收专业的学生做得更好确实是很难看出来的。但是,会计学中普遍采用的种种做法至少是公共会计师所接受的,这些做法构成了对一部分收益问题的分析,此分析与其他专业所作的收益分析相比要好得多。

　　不过,我们认为,在一定意义上来讲,会计师用以处理收益问题的程序,是其处理程序中最难令人满意的部分。比较而言,虽然这个被准确描述的程序一般来说是一个相对不错的程序,但它让人觉得在会计实务中,企业收益问题的细致分析相比其他类型的研究而言,有更多值得进一步改进的地方。

经济学家的收益问题和会计师的收益问题

　　从逻辑上而言,这一点是至关重要的,即参考会计人员的工作进行收益计量的经济学家应该清楚地看到,一般的经济收益问题和会计师收益问题之间是存在区别的。这两种专业在处理收益问题时,关于什么应被包括和什么应被排除在收益范围之内是非常不一样的。分析的主要对象不同,与每种职业相联系的与其问题相关的常见元素的相对重要性也是不同的。

　　一般来说,经济学家关心的是个人、集体和社会的收益。会计师关心收益是因为它形成于企业的关系网,他要承担的是在收益上向谁报告受益人权益的分配责任,但是,他并不关心受益人如何处置他的收益。经济学家最关心的是对收益的主观评价,对他而言,收益的客观估值只是评价的一项指标。而会计师一点也不关心主观评价,他在意的是确定合适的货币计量,会计师也不关心分配问题。诚然,他努力准确地表述支付给每个人的数额和支付的原因,但一项具体的支出是不是构成经济学家所称的租金、利息、工资或利润的一个要素,他丝毫不感兴趣。当他准确地描述产生支付的企业经营或交易类型的时候,他就得出了结论。如今,谈到企业收益最引人注目的是公司收益。会计师目前所关心的是公司制企业有关收益的会计处理与业主为自然人的企业有何重大不同。同时,经济学家基本上不关心公司的收益;他感兴趣的是,通过这些收益自然人取得了什么利益(和谁因此受到伤害)。另外,他也有兴趣知道自然人会在什么时候获得收益。

对于社会收益,虽然经济学家提出了这一概念,但会计师对它漠不关心。企业事务所产生的收益是否完全与同时向社会提供的有益服务相关,还是与该服务毫无关系,这都不是会计师想考虑的。会计师并不关心,利润完全是以失去其他投机为代价所获取的投机性收益,还是将大量的消费者剩余给予所有购买者而从销售商品中产生的盈利。

会计师很少注意经济学家所称的"真实收益"和"最终的客观收益"与货币收益有何不同。确实,在会计师明确称为收益或费用的方面,他们一点也不注意购买力的变化,他们的收益是货币收益。正如很容易看到的那样,这些货币收益的数量不是没有受到货币购买力的影响,而是像我们将看到的,这个影响来自于会计师所采用的估价方法而并非来自于为建立"购买力会计"所做的有意识的尝试。

令人混淆的术语

不过,两个职业在对待收益问题上的不同,并不能说明讨论收益问题时所用术语的全部差异。这些问题的不同之处也不能说明收益计量模式的全部差异。人们可以发现"总收益"(gross income)、"毛收入"(gross receipts)、"毛收益(gross earnings)"、"总收入"(gross revenues)等术语,这些术语中任何两个或更多很可能被发现作为同义词使用。同时,人们尝试着去说明这些术语的区别,但是,对于它们之间究竟有何区别并无一致意见。在一些区分差异的尝试中,一个术语通常会说是包括了所有其他术语所包括的内容以及除此之外的其他内容。在其他的尝试中,每一个术语都通常被说成是包括其他术语所不包含的内容。类似的混淆也存在于与净收益有关的术语中。"净收益"(net income)、"净利润"(net profits)、"本年盈余"(surplus for the year)、"净盈利"(net earnings)、"净利得"(net gains)、"净收入"(net revenues)通常都有同样的情况。通常以为这些术语中的任何两者之间并不普遍存在既定的区别。在总数量和净数量之间,人们会发现有许多项目的含义都不是一般所观察到的意思。"营业收入净额(net operating revenue)"、"经营净收入"(net income from operations)、"折旧前净收益"(net income before depreciation)、"息税前净收益"(net income before interest and taxes)等出现在各种企业的报表中。

通过检索会计文献我们发现,对于收益的性质问题人们完全缺乏深入的讨论。人们无法指望会计界人士能对收益的性质有过什么深入的讨论,虽然他们经常利用统计程序仔细地进行收益计量。他们也不指望会计学论文的作者们——他们通常是经济学家、统计学或会计专业学生——哪怕是作出一丁点的努力去给出一个恰当的收益定义,或提供一些有益的意见和建议。但是,没能下定义是很平常的,并且即使是某人发现的那些定义的相似性,在被用于检验时也会被打破,因为它们并不适合会计师所做的工作,即使大概符合,也不行。为什么这些文章会存在这样的情况,目前还只能是猜测。难道会计师认为收益的性质如此简单、明显,以至无须对此作出定义?甚至初学者和那些看他们报表的一般公众也都不需要这样一个定义吗?或者,他们认为确定一般有用的定义是不可能的吗?或者他们从来没有考虑在一个事物的性质与它的数量计量之间的差异吗?很可能这些极端的猜想没有一个是接近真实的。

但是当某人尝试阅读从业者和研究学术的学生所写的关于收益计量

的文章时,他确实是在作出一项新的尝试!从最基本文本的借贷规则介绍到理论方面最全面的指南、手册和专著,计量收益的问题不断涌现。不仅书中用了很长的篇幅对此进行特别说明,而且收益数额与进入报表的其他数值之间的相互关系也在所有方面上附带予以讨论。

特定期间的收益

尽管如此,几乎所有关于确定收益数额的讨论都局限于对归因于或归属于过去某个特定时期的收益进行计量。会计师关注的问题是过去某年或连续几年的收益数额是多少而不是关注持续流动并无限延伸到未来的收益。简单来说,就是要将各种合同性增量收益排除在外。对于期间性指标的持续性及这些指标后来所发生的量化调整所造成的最终统计影响。则无需过多考虑。

"最终收益总额"的定义

当某人跳出关于确定年收益的说法,并考虑所采用程序的必然的最终效果时,表达收益的一般定义成为可能,该定义在性质上符合会计师最终将会作为收益①处理的东西。就目前谈到的所谓的最终收益和最终净收益是什么,以及对许多有用的介于这两者之间的部分加总进行定性描述来说,这是可行的。

最终收益总额是企业资产和其他没有被列作资产但被证明具有资产的经济属性的各种服务在货币上的最终实现。② 它将把所有那些服务最终转化为应收的货币额,不管这些服务究竟是什么性质,以及在企业业务

---

①在第二章到第五章相关范围内,"收益"这个术语被认为是任何一种服务的代名词。正如被提到的(原书第 14 页)那样,这与某些经济学家的用法是一致的,但又不同于会计师的意义。在后文,文章没有清楚地表明这个术语的意义。在没有某一限定词的情况下,它不会被使用。

②参见第三章。

中这些服务如何发挥作用的。注意,这不是货币,而是通过交换或其他方式转化为货币。转化的数量在数字上等于所获得的货币总额,就像销售额等于由于销售已获得或将获得的货币额一样。货币是一项资产,而且,只要它继续被持有,为企业所用,它就会在与预期的未来服务相交换的过程中体现出重要性。从经济意义上看,它的估值来自于预期的企业服务。货币和收益(货币流入),如同树的生长与已经长成的大树一样是可以区分清楚的。

虽然没有人声称像"最终收益总额"这样的或类似术语在会计师中得到应用,但是确实不可避免地存在一定数量,那些有共同数量特征的计价项目归属于上述那个术语。从某种意义上说,这仅仅是会计师工作所内含的一个概念。这个概念带来了许多便利。其中最重要的是它描述了一件真实的事情,不仅从它不可避免地产生于会计师的工作这个意义上看是真实的,而且它真实地描述了事务的实际状态。

作为一项事实,它在某种程度上标出了在收益方面会计师工作的终点,它是一个有用的界标,可以根据它去设定一个过程,观察会计师在为达到这个目标的过程中做了些什么。

最终收益总额的例证

考察几个有关最终收益总额的人所共知的实例或许可以体现出它的重要性,还可以体现确定部分或中间收益是多么的困难。假设根据一份遗嘱的条文,为了一个1岁小孩的利益已将1 000美元交付给托管人用于投资和积累。这笔资金将以货币实现,当小孩到达法定年龄时要把它支付给小孩。这里我们具备一个独立企业所有必需的要素。假设在第一次投资中托管人购买了一张买价为613.9美元,期限为10年的免税无息票据。在票据到期日,债务人支付给受托管人1 000美元。就整个期间而言,即从支付货币购买票据到返还票据获得货币,托管人赚取了一笔收益。这笔收益的数额就是由经营所带来的货币量,也就是支付的数额与收到的数额之间的差额,即386.09美元。这就是本次经营的最终收益总额。假设现在将最初那笔委托金中的200美元用于购买两股A公司的年投资回报率为 7% 的优先股,其中一股将被持有 20 年,另一股则以 110 美元的价格出售。在 20 年的期间内,托管人每年按持有份额获得 7 美元的优先股股利。显然,这也产生了一笔收益。从开始的货币状态到最终的货币状态,区别于最初数额的收益数额是 150 美元,即等于获得的美元数量。但是假设另外一股 A 公司的股票在持有 1 年后以 110 美元卖出。然后托管人立即以 110 美元买入 B 公司的一股股票。他将该股票持有 1 年,获得 7 美元股利并以 115 美元的价格卖出,然后又以 115 美元再买入一股 A 公司的优先股并持有该股票直到托管期结束。在到期时他以 110 美元将股票卖出。这里我们有了三次独立的交易,最终总收入分别为 17 美元、12 美元和 121 美元。

不具体说明最初资金中剩余部分的投资性质和中期股利以及其他收到款项的性质,假设在受益人成年时交给受益人的总额是 1 790.85 美元。对一个企业而言,最终收益总额的数量将是 790.85 美元,即初始货币与最终货币的差额。读者或许会感觉到所有这些都出奇的简单。但是,如果人们没有注意到那些必要的最终结果,每年会计师所报告内容的重要性也许很容易就丧失掉了。

"最终"和"年"收入

我们来考虑一下会计师会把什么作为持有 A 股票的年收益。首先考虑持有整整 20 年的那一份。在前 19 个期间显示的收益将是每一期间 7 美元。在第 20 个期间,数额会是 17 美元。而对于另外一份,第一年的收益会是 17 美元。在第二年里由于没有持有 A 公司的股份,因此没有产生收益。在接下来的 17 个期间里,假定"市价"不会跌到 115 美元以下,那么每年会产生 7 美元的收益;并且在最后一期将只产生 2 美元的收益。对于最后这一期间的"损失",即买价与卖价的差额,将会被允许冲减当年的收益。特别注意,第三年开始受托人的情况没有比他应该有的更好,如果他拥有 2 股持有期 2 年。但是会计师将在那两年中比如果继续持有两股股票会列示更多的收益。一般来讲,直到股份被卖出,会计师才会将市场价值的增值视为收益。

接下来考虑"无息票据"。如果没有理由怀疑这张票据会在 10 年期满时全部付清金额,以"收益率"计算的收益年增加值①(如果在这种情况下以 5% 的年复利率计算——当然,尽管有,但是不会支付复利也不会同意支付复利)将会被记到收益的贷方。因此连续增加额将会是以 1.05 的共同比率上升的数额,并且将定期记入票据账户或附属累计(估价)账户的借方,还会在资产负债表中予以反映。

以上讨论的企业特征非常简单,且所讨论的业务类型也非常简单,使得就单一业务的收益问题变得十分简单。但是当遇到费用不全是由一项特定的经营业务所产生时,我们就碰到了一个完全不同的问题。在一般商业企业或制造企业中,除了采用随意的方式外,完全有可能在脱离开基本经营活动的情况下完成从现金到现金的交易。完成从现金到现金的经营,产生的费用不能被分配到特殊的销售合同中,除非通过某种方式,在该种方式下一个人能说出比"算术计算也许是对的"更有利的话。我们可以说我们能发现的唯一的最终收益总额是介于两个日期之间的事实。这两个日期分别是业主开办和关闭一个企业的日期或者成立和最终清算一个企业的日期。

显然,没有一些以相对短的时间间隔编制的收益报告,任何人都不可能经营好一个很大的现代化企业。对于所有已经考虑到会计师所面临的实际情况的人来说,年度收益计量甚至收到的货币总额都不能够被看做是一项事实,这是显而易见的。按净收益计量来列示的数据从任何意义上讲都不能被视为一项事实,除非它是当会计师完成运用他所采纳的程序时所得出的数据。

关于业主在管理企业的整个期间,根据会计师已完成的程序所得出的最终收益额在性质和计量上都与欧文·费雪教授所称的"已实现的货币收

---

① 在"收益分配"中,一些会计师会贷记"递延收益"或其他资产负债表项目,而不是贷记无差异盈余或其他所有者权益账户。但这并不常见,迄今为止"累计折扣"已经变成了所有者权益净调整额的一部分。

益"①完全一致。这对总的或净的数额来说都是真实的。然而,会计师发现,不论是年总收益还是年净收益,在性质和数量上都没有体现出与经济学家在其论文中谈到的年收益的概念和计量大体上的一致性②。

一定期间的总收益

从符合公共会计师的实践这一意义上来说,没有哪一个有关总收益的简短的定义是准确的,因为会计师的实践各不相同。然而,缺乏一致性并不意味着尝试下一个最合适的定义毫无用处。然而,仅仅是做到相当地接近于准确依然是不够的,因为如果这种主张只被那些不需要定义的人作为指导采纳了,那么表达这种陈述的辛苦就白费了。为了方便,定义必须使运用它的人有能力去判断所观察的任何一个基本项目是否为总收益的组成部分。此外,当这个人发现总收益的一个项目或总和时,如果想对其重要性作出可靠的推论,他需要知道这个命题的真正涵义,而不仅仅是记住其"措辞"。

在此类著作中,总收益的定义相当重要。但是,作者从文献中的任何地方都未能找到一个简单的定义,或者一组相当于定义的简单命题,这个结论与上面的研究是一致的。他也很难作出一个自己的定义,并在对学生的教学中对其进行测试。在此,作者甚至没办法去纠正一种错误的印象,即需要对在进行局部的重述或有关其意义的评论中所采用的主要假设提供支持。当作者觉得这些被提出的命题至少和其他文献中的任何命题一样好时,他将不希望他们的采纳部分来自关于它们意义的东西和部分源于从总体估价中暗示出的东西。

一定时期的总收益只是一个总和,它仅仅是一种计量。它是总经营收

---

① 参见在"已实现收益"和"货币收益"下已被编入索引中的引文《资本和收益的性质》。
② 肯定地讲,将发现有许多好的定义,能被拓展涵盖会计师所做的事,但要么它们太模糊从而对指导没有用,要么它们的作者在随他的文章中所显示的是他们脑中所想的东西,与会计上作收益的东西完全不同,一些经济学家归咎于会计师的计量,后者并未采用。欧文·费雪教授的"标准收益"是一个例子。在第八、第十三、第十四章的计价中,这将会被更充分地讨论。

益的数额与总财务收益的数额之和。它仅仅是一个总和,这一是因为两类收益的性质没有共同点,即总收益所特有的性质,二是因为两种收益计量的方法(不是计量的单位)不同。

许多方式都说明两类总收益被清楚地确认和分开。人们常常在会计报表中发现与前述两种总收益相对应的各类项目分开加总。在缺乏政府规制的情况下,无论何时有任何总收益而不是总经营收益时,人们在会计报表中很少看到一个正式的总收益额。如今,将绝不可能被发现的是财务项目和经营项目一起已经被组合成任何一个无显著区别的小计,除非财务项目的数额太小,不值得单独列示。

从会计著作和会计师们在报告里所说的话中都可以明显地看出,他们已经考虑到了这两类总收益的总和,不管他们是否以一个单独的数字来反映这个总计数。对那些被视为经营收益的项目所做的一个测试表明它们确实有定性方面的共同点,这对它们而言是极为特殊的。这对于这里所称的财务收益的项目也是一样。对于此类的收益性质,以下将进行详细讨论。

一个时期的总经营收益

当职业会计师谈到一个时期的总经营收益时,他们指的是在企业经营组成部分中所有那些基本服务在此期间产生的现金成果(或现金等价物)。

货币形式的成果(the fruition in money)

注意这是货币形式的成果——而不是货币成果(money fruit),货币成果属于总收益。当一个杂货店老板完成了一次现金销售,他获得的钱是一项资产——不是收益。这是收益的起点,它是一长串事项的最终转换,即建立一个经营场所、配备售货处、购入存货、准备展销和发送的货物,等等,这些构成总收益。在这个店里面,许多人和物会向杂货店老板提供非货币但有价值的服务,这些服务是那些售出商品提供最终服务的必要前提。只有这种最终服务,即带来货币的服务才能算作收益。当先前的服务适用于未来销售和未来的现金流入时,杂货商拥有的是资产——而不是收益。循环开始于业主投入资金,它终止于业主收到货币,但收到的货币不能被支付的人再收回。

货币等价物(the equivalent of money)

在许多相关资料中,这个术语仅指"货币的价值",但是在有关收益的会计文献中,它的意义有更严格的限定。对后者而言,它几乎总意味着"一个已确定的或无条件可确定的在通常的商业信用期限(假定不超过1年)内付款的义务"。而且收到这笔货款,当对方支付时,必须能够形成一项成果——而不仅仅只是一个交换。在对大多数商业和制造业企业的短期信用销售进行会计处理时,收到无条件付款的承诺和那些在现金交易中收到现金一样作为收益处理。确定将收益计入哪一个期间的是销售日期,而不是收款日期。

收益实现期间

有关会计师对收益实现期间的考虑要给出一个准确、综合的表述是极其困难的。佩顿对这个问题的详细讨论在所有文献中是最好的,摘取部分如下[①]:

……在总收益计算中需要考虑法律和经营权益等方面的许多重要因素。收益数据的确定本身就是一个问题……事实上,借以在合理基础上确定总盈余数的方法的发展是会计师最需面对的事情之一。

对会计师来说,收益的期间归属问题才是真正的问题,收入的适当标

[①] 佩顿,《会计理论》,第443~444页。特别地,建议学生去读他的第十九章——收益标准。应该注意到,尽管他区分了净收益(或净利润)和净收入(在书中的其他地方),但是,他把"总收入"作为一个可以和"总收益"互换的术语。

准是什么?收入的满意测试或证据是什么?什么时候实现了收入?或者进一步地说,贷记收入账户的信号或理由是什么?

通常认为,当企业达到某种特殊的经营阶段即同时满足下列条件时就会产生收益:(1)极可能在1年内收到现金;(2)将要收回的金额能够可靠地估计;(3)在此周期中已发生或将要发生的金额能够可靠地估计。前两个条件与总收益本身特别相关。对于在1年内收到现金一定没有怀疑的余地,并且对将要收回的大量金额不会产生怀疑。第三个条件是必要的,因为对净收益数额以及对在净收益和总收益之间的连续部分收益总和的怀疑必须要减少到一个保守的最小量。

我们无法断定会计师是否有意识地考虑了上述三种条件。也许许多人都会,并且在许多报告中都有证据表明所有这些都考虑到了。同时,作者在任何地方都未发现对这些条件的正规表述。这里所表述的仅仅是对实务中通行做法的近似描述。

可以肯定的是,最近的实务正朝着在经营周期中尽早进行确认的方向发展。这并不意味着会计师在作出估计时变得更愿意冒险。相反,对于近几年报表中的收益计量,怀疑其可靠性的正当理由正在减少。会计师对估计收益的了解正在变得越来越多;他们有更多更好的用于工作的统计记录。而且,企业经营本身也变得更稳定。对后一条件最清楚的指标之一是存货总资产比率的下降,这在公布的报表中很容易看出。

经营周期中有许多个阶段被视为产生收益的关键性阶段。在许多企业中,这个阶段是收取现金的环节;在大多数大型企业中,这个阶段是销售发生环节或在这一阶段提供单独确认未来支付到期的服务;在某些情况下,这个阶段是产品已完工并签订合同将要出售,即使还未发货;在某些情况下,产品完工待售是产生收益的关键点,即使这些产品没有出售或没有按合同将要出售。

谨慎性、及时性和可靠性

在文献中有许多对这些阶段的比较研究,其中关于可选阶段的相对

"谨慎性"讨论非常之多。但这个广泛使用的术语——"谨慎性"常常是作为一种回避的手段而很少客观地在统计意义上使用。很可能,在某种情况下收到现金,其在统计意义上的谨慎性还没有在另一种已销售但尚未付款的情况下高。对于在质量或性能的保证下进行的非标准货物的现金销售,其收益实现的数额将最终证明是由于经营循环所导致的,它会比其他种类商品的信用销售能留下更多合理的怀疑空间。在汽车轮胎工业发展的初期,"销售折让"和货物的质量保证成本同昂贵珠宝的制造商的坏账损失相比,显得数额很大。医师易遭受的坏账损失的波动比结构钢制造商面临的拒付订单损失和坏账损失的波动大得多。最后,确实会很困难的是,要找到一个最终的、总的现金收入的估计在统计上比一个金矿公司收回的黄金数量更稳健,即使那些黄金还没有被出售或按合同将会被出售。"谨慎性"特别是当它仅仅意味着非常可能作出保守陈述时,并不值得称赞。"谨慎性"从任何意义上讲都没有便利性重要。对于总收益有两大便利性测试:估计的可靠性和估计表述的提前性。一个隐含了估计偏差可能范围的"最佳"估计要比可能的最小量的估计更便利。显然,我们越早可靠地预计或估计所做工作的最终影响,所有相关者在计划未来时就越有信心。

从历史上看,早期会计师向确认总收益所迈出的每一步都激起了来自那些自认为更谨慎的人的强烈批评。但是,在由此激起的讨论中,很少注意报表阅读者会根据所显示的情况安全地或"谨慎地"做什么事情。关于什么将最终被证明是属于过去期间的总收益,报表的"谨慎性"已经受到直接关注。有一个特别极端的例子可以说明这一点。

假设一个企业,它的所有总收益除了销售价格中暗含的收益之外都是经营收益,该销售含有3个月的信用期限而没有现付利息。假定所有的销售都有90天的信用期并且不提供现金折扣,然后结账并每年编制四次报表。现在考虑两种会计处理方案:

方案一:直到收到货款时才在账簿或报表中列示总收益。这3个月的总收益只用现金收款来计量。在连续的资产负债表中现有商品存货和已经售出但尚未付款的商品以成本列示。

方案二:当一项销售发生时,将总收益记在账簿中。这一期间的总收益是已实现的销售总和。它完全不受现金收款的影响,当然,净收益可能会受现金收款的影响。在连续的资产负债表上,应收账款以所有合同数额减去计提的备抵坏账损失后的数额列示。

很显然,对后者碰到的坏账程度的数额估计不是那么"谨慎",这一估计额将被最终证明是在首次确认总收益的阶段由企业完成的业务所引起的实际总收益。但是,最终证明是收益的准确数字对于管理层或向其贷款的银行家有什么用呢?如果最后的总收益数字代表收款额,那么,它的准确性会使在接下来的 3 个月里可得到的实际现金资源更加清楚吗?

同时,如果遵循第二种方案,某一时期收益总额的数量就会变成下一个期间普通现金收入的最大额。对可获得的现金资源的估计错误仅限于坏账或呆账的估计错误。下一期间的普通现金资源将会是手头现金、应收账款减去坏账后的余额与借款三者之和。与现金收入相比,人们通常能够更可靠地估计现金需求。管理层和银行家根据上一期间的收益总额可以估计出一个约等于下一期间现金收入的价值。滞后期间、现金收入和总收益将高度相关。除非估计中的错误确实非常大,管理层和银行家会"谨慎地"计划他们有远见的政策,这比如果他们仅仅被告知因 3 个月前的销售所带来的最近 3 个月收到的现金数额更方便、更安全。

如果每年编一次报表而不是每年编 4 次报表,则该预测价值中有一部分(但并非全部)将会丧失。对于在过去的 3 个月中由应收账款代表的销售额,可与同一年前的类似数据作比较。如果在第一个季度收回的现金数量大于以前年度第一季度收回的现金数量,则有证据表明已有销售的结果很可能会发生。如果过去 3 个月的销售额与上一年相对应的 3 个月相比,数额更大,这对于推断一个更大的销售额将会持续到本期会是有力的支持。

还有,如果我们将信用期缩短到 30 天,就会丧失更多的预测价值,但是它并不会缩减到先前的 1/3。因为任何特殊业务中的短期信用都会列示更小的坏账损失的波动。同前一期资产负债表中的应收账款项目相比,本期所增加的金额,会比列示 3 个月的销售能够更有力地支持大量销售将持续到下一个月,因为他们报告的是短期结果。

遗憾的是,关于很早以前已做事情的结果的准确性,不能作为一个确定未来将要谨慎从事之事的基础。谨慎从事之事中非常重要的事情——一旦条件不再,这里所说的谨慎从事之事将不再发生。

如果发现这样的情况,即根据合同将以良好的信用向买方出售现货,且如果不存在成本高昂的强迫,买方预期会履行合同,在作者看来,显然如果他们把货物完工而不是销售完成作为关键点的话,会计师所做的报表将会更简洁。当然,他们应该在报表中表明确认收益的阶段。

在任何既定情况下,越深入了解经营周期,对未来的、最终将被证明是事实的收益总额的可靠估计就变得越困难。及时性应该在多大程度上向可靠性让步,是一个有必要留作判断的事情,虽然这种判断难以捉摸。现代职业会计的发展趋势在作者看来(尽管显然我不能证明),采取的是折中的办法。随着企业本身稳定性的提高和信息收集服务技术的改善,会计师似乎能够应对估计日益增长的可靠性和及时性。作者认为,对报告的早熟性做一个更高的相关评价一般而言将会是有利的。

初级服务

"企业经营的组成部分——初级服务"指的是非常类似于经济学家所说的企业形式、地方和时间的效用。后者只有在它们代表了对必要的服务组合的基本分析这一意义上才有真正的效用。参与企业经营的所有服务组合可以理智地分解成这些经济要素。尽管如此,会计师并没有做这样的分析,他们也没有机会这样做。一幢建筑物可能同时产生两个或两个以上的此类效用。它的结构强度可能就是对表现形式效用的机器移动部位的必要辅助。同时建筑物也是一个便于将存货持有到一个更好的销售时间的储藏室。以它们的整体来看,建筑物的联合服务是单元服务,会计师,特别是成本会计师将出面应对这样的服务。

成果

在先前的段落中①,词组"货币形式的成果"被初步认为是现金的实现。也就是说,仅仅只有那些采用货币收款或现金等价物收款形式的成果,才被认为是总收益的构成要素和项目。但并不是所有的现金收款都构成成果。成果暗含前期发展,一种或多种事物的转换,以及事物成熟的意思。有些现金收款并没有暗示这些情况。一个独资经营者从他的非企业财产中拿出货币资金用于企业创建。随后他可能会增加他的出资,股份认购者可能会向公司支付他们的认购款;债权人可能向公司预付资金,等等。在所有这些情况和许多其他情况下,企业有现金收入,但是在收款之前并没有企业的发展,没有转换,没有成熟,没有成果,也没有会计师把它们看做总收益。这样的收款是发生在经营之前的。它们既不标志着业务完成也不标志业务完成的预期结果,也不表明它们接近任何交易的任何最终完成部分。

一定期间的总财务收益

一定期间的总财务收益由来自让渡一个人(或多个人)给另一个人(其他人)建立的专项基金在本期已实现的租金收益所组成。

租金收益

这里所使用的这个术语的意义同受让人手中的受让资金的预期或实际的收益没有必然的联系。实际让予的资金是被有效地使用,还是被错误地或有意地浪费了,对让渡人的会计师而言未必具有重要意义。他关心的是由让渡资金产生的收益,而不是资金本身的收益。一般而言,甚至对于资金的身份也是不确定的。受让人在未来支付资金的能力和根据让渡条

---

① 参见第101页(原著101页——译者)。

款预期支付的金额对会计师而言是非常重要的。只有那些期望支付的,代表让渡人在目前因权利持有而产生的收益金额会成为总财务收益;而代表已让予的将在未来收回的金额绝不会成为总收益。①

最初的让渡人是谁并没有什么影响。对于一个初始让渡者的利息继承人,会计师会把他视作初始让渡人对待。比如,现在被 Z 公司持有的美国钢铁的 100 股普通股的收益金额完全独立于在 Z 公司持有之前的这些股份可能被转手的次数。对 Z 公司而言,这些股份的成本数额变成了一个初始的统计点,从这一点开始,会计师在 Z 公司继续持有期间对总财务收益进行计量。

源于让渡

"让渡"这个词使用其一般、普通的意义——而不是狭义、技术上的意义。认购股票份额的人同意在整个期间将认购款让与公司,在此期间这部分股份将会是公司的部分股本。一个通过转让从认购者或其他先前的持有者那里获得股份的人并不是一个让渡者,但是他的权利跟继承人对让渡者的的权利是一样的;他享用让渡资产在初始财产让与人持有期限内产生的盈余。"让渡的财产"意图包括所有的贷款和信用货币的所有延伸部分,甚至是已售货物和服务的递延支付款,如果在卖价和未来支付的数额之间的差额被表述或被清楚地暗示在讨价还价中②。我们所谓的财务公司由那些主要总收益来自于交易的部门组成,在这些交易中企业变成了一个财产让与人,或者成功地达到了财产让与人的位置。

---

①注意同总收益的差额。总的销售额——不是成本或支出与销售额的差额——是经营账户中的总收益;在财务收益账户中仅仅是期初和期末基金的差额,在未来基金基础上的现在的保险费变成了收益。

②在根据明确或暗示短期商业信用的价格报价单出售商品时,会计师不会经常从大型的经营总收益中拆分出小份的财务收益。但是,如果在这个持续期间存在一个明确的利率,他就会做相应的拆分。如果存在"现金折扣",许多会计师(而且此类会计师越来越多)就会把负的"现金折扣"当做是财务收益项目。从经营收益中分离财务收益的做法越来越受到人们的关注。

货币基金

"货币基金"试图包括比货币资金更多的东西。任何基金的给予不论金额多少都是预定意义内的货币基金的给予。一个认购者可能会同意以他的厂房、设备和存货按照可接受的货币估值交换其他公司的股票,这个估值是好是坏,它是否超过股票面值或设定价值,正是这个财产让与人所采取的估值标记了以后确定财产让与人财务收益的起点。这里所谓的"货币基金"并不包括受让人是纯粹的财产受托者的任何基金,尽管受让人将在让渡财产的整个未来服务期间内都是纯粹的财产受托者。因此出租物资的租金和允许他人使用其专利物品所收取的特许使用权费都不属于财务收益。其中被授予的那些物资一定会以货币估价变成受让人自己的资金。

收益的实现期间

确定一个给定收益是否产生于某个期间的标准是各种各样的。两种一般的标准如下:(1)在这一期间内的交易变成了一个"终止交易";(2)在结束以后仍然继续交易。第一种情况很简单,在这一期间所有收款超过该期间开始时(或资产取得日,以较后的日期为准)资产项目价值的部分就是此期间的总收益。在本节余下部分着重讨论期满之后的继续交易。

后面的这一类交易还可分成更小的三类:(1)其他人对财产让与人或是他的继承人的可确定的债务;(2)持有的公司股票份额;(3)继续进行的其他交易。

可确定的债务形式有无数种,使得这里不可能对会计师为确定来自于各种债务证券的总收益金额所执行的操作进行详尽描述。这样计算总收益的多种方法的效果会简洁地、相当准确地显示出来。我们根据支付的价款和按照计划将收到的增加值(不管这些是否称为利息)来计算"实际利率"或"收益率"。不管这个比率是年利率(就像通常短期票据那样),还是被视为周期复合利率(就像通常长期债务那样),证券会在每一个相继时期结束时被重新估价以计算这个比率。① 如果在一个期间开始和结束时的估价是相等的,那么获得的数额就是总收益。如果结束时的价值更大,那么总收益就是收到的金额与价值增加值之和。如果结束时的价值更小,有些会计师会把收款总额作为总收益列示,然后在确定净收益时再减去减值部分。而其他的会计师仅仅把收款总额与减值部分的差额作为总收益列示,但是后者在实务中很少见。对有息证券以"按初始收益率累计(或摊销)"之外的其他任何基础重新估价当然都会影响净收益和盈余,但它们一点也不会影响总收益。②

应该注意的是,计算的收益率——不管它的时间形式是什么,例如单一年制、混合年制、混合半年制等——被用于所有的预期收款单位。在对折价买入的债券重新估价时,这个比率适用于所有的未来增值,不管这些增值是否被称作利息支付、分期付款或本金。这个比例适用于从重新估价日到预期收款日的期间。但是收款一发生,对于收到的数额就不再计算这个比率了。形象地说,在收到任何增加值的那天,对于增值部分,人们可能会说交易结束,收到的那些钱所作的新用途决定着后来所投资的资产产生的总收益的种类和数量。

除控股公司外,从股票持有获得的总收益通常要么根据收到股利的金额来计量,要么根据在持有期间宣告发放股利的金额来计量。如果以收付实现制来记账,则我们总是采用前一种方法。如果以权责发生制来记账,则采用任何一种方法都可以,但是第二种方法更常见。持有股票的账面重估价值很少会影响总收益;这种影响只有在净收益中才会被看到。即使重

---

①关于一种特殊发行,再估价通常在资产负债表中的几个账户和几个项目中被分散掉了。因此,收益率为6%的、票面利率为5%的债券在同一个所有者的连续的资产负债表中以成本列示。但是"应计利息收入"项目可能会以票面利率5%的利率估价盈余。以收益率计算的剩余收益在"应收债券折扣"的估价账户中可能会是隐含的。

②但是,如果一种债券是折价买入,在该期内,环境对它的安全造成很大的不确定性,而使其"累积"价值是一个太高的账面价值,计入的总收益要是根据名义利率计算的收款额,要么是低于账面价值的利息收入。

估数字高了,增加的数额通常也会被列示在资产负债表的"未实现盈余"或"递延收益"的项目中,并且不会反映在损益表中,除非有一个盈余分析栏目被加到报表的常见形式中。

控股公司收益

如果一个控股公司拥有其子公司全部或几乎全部的股票,那么母公司投资产生的总收益以最好的实践来看就是子公司宣告分派的股利总额与母公司持有的股票份额的账面价值①的增加值之和。和通常情况一样,如果控股公司和子公司同时结账,控股公司的总收益就是按持股比例应享有子公司净利润的数额。尽管如此,也不能说在控股公司的报表中或合并报表中对于总收益的处理一致,甚至近似一致。一个希望在实务中看到差异程度的人会发现那些差异,它们被反映在最近的有关合并报表的论文中。

这种采用发行者的每股净收益作为持有者的每股总收益来计量的情况是很让人感兴趣的,因为它能够阐明所有总财务收益基本的一致性和相似性。这里,持有者凭借他的投票权,一般来说可以拥有实现现金股利的实际权利,如果他选择这样做的话。公司没有支付股利清楚地表达了公司偏好增加那些会产生利润的投资而不是将现金股利用于其他可选择的投资。每股增加的利息不是仅仅被看做现金股利的等价物而是优于一个近似可能的货币量。列示尚未实现的收益(如果有的话)相对于列示已支付的股利来说,是对总收益更保守而非更不保守的计量。

从小股东不能强迫公司支付股利的事实来看,我们不能证明如果他有这个能力的话他就会这样做。尽管他容易将投资转化为一个稳定的股利支付,但他对盈利公司不支付股利的股票的继续持有应该是对盈利实现的充分证据,保证会计师把发行者的账面净收益作为小股东和大股东的总的

---

① 这里账面价值的意义是发行机构账户中的账面价值。例如,在资产负债表中 S 股的账面价值是起初的每股 150 美元,期末为每股 160 美元,并且在它宣告每股 10 美元股利期间,如果持有公司在其持有时母公司的收益是每股 20 美元。

财务收益(或利润)处理,尽管如此,会计师并没有这样做。而几年来会计师在实务中都将股票发行者的净收益作为控股公司的总收益列示。如果将这种做法延伸运用到所有大股东甚至所有股东,而不管利益大小,这也不足为奇。特别是股票,它的账面价值通常位于市场价值之下,并且股票的市场价值会比账面价值上涨得更快,对于会计师把发行方列示的每股净利润作为股东的财务总收益列示,并没有任何有根据的评论。如果会计师这样做,那么他将不得不在报表中清楚地说明他是采用这种方式来处理收益的,因为这是背离传统的。如果所有公司的详细年度审计是由股东指定的会计师做的,而这些股东在管理上并不积极,那么这种观点将会被极大地强化。

有人可能会提出这个问题,即在发行方的账簿中每股增加的账面价值是否能够成为对股东的总财务收益或利润的总体上令人满意的计量。在许多情况下,市价的变化或许更好,但这种计量经常被滥用并且被错误地认为它也不会令人满意。作者想在这里阐述的就是这样的看法,即目前在许多情况下,在发行方的账簿中股票增加的账面价值相对于收到的股利来说是一种更好、更便利和更及时的计量方式。更进一步地说,如果更多的公司账户由主要对股东负责的会计师审计的话,这种有用的计量就可以谨慎地得到重要扩展。

总财务收益与总经营收益的比较

这两种形式的总收益的差异是很常见的。产生经营收益的服务是由企业在经营循环结束或将要结束时提供的;财务收益产生于在交易开始时企业提供的服务(让予货币资金)。经营收益报告了企业生产机构的营运结果,财务收益报告了一个议价的结果。在经营循环的过程中(从现金流出到现金流入),不确定地会有许多从一种服务形式到另一种服务形式的中间转换物;在财务交易中没有中间服务。它们必然唯一的共同点是接受者期望美元进入现金抽屉。尽管会计师表达了对现金流转的计量,但会计师并没有根据这两种现金流转做相同的计量。对于完全等额的资金,这两种计量也不意味着具有相同的意义。会计师关心的并不是总收益,而是像我们将看到的那样,他们关心的是净收益。尽管两种收益形式的比例不断变化,但对于完全等额的资金,净收益是否有一个共同的意义,在检验的后期我们将看到。

在前文中①,我们称关于年度收益总额的性质没有一个简短的定义或一组简短的命题是相当准确的;因为从提出的测试或者作者能够设计出的测试结果来看,是不一致的。但是这里所给出的定性描述的差异不具有定量的重要性。这种差异的类型很多——种类如此之多,但是任何一种都不重要,以至于如果讨论这些类型就会与本书的核心目标无关。

尽管如此,这里给出的有关总收益的主要命题在使用中产生混淆是不可避免的,除非读者一直在仔细地辨别总收益的性质和计量。本章主要关心的是说明总收益的性质。某种程度上,我们已经讨论过了总收益的计量,前文已经介绍了会计程序中确定的数量差异。当然,人们认为计量方法的差异是一种复杂的证据,由此可以推断对定性差异的确认。有人提出,出售固定资产(最初并不打算出售)所产生的总收益的计量方式与销售一般产品所适用的计量方式不同。让我们以一台预期运转 10 年的机器为例,在第五年年末时,该机器已经不能完全满足企业的需要。假设其成本是 1 000 美元,到它出售的那天已累计提取了 500 美元的折旧,并且该机器以 510 美元卖出,超过了清理费用。编制分录如下:

现金	$510	
机器账户		$500
利润和损失(固定资产的销售)		10

或者编制如下:

---

① 参见第 99 页(原著的 99 页——译者)。

现金	＄510
销售	＄510

在本期结账时,用一个分录结清机器账户:

利润和损失(所售机器的账面价值)	＄500
机器账户	＄500

这看起来好像是一种不同的计量方法。但是,如果将后两笔分录与第一笔分录对照,就可以很容易看出计量是一样的:对主要的计量仅仅记录在账户的不同位置,并且采用的是表述计量的一种不同的方法。

在商品销售和应收债券的利得之间会遇到一种非常不同的情况。从现有库存商品的销售中预期获得的折扣收益不能进入总收益。有关债券的全部预期收入计入总收益。在本期买入债券的情况下,收入或任何种类的转换可能已经发生或还没有发生。在本期可能会产生收益但在本期或接下来的一期里没有现金收益。这会发生在购买债券时,其债券的部分较早到期的票息被省略的情况下。被当做收益的是达到但不超过收款时间的所有收款的价值增加额。这是利润,价值的增长——不是商品,不是本期内生产阶段的结束。

总经营收益的实物模拟

来自于经营的总收益可以用一个想象的实物模拟来说明。假如我们有一根正在由机器生产的绳子,这根绳子粗细不均并且是由不同数量的纤维组成的,这些纤维长度不一且截面不平。这根绳子以每小时变化的线性速率从机器中被生产出来。我们的问题是确定每小时产出的数量和长度。

这根绳子在每小时工作结束时正好被切断。截出的部分会一次性地被精确计量。但是,对后来的使用来说截出部分的长度可能并不方便;应该有几根绳子而不是一根。如果业主会在每年年末将货物卖光,则会计师也会对一系列的年度总收益作出最后的确定。但是,连续不断的每年完成的最终收益一般不能指望它能像一个连续而非决定性的已测量的收益一样。

在每小时结束时会从机器中取出这根绳子,一个总的计量达到了将散开的纤维汇聚到一点的效果。但是,如果不留下不适合的部分也许就不可能重新开始,并且,会导致每小时绳子数量的减少。如果业主自愿清理他所有的存货,并且在重新开始前筹集资金,会计师可能会作一个可靠的近似估计。但是,由于清理而造成的收益损失会超过了解收益额的任何有用性。

在纤维被送入机器前,其数量能被单独地测量。在每小时结束后可以对那些纤维的数量作一次加总,其中末尾部分也记入了这个小时内完成的部分。这些连续的加总可能会作为那些连续运行的参考。这当然不会给出绳子在每小时内的精确计量。有一部分纤维可能会进入绳子,但是,因为尾部还没有进入,所以它们的数量不会参与加总。一些纤维的尾部会在机器每小时的运转中进入机器并且这些纤维的所有数量都会记入每小时的加总,尽管这些纤维中的每一种都有相当大的部分在先前已经形成了绳子。这些加总的总数总是会小于每小时完成的绳子的实际数量,从这个意义上来说这个总数是"保守的"。但是,如果这种方法可取的话,即每小时终了时所采用的计量应该尽可能说明下一个小时将会生产出的实际部分的数量,这种计量并不会比在2个、5个或10个小时以前采取相应的计量更好。这既没有给我们每小时结束时机器中横截面的证据,也没有给我们绳子形成的线性速率的证据。这种计量符合会计上以"收付实现制"为基础的收益计量。

上述一个小时的加总是由那些到目前为止并不被包括的纤维(这些纤维在那个小时内进入实体)的数量,以及那些已经开始且在下一小时内肯定会被完全吸收的纤维数量组成。与前一类加总相比,采用这种方法所做的每小时的加总同离开机器的那部分实际数量要么更相关,要么更不相关。这样任何给定工作时间内的所有加总的总和没有先前讨论的总和那么"保守",因为它总是会更大。尽管如此,这个总和可能会比那个总和更接近产出的绳子的实际数量。这是否正确将取决于所采用的纤维的长度和横截面的分布。

但是,对刚好留在机器里的那部分的计量的准确性——或事实上是留在机器里的全部——与在下一个小时内预期从机器中出现的绳子的估计基础或部分估计基础相比也许没有那么重要。对于在前一段中所描述的计量的事项,我们可以获得有关那个碾磨机的预期未来业绩的一些有用的信息。在期末观察所有实际进入机器的纤维是必要的,因为我们必须确定是否每一根纤维都会在下一个期间被完全吸收。考虑所有进入碾磨机的纤维,确定纤维是否会在下一个期间被完全吸收意味着需要对将生产出的绳子的长度进行估计。这反过来又需要观察与每小时结束时的平均速率相比在本期结束时的移动速率。显然,这种附带的信息在估计下一个小时内生产的数量时比只了解那些将来不会构成绳子的纤维数量更有用。这种测量越精确——不管其实际测量的东西是什么——下一个小时内对绳子的估计就越可靠。

后面这种计量符合"权责发生制"会计。总收益是否为记入贷方的销售额(假设在年末时可以收到它们的款项),或者收入是否在更早的阶段被记到贷方,比如在接受现货订单时或在标准产品(该产品会以世界市场价格畅销)完工时或其他一些阶段,会计是"应计制"会计。在某一阶段收益的会计处理比在其他阶段更好,如果它为估计未来的最终收入给了一个更可靠的基础。

在所有情况中,并不打算建议这个实物例证在所有点上都类似于收益计量问题。借助于这个实物例证是为了指出作者采取的观点的方向而不是为了表述它。收益计量问题比实物计量面临的困难要大得多。我们没有理由希望能达到像工程数一般的精确性和可靠性。

总财务收益的实物模拟

用一个想象的实物模拟来说明总财务收益也是可能的。例如,在一大片森林中有两种主要的树木正在生长。其中一种由于它的特性和生长的土壤以可预计的年速率增长,当速率达到一个阶段时,它必须被砍下以满足其用途,这个速率以一个常见的比率逐年增长。另一种也可以一定的速率增长,这个速率取决于气候条件,这种条件是极为复杂的,每年都在变,而且很难进行分析。当它们一堆堆地被砍下时,我们可能会假定这两种木材同样重要。通过仔细勘查已经产生了一个报告,这个报告显示了从树苗到可买卖的树木之间两种树木的尺寸(或年龄)分布。可以预期将会达到最佳砍伐年龄的木材数量每年波动较大。我们的问题就是每年以立方米来确定树木生长的数量。

在对树木生长的近似计量的方法中,或许包含计算每年砍伐的木材数量。砍伐的总量预期会相对接近于在那段很长的时间里树木总的生长量。但是,没有理由假定每年的砍伐量会与同一年的实际生长量高度相关。如果一组财务投资在不同期间的预期收款变动大,则以收付实现制为基础的会计就符合这种实物计量。只有当不存在其他可行的能够更可靠估计盈余的计量方法时,才会求助于这种会计处理。金融资产价值的年增加额有一个意义,它不仅比年收款额的意义更大,而且具有不同的含义。

尽管如此,从关于树的生长率的假定中,我们想到了另一种计量。如果我们知道开始的年龄和大小分布,如果我们能马上调整这个分布以保证每年的砍伐量和种植量,并且如果我们知道连续年度的增长率,我们就能很容易地计算出每年的木材增长量。但是根据我们的假定,我们只能为一种树这样做。会计师发现其本身也处于同样的境地,关于债券或其他债务性投资,他能,也一定能计算出每年价值的增长量、收款之前的价值增加额和未来的收款额、本期收到的金额。然而,对于从股票中获得的总收益,却没有如此便利和简单的计量方法可用。

可以借助于每年查看那片林地,对一些已知木材容量函数的观察能根据每棵树和计算的木材增长量来完成。这实际上是控股公司做的事,它处于一个控制的位置,会迫使它选择的会计师在编制年度会计报告时报告控股股东(特别是有关母公司)的合法权益。小股东并不在如此幸运的位置。在这方面,利普莱(Ripley)教授有关小股东提名的会计师进行年报审计的建议极具价值。因为不仅可以有效减少太普遍的滥用职权和不诚信的行为,而且甚至在企业被诚实、能干地管理的情况下,所有股东都期望获得账面价值的数字。这些账面数字对于他们的个人利益来说是最重要的。现在,即使审计是由有名、公正的公共会计师做的,随后这也不会被指控主要关注了股东要求的信息的特殊责任。更常见的是,不仅被挑选部分的报告,而且整个审计师的报告都向股东公开。

本 章 总 结

在使用有关总收益的统计资料时如果数据来自会计账户,则有许多问题需要特别注意。以下为其中最主要的一些方面:

1) 在一个企业最终清算之前,有关总收益的任何计量,都不可能是对企业历史事实的精确测定。

2) 对于任何人来说,因为他与企业存在某种关系而产生的总收益,在这种关系结束之前,都不可能是一种特定的事实。无论他是企业的业主、股东、债权人或其他任何身份,情况都将是如此。

3) 但是,总收益的最终计量是一种事实,并作为对现实世界中事项状态的描述,它终将必然是由会计师的程序引起的:(1)或者是当一个人与企业的关系事实上终结;(2)或当企业发生清算时。

4) 有关一定期间内收益的计量,当该期间短于某一关系总体上的存续时间,或者短于企业寿命期时,都将只是近似的指标。这些指标是好是坏,一定程度上取决于他们有无能力可靠地预期未来收益,而不是它们接近将会或可能最终会被确定已有的那个本期真正的报告总收益。

5) 在短于一个关系或一个企业总的存续时间的期间里,总收益由两种不同的种类组成。它们没有共同的且是它们所特有的元素。只有当会计师对它们作为收益的兴趣不存在时,或只有当它们同前一期的计量合并,成为企业的最终收益时,它们才可能会呈现出共同的意义。

第七章 净 收 益

在经济学和会计学文献中,试图把"净收益"作为一个符号,简单表述其意思的尝试非常多。当然,我们不能总是确保用两种定义表达的观点是相似的或是相背离的,但是,事实上却又是这样,已正式发表的定义本身想要表达的观点也常常大相径庭。如果将一些相似的可以看见或可以听见的名称加在这些观点上,混淆将是不可避免的。求助于各种替代性的术语,如"净利润"(net profits)、"净收益"(net earnings)、"净收入"(net revenues)、"本年盈余"(surplus for the year)等,是毫无助益的;因为每个术语似乎都有很多隐含的意思。当这些表述方式作为一套术语用来表明一组互不相同的观点时,则希望能给予读者一定帮助。然而,这个希望很可能会落空,因为很多人求助于一套相同的术语,但他们对于这些术语的定义所隐含的差别未能达成一致意见。

幸运的是,有关会计问题的作者和会计执业人员留下了一个相比下定义和评论来说能够更好地发现术语隐含意思的方法。我们可以检查由个别作者提出的确定净收益的整个统计程序;同样,我们也可以检查由同一会计师或同一会计师协会编制的报告。我们以这样的方式探求净收益概念,会发现会计师和会计学家的思想分歧相对于经济学家之间的分歧要少得多。大多数会计师看法如此相近,以至于我们可以恰当地说出净收益的会计概念,而不是会计师们各自的概念。①

---

① 当然,这并不意味着,在假设的约定协议下,大部分会计学家处在一个特殊年度财务报告中被称为净收益(或净利润)数量上的实质性协议中。很多判断必须表达,像我们将看到的独一无二或极少发生的重要事件。这些事件的处置不可能只限于程序作用。得到的净收益数额相对财务报告的目的和协议的性质不是不变的。净收益在关于债权人权益或优先股股东的权益方面是稳健的,而且仍然暗含了一种乐观主义,这种乐观不能安全地被对从事次年经营预算负责的那些人分享。对净收益假设估量的不赞成并不产生概念多样性的假定,除非不一致有规则地重复发生。

净收益没有定性特征

在试图对这种观点进行积极的描述之前,对它作一些消极的断言或许是有帮助的。

有关确定净收益定性特征的提议都是站不住脚的,它完全是一个量化概念。这个判断是从这一事实推断出来的:它所表示的是两种不同类型的事物累计后的差额数。乃至于它的数字价值没有任何实质性意义,除了从总收益的性质、计量方法、总收益总和中扣除项目的性质及计量方法获得的数字价值。就像在连续的会计年度中,同一企业净收益的数额一般而言也没有共同意义。就像是两个不同企业得到的净收益数额可能意义相差很大一样。

就像有关总收益的情况一样,会有一个反映某项事实的年终净收益数字。从某一业主进入企业到他与企业的关系解除的那个期间,所有这些事项的被减数和减数都要汇总计量。对于其继任者来说也一定是真实的,所以每个企业在其存续期也必然有最终的净收益。像总收益一样,对企业在短于一个业主任期的期间内获得的净收益的计量只不过是一个企业发展的指示。每年计算的净收益数据与可能最终相信认同的数据的偏差一般来说要比在估计总收益时的相应错误更大。就像我们看到的一样,在给定的可靠性前提下,那些共同的抵减项目比任何一项毛利项目都难以计量。

总收益抵扣项目的性质

我们经常可以看到一些很不严谨的表述,诸如净收益等于"总收益减去费用"、或者"总收益减去成本和费用"或者"总收益减去已发生的和应计的费用"等。但是,被扣除的每个或每组术语通常用来表示实际上包括在从总收益抵扣项目之外的项目。看来没有比完全正确的"净收益等于总收益减去抵减项目"更普遍的简短表达,然而这种表达几乎没有任何意义。将任何单独的术语和记入减项的全部项目联系起来是毫无用处的,除非发明一个完全没有替代性用法的新术语。

对业主利益不利的方面

虽然这些项目没有非常普遍的属性,然而有一条属性对所有项目都适用。除了一些少量且相对不重要的项目外,其他项目意味着在期间内发生了一些事件,它们要么对业主利益完全不利,要么在某一方面对业主利益不利。它们记录的事件全部或者部分地对资产负债表中资产的所有者不利。把他作为一个独立的人来看时,这些事件对他来说未必是不利事件,把他作为一个反映对象时,也不是所有事件对他来说都是不利事件。只有那些对企业资产中的净资产产生整体或部分不利影响的项目才被记录。因此,如果 A 是一个个体经营者,他应交的个人所得税不会被记录,而且在他企业的损益表上也看不到个人所得税的任何部分。对 A 个人而言,税金是不利的,但把 A 作为资产所有者时,税金对他又没有不利影响。但是,如果 C 是一个公司并且支付联邦所得税,税款总额在确定公司净收益时作为总收益的抵减项目。公司是没有生命的个体,它的存在只为持有企业的资产。公司的会计师将税款扣除并不是因为它是税款,而是因为将公司作为资产持有者时,支付税款属于不利事件。

作为部分减项合计的项目包括除了在不利方面相同,在任何其他方面都属于完全不同的事项。因此很多表面上不同的事件都会产生完全相同的统计效果。资金的等额交换和为获取有价值的服务而支付工资,它们和没有有利影响的坏账损失的处理方式一样;为了得到已修复物品的未来服务而发生的修理费用依据到期保单的保险费分组,与生产耗用的原材料支出和利息支出、应付债券折价的摊销产生的效果相似;固定资产的意外损坏,就净收益而言,与燃料的耗尽在统计上并无区别。

避免重复计算

会计师在登记这些不利事件时，会非常谨慎地避免重复计算。在产品损坏是一个不利事件；与此相关的已投入原材料的支出、工资支出和部分产品制造时已经发生的管理费用都是不利事件；但是，商品损失及其成本只产生一个不利效果。如果因损坏所造成的损失作为减项列示，那么在工资、购买成本和大量的管理费用账户列示的项目在对应账户余额下将减少。新建厂房支出是一个不利事件，就像房屋建筑物的获得是一个有利事件一样。但是，在短于它的整个使用期内，我们不会感受到拥有这个房屋的好处。会计师划分出不利部分及其支出，在此后的连续年度里企业就会得到有利服务。就像他避免重复计算获得房屋和获得房屋的服务收益只计算一个一样，他也要避免重复计算服务价值的支出和耗用。折旧费本身并不是费用，而是作为主要费用的折旧资产的支出。在房屋使用期满时，无论当支出发生时将支出作为总收益的单一扣除项目，还是作为总和等于支出的一系列抵减项目，在资产负债表中并没有统计上的差异。很明显，后一种处理方法对想了解净收益定期信息的使用者来说更为方便。为了避免重复计算，会计师的统计程序无可指责。在经济学文献中常见的收益定义包括商品和服务，这些定义没有这个统计优点。①

重复计算的危害不仅仅局限于总收益的抵减项目和资产支出的关系。现在就有一个涉及这些抵减项目和负债关系的相应问题。负债的产生是不利事件；同样，为了清偿债务而将资产卖掉也是不利事件。但是，交易两头的不利部分合起来比整个经营过程产生的不利影响大。例如，B 从 L 处借钱，在 1 年内偿付 L 更多的款项，会计师不把 B 收到的款项作为总收益，也不把相等金额的负债作为总收益的抵扣项目。当 B 偿还借款时，只有总支付额多于借款的部分才在损益账户的借方列示。如果这项借贷交易贯

---

① 关于收益理论方面的很好的处置方法，请参考欧文·费雪的《资本与收益的本质》一书。

穿几个会计期间,将会有一系列抵减项目;但是,无论在何种情况下,这些抵减项目的金额合计都将等于借款人最初得到的借款和后来支付总额之间的差额。①

值得注意的是,为避免重复记账的影响,可以采取多种方法。在对负债进行会计核算时,只有净借方,不利项目的净估量才能记入收益账户。但是,如果在期末已经收到了购买的商品,它们的支出总额将被列示,而且要从期初存货和本期购买的汇总金额中扣除期末存货的估值。它们的差额通常被称为"产品销售成本",这个结果是减数合计的一部分。只是在账户中消除重复记账还是也在财务报告中作出说明,只取决于财务报告阅读者的效用。对读者来说,如果这两方面都做比列示净结果更方便,那么就给出更完整的主要信息。

对业主利益没有不利影响的一些抵扣项目

前文曾经提到并非总收益的所有抵减项目都代表对业主利益产生不利影响的事件。我们可以引用许多案例来证明这一点。下面引用一个可能比其他案例发生频率更高的案例来证明这一点。假定一个商人以协议价接受顾客未来货品订单。这个报价足够给商人带来与平时相当的毛利率。② 商人在他的存货盘存期前订购并收到货物,但是直到开始盘存期末存货时到货。如果在商人订货和盘存货物期间,商品"市价"(重置成本)降低,而且,如果会计人员遵循"成本与市价孰低法"的规则以"市价"列示这些商品,他采用的程序将增加减项合计,使净收益的数额减少到小于假如没有这笔交易时净收益的数额。"成本"将通过买价、运杂费等进行归集,但只有"市价"将被减去,两者的差额为"产品销售成本"的组成部分。不仅有利的几乎完整的交易在净收益数据中不被重视,而且纯粹假定的不利

---

① 把债券发行时所发生所有费用在债务有效期内"摊派"是习惯但不是不变的做法,就像印刷成本、合法的费用、委托事项、保险费用。
② 粗略地定义,净利润率是买价和成本差除以成本。

事件被允许抵扣净收益。肯定的是，一般来说，重置成本或市场价格降低对商品持有者是不利事件；但是，只有当售价降低或销货成本的提高与市价降低步调一致时，这种处理才是正确的。在存货快速周转和交货日之前拿到订单的今天，上述例子的发生很普遍。在成本和市价原则中，这个不足之处更加重要。

"抵扣"和"分配"的不同

必须重视区分净收益的确定和有时被称作"净收益分配"之间的不同。在会计期间的最后一天营业结束时，分类账的任何收益账户都没有余额。当前保存下来的最初的收益账户，所有的二级过渡账户和利润、损益账户都在那时结清。所有余额全部转入资产负债表账户。一般来说，"净收益分配"意指只有以前的资产负债表才在结账日列示净业主权益账户及相关项目的调整。有时这种调整只存在于显示净收益的那些部分被转入指定的资产负债表账户。因而，净收益的数额被列示而且因偿债基金准备、固定资产出售盈余、拨定盈余和一些称为公积金的剩余账户、未分配利润、无指定用途的盈余等而逐渐减少。

这种调整有时要求列示既和净收益金额无关也和它的处置无关的项目。因此，如果在一个时期溢价发行股票，溢价金额将被添加到净收益金额，而且金额合计还要被分配。有时，不论净收益是如何命名的，其金额也将被列示，从中扣除相关项目后就得到了红利，而且余额会被分配。人们会偶然发现财务报告本身的语言似乎表明支付的股利同对业主不利的扣除项目一样产生相同效果。但是，作者从来没有发现一个注册会计师愿意说股利的发放可能会防止净收益的产生。股利的发放当然可以减少来年盈余的增长，但又是另一回事。

净收益的金额也不受收益、利润、收益表或损益表中对年度事件正式分析的影响。给出关于业主权账户的期初余额、该期间的借方和贷方发生额和期末余额的分析后，人们不必借助于收益表或损益表，就可以很快得到净收益金额。当然这要以账户被妥善保管为先决条件。但是,用这种方法得出的金额的意义,没有在详细的损益表中通过常规方法得到的金额清楚。

总收益和抵扣合计的性质差异

我们必须注意到总收益和抵扣合计不同的统计特点。对于后者,除了极少数特例,这些项目共同的特点就是都表示把业主这一企业的所有者作为不利作用的事件的承担者。此外,所有这些已发生和可能发生的不利影响都要考虑在内。但是在上一章我们曾经说过,经营总收益项目和财务总收益项目没有它们特有的共同特征。读者可能产生疑惑,为什么不说总收益项目表示对业主利益有利的事件。有一种正确的说法,只有有利事件或事件的有利方面才反映在总收益项目中;但是反过来说实质上是不正确的,它太背离事实了,即使加上一些限定条件仍然会使人误解。因为不仅有很多种包含有利方面的事件没有反映在毛利中,而且这些事件汇集起来,可能很重要。成本和卖价之间差额的增加对一种存货而言是有利事件。除了对于一些稀有和半稀有金属开采公司、石油生产商和提炼商、肉类加工厂外,少数像提纯糖的半垄断商和一些少数的谷物商和棉花商,会计师无法表示这些有利事件的结果,这些结果要到以后期间才被记录。固定资产——尤其是土地——很可能升值,而且提升的价值能被清楚地确定,但会计师通常不会记录。在很多情况下,当一个事件同时存在有利方面和不利方面时,不利方面一经发现就要立刻记录,但是有利方面要留到以后期间才登记——经常长期递延。

会计师反复强调他们遵循的一般规则是:对所有预见到的可能发生的损失、费用和其他抵减项目立刻确认,收益或利润直到实现时才能确认。几乎各种企业的职业会计师的处理程序都使总收益在确认时间上滞后于抵减项目。高净收益后的低净收益未必暗示会计师的想法,即第二年发生的事件总的看来比前一年更有利。总收益及其抵减项目属于同一会计期间,但是,它们计量的事件却不是发生在同一会计期间。

由于多种可能发生的重要的有利事件不会影响总收益,所以,我们不能把这一特点作为区别属性。列示或者另外描述发生的所有不影响当前总收益的有利事件,并且告知在每种情况下总收益账户何时会对它们作出反应,这将会是一个无止境的工作。此外,在总收益这一章,作者更有兴趣关注计入总收益的部分,而不是未计入总收益的部分。

"理想收益"

如果那些和反映在抵减项目中的不利方面发生在同一期间的事件的所有有利方面在总收益中的影响被确认的话,那么,我们对收益应该有更理想的统计处理。借方和贷方的差异将会只限于代数符号,而且我们可以把同类的、密切相关的资产归于三种类型。

但即使那样,我们也不可能有一个与欧文·费雪教授在其《资本与收益的性质》一书中称为"标准收益"或"理想收益"严格对应的计量方式。就像第九章和第十四章将提到的,关于某些资产的增值和减值,重估价值也不可能是资产的真实价值。我们可以达到的"理想"或"标准"收益的统计将使净收益由六个项目的代数和组成,即:

1)对业主有利的收入。

2)对业主不利的收入。

3)真实资产价值的增值(可确定的)。

4)真实资产价值的减值(可确定的)。

5)没有真实资本价值的资产"账面价值"的增加。

6)没有真实资本价值的资产"账面价值"的减少。

这六项中,三个奇数项是积极的征兆,偶数项是消极的征兆。第三项和第四项对特定资产和所有负债都适用(因为负债的征兆是消极的,负债的增加使资本价值减少)。

我们距离期望达到的"理想"或"标准"的统计到底有多近并不清楚。有太多陷阱,即便是最谨慎的会计师也可能掉进去,并且他可能引导他的追随者跟着掉进去。但是可以毫不犹豫地说,相比几十年前最先进的做法,最常见的程序已经使收入和抵减项目的时间差距缩小了。现在最先进的做法也远远超过普通做法。同时,会计师计量的可靠性并未因此而受到影响。

然而,改进总收益和净收益的计量的机会绝不仅限于缩小总收益和抵减项目的平均时间差。最大的和最有希望的改进领域是重估资产和业主权益。不用说,这是一个非常广阔的领域且其中可能的误差范围很大。像我们在后面将看到的,资产估价中每一美元的错误都会给净收益的合计带来几乎等额的错误。①

损 益 表

每个经常使用会计报表的人当然都会意识到净收益的合计和抵减项目的合计以及它们之间的差额远远不足以对一年的事件给出一个令人满意的说明。如果只需要这三项数据,就没有必要把损益表作为财务报告的主要部分列示出来,而只需要分析业主权账户的余额就足够了。同时,损益表形式和统计安排的多样性一定会使对账户有过专业学习之外的所有人感到困惑。很多人必定猜想收益分析列示方式的差异暗示了相应的净收益概念的差异,然而这并不是事实。会计人员并不能通过设置一个预计报表、填列空白、执行数学运算这种方式得到净收益的金额。他的报表是一个说明分析,而不是一个确定的过程。净收益是企业会计人员在审计师的监督下开始并完成整个记账过程而得出的结果。职业会计师在期末会做一个详细的审计,他们仔细检查会计人员所做的工作并对分类账中的每一账户作整体分析。为了得到信息和证据,审计师除了检查账簿记录以外

---

① 但是抵减项目的存在,就像联邦收益税是由净收益数额决定的,或者像保险总额全额实施时的保险费一样,由资产价值决定,净收益在资产价值错误和归集(在任何假定的日期)错误之间存在着一一对应的关系。

还要追查付款凭单、通信记录、与管理层交谈以及查看以前的审计记录和他可以得到的、可能为他提供信息的一切原始资料。他从账户的分析中准备了大量的计划表，而且对他所发现的各种错误做了调整分录。在每次的详细审计中他都准备了一堆所谓的"工作底稿"。

"工作底稿"中的收益

对一些虽然非常熟悉基本报表甚至会计师所做的所有报告的人来说，第一次看到职业会计师作出的一系列工作底稿时，他们通常会对"工作底稿"中的数字和多样性感到震惊。① 但只有当他们真正理解了每一份工作底稿是如何作出并如何运用后，才能真正理解职业会计师是怎样发现收益的组成部分并把它们组合在一起的。只要认真审查几套工作底稿，就能很容易地理解这些工作底稿概要的多种形式是用来说明分析结果的。一般来说，会计师从一个公共的出发点开始，到达一个共同的目的地。但他们不是沿着一条路走，他们围绕着起点和终点开发这块土地；而且开发所有与之相关的领域。当他们已经确定从哪条路走可以最好地看到大地的景色时，他们就会习惯从有兴趣的旁观者的角度处理问题。

损益表的分类

一般来说，在一份事先准备好的报表中总收益项目的数量比抵减项目的数量少。人们似乎普遍认为列示总收益的详细分析是没有必要的。资金交换在经营总收益的各组成部分之间差异很小；而且总财务收益的各个组成部分之间的差异也很小。但抵减项目之间情况就大不一样了。这些抵减项目只有一个共同特征，但是，有一些抵减项目也有很多和它们共同特征同样重要的许多特点。此外，即使在同一企业，这些特征的重要性每年也在不断变化，并且在不同的企业，这些特征的重要性也不同。

---

①这些工作底稿的样本包括所有基本类型的样本可从 Jackson 著的《审计工作底稿》和 Palmer 与 Beli 合著的《会计师的工作底稿》中找到。

很明显,项目的分类和安排建立在很多不确定的基础上。在某些情况下对一些利益相关者非常有用。建立在再发生相关频率基础上的分类对一个预算官员应该有帮助。金额按几个月到期或几周到期的分类在一定程度上对预算员和对取得贷款负责的财务主管都有帮助。按照对部门的影响进行的分类对总经理有用。对经营组织、财务组织和公司总部的分类有助于理解股利政策、借款政策和贷款扩张政策以及某种经营方案。将抵减项目按组分开表示为:(1)过去的固定资产支出(折旧等);(2)期间费用;(3)有助于理解预期偿付能力的未清偿债务项目。根据项目和总收益关联度的分类有助于解决包括产能闲置、设备和人员不足的很多问题,并能够阐明最佳经营规模的问题。任意的项目及其伴随项目的约束性支出的分离(税款、债券利息、长期合同承诺、偿债基金需求等)经常表明企业拥有的预算自由度和企业资本结构的缺陷。只列示包括抵减项目的所有分类账户的余额,虽然会让那些对会计数据不熟悉的人明显感到疑惑和不便,但是,对经济统计学家和对会计数据熟练运用的商人很有利;因为这一程序基础上的任何合意的分析程序和分组都能建立起来。①

同样明显的是,所有这些有用的基础在没有准备多种报表时不能同时使用。除非借助于列联表,否则,只有一个分组基础能被完全运用。如果只从单独的一面列示结果,最多只能采用两种基础。没有这么明显的是,对于任何人,为了保证他采取的基础和其他人采取的基础相排斥,一种或两种分类基础很可能不够用。

那么,下一步我们该怎么办呢?会计师暗示的回答是:不要尝试一直坚持用一种或两种分类基础,而是要列示给利益相关者带来最大整体利益的任何单个项目或项目组,并且按照在当时的情况下看起来很可能是最好

---

① 在一个好的账户中,主管会计师的不变关注点是,任何分类账中设有单个项目和账户中其他项目的金额差额。假设标准确定了,在任何一个账户里需要记录的项目,在结账日,安排每个账户中需要调整但还没结账的借方和贷方金额的合计,企业里统计专业的学生就可以处理近乎理想的数字。但是,任何两个账户平衡的合并,或借方和贷方的踪迹,以及一些原始数据的重要信息将失去。

的通用顺序来排列这些项目。会计师常常明显的意图是尽量阐明资产负债表附表或者比较资产负债表,而不是在损益表中给出最大量的独立信息。① 会计师在多大程度上成功完成了自己的目标既无关于会计师本身,也无关于他为之做财务报告的那些人。不应该忘记的是那些能够从会计师提供的所有信息中完全受益的人的确很少;同样不应该忘记的是需要会计师帮助和保护的人很多。

审查了上千份由职业会计师编制的年度损益表,作者很少发现报表遵循一种主要的分类基础。只有在极少数情形下,财务报告的服务对象只是表面上的一个人或一种利害关系时,任何单个的分类基础才会优于一些混合安排。

经济学家观点的缺陷

但是,经济学家以及其他学者,一般来说对在许多企业中表现出来的或根植于企业的某个问题感兴趣。例如,一个对公司财务问题感兴趣的人,为了得到一部分对他自己有用的信息而去注意会计人员编制的损益表。但是,除非他意识到那些财务费用,例如,在损益表中单独列示的利息和折扣费用,也许没有构成实际的、总的财务费用,否则,他就很可能从他的发现中得出错误的结论。在连续的资产负债表中,流动负债的紧迫信号不是完全通过连续资产负债表中,对流动负债的说明与损益表中的利息和折扣费用来披露的。年度资产负债表可能在流动负债最低的季度编制。年内可得到但还未使用的购买折扣,将被并入购买和存货而作为"产品销售成本"。企业在交易旺季因缺乏现金资源而缩小经营规模并未披露。有时,特殊费用、为经纪人安排贷款支付的佣金等没有分开列示,或者它们与利息和折扣费用合并列示。例如,由于营运资金不足不能向所有有偿付能

---

①作者经常听说会计专业由于它们的统计程序而遭到批评。和其他专业相比,它们的理论和分类的技术确实有不好的评论。但是作者清楚,没有其他信息搜集组织能够让数据分类达到如此完美的程度,就像分类账中显示的关于构建会计系统以及专业会计人员的审计。

力的顾客承认通常的赊账条款。

会计师在工作底稿和审计备忘录中可以发现所有这样的信息,会计报告将会对一些信息作出注释。但是,他没有将所有的信息列入损益表清楚标注的项目中;在大多数情况下,这样做会不可避免地会妨碍他有效表达其他一些信息,这些信息在他看来更有必要交流。真正有用的统计信息在经审计后的会计师的工作底稿和账簿中,而不是在通用财务报告中。不加鉴别地采纳会计师为一个具有公共特点的财务问题所编制的通用财务报告中的数据在逻辑上是危险的,就像从批发商品价格的某个特殊指数上来推断某个特定群体的生活成本相应提高一样。

上面所说的并非有意让经济学家和其他研究公共问题的学生厌恶会计师编制的损益报告。通过损益报告可以得到很多有用和可靠的信息,通过损益报告可以推断出很多重要的信息。但是,一个想全面认识会计师了解和记录任何一个问题的人,不会从他们的普通报告中去了解。而一个有关收益和对收益方面很重要的、内容丰富的信息库到现在几乎还没有被研究。希望有一天有资格的经济学家会接触会计师办公室里的工作底稿文件。

第八章 收益的计量

会计师理论与经济学家理论的比较与对照

本章的目的,在于比较会计师关于收益的性质和计量的理论与经济学家在其著作中阐述的与之联系最紧密的理论。在前几章中,作者试图描述在现代会计实务中所暗含的收益的性质。到目前为止,这还很少通过比较来描述。在某种程度上,我们已经讨论了收益的计量,但这仅仅是为了更清楚地弄明白收益概念本身表现出来的各种形式,并简明地指出这个概念的重要意义。两种专业理论的共同之处及它们的分歧所在还有待说明。

其中最大的难题可能是:可以恰当地说,会计师坚持高度统一的、复杂表达的理论;而相反,经济学家提出许多互不相同的理论,同时,他们也从不达成一致意见。不可否认,会计固有的理论已经发生改变,并且正在改变。但是,一旦隐含的改变出现,它们或者是迅速从视线里消失或者是迅速得到普遍遵循。大量不同的竞争性理论并没有长期要求同时坚持。使用技术的微小差别、最后总和的不同确实存在,就像存在于统计咨询的所有分支中一样,这种不同可能会一直存在。有一些迹象(但不是很多)表明经济学家的观点也正在趋同①。

第二个最大的难题在于追踪收益理论的分支。在会计理论中的探索

---

① 一些人认为达成共同协议是一件绝望的事。例如,Klainwachter, Das Einkommen 和 Seine Verteilung,第 11 页。许多人一定静静地分享了 Klainwachter 的怀疑。

可能要比在经济理论中的探索简单得多。直接或间接的会计理论几乎在整个会计工作中都是清楚可见的,但是,在许多经济学家的著作中,人们发现社会收益、个人收益、企业收益、家庭(或其他组织)收益的定义似乎或多或少(或有时总的来说)是彼此不相关的。即使在相同的著作中,人们发现收益的隐含概念并没有通过明确的定义得以说明。在一些情况下,实际上在许多情况下,经济学家既没有表达也没有暗示收益的一般概念,但是,他们着手考虑发放股利、租金、工资、利息,有时也考虑利润。从某种意义上来说,其中的每一个项目都是收益的一个因素,无论这些因素是否说明了所有的收益,但显然没有被经常予以考虑。

要不是在某人的著作里找到了经济学文献中对收益最广泛、最充分的讨论,现在作者的任务将会更加繁重。欧文·费雪教授在他的著作和大量论文中对这个命题的探讨,不管经济学家对它的接受程度如何,无疑是其中最彻底的工作①。

采用欧文·费雪教授的理论作为经济学家在收益理论上的唯一代表的原因是:(1)关于竞争理论的恢复和评论是很充分、公正和清晰的;(2)他比其他经济学家更明确有力地指出收益概念的重要性;(3)他准确地指出在经济学家著作中关于收益这个命题的地位;(4)他在自己的著作中充分地讨论了"资本和收益",解释了这些问题的要点,包括他对这个命题系统而完整的分析;②(5)他的收益观比其他经济学家更接近于会计师的观念;

---

①欧文·费雪的理论发展散见在他众多的著作之中,但是,对这个项目的论文主体在他的《资本和收益的性质》和《利率》中可以找到。所涉主题的主要论文包括:《什么是资本?》,经济期刊,1896年12月;《资本再经济理论中的作用》,经济期刊,1897年12月;《定义资本的惯例》,经济季刊,1904年5月;《是收益的储蓄吗?》,美国经济学会出版,1908年4月;《对批评者的回复》,经济季刊,1909年5月;《对总统Plehn演说的评论》,美国经济观察,1924年3月(对"作为周期性发生的收益是可消耗尽的收益"的评论时同样的问题);《根据经验所得到的收益概念》,英语再版(最初的论文在Wieser Festschrift, Die Wirtschaftheorie der Gegenwart, 1927);《用统计方法来计量边际效用和测试所得税改革的公正性》,出版在经济论文中用来纪念John Bates Clark, 1927(同样也被再版了)。

②这并不是说他后期出版的作品没有增加有价值的东西,它们增加了不少;但是它们更多的增加的是对理论运用而不是理论实质的发展。

(6)他的阐述模式很容易转换成会计师的语言;实际上,他的许多工作都采用会计师所使用的语言形式;(7)最后,作者认为欧文·费雪教授的收益理论是到目前为止所有文献中最好的。可以看出,他的理论更可能被经济学家普遍采用,而且比其他经济学家的著作能够更有效地被会计师有意识地采用。

即使我们只系统地参考一个经济学家的资料,任务仍然是非常艰巨的。很显然,欧文·费雪教授的理论不能完全展开。除非长篇大论,否则没有关于这一命题的概论能够充分地、成功地传递给读者,简短的概括很难做到清楚准确。这里所给的概论是为了给那些已经熟悉"资本和收益"的人,或者是给那些准备了解这一问题的人提供简单的重述,而不仅仅是为了现在讨论的目的而作自负的重述。

费雪理论概要

收益,就其最一般的意义上说,是由服务构成的。也就是说,它是由无论什么性质的期望事项所构成。所有的服务最终产生于现存的物质资源,但物质在任何情况下都不是收益,它们虽然相关,但是属于截然不同的两类事物。经济学家对所有渴望得到的人都能随意得到的服务并没有专业研究的兴趣。因此,对所有渴望得到它的人来说,那些在数量上不受任何限制的、充足的服务,被排除在收益概念之外,所有稀缺服务都包括在收益里。

服务的稀缺性意味着一种占有。对某一个人来说是受益的,那么其他人就会被排除在外。通常合理占有服务所凭借的方式被称为财产或财产权,在能够提供服务的物质资源的占有过程中,这些方式具有可操作性。占有这些物质的目的,是为了在物质存在的期间或短于此期间获得全部或部分服务。对物和人的权利从经济实质上来说是从其服务中获得收益的权利,这些权利可以通过多种方式分配和转让。我们正是通过分配、转让和重新组合权利的过程来主要调节那些成为稀缺、期望事项的、流动或连续的收益。

占有物质是获得服务的必要方式或者是传递服务的代理人或工具,这样的物质称为财富。物质占有的证据表明它们的服务是稀缺的和渴望得到的,所有占有的物质,包括人,都是财富。这里有理解财富内容的几种有用模式。在任何时点上存在的物质资源可以看成是可以从其得到后续服务的项目,这种项目被称为资本财富或者更简洁地说是资本。我们也可以考虑这些项目随着时间出现和消失的连续过程。这些项目出现和消失的频率变化可以被记录下来。我们可以考虑在给定的时点水管中的"水(资本)存量",或者考虑在1个小时内通过水管的水的存量。所有这些认知方式都是有用的,但如果不在心里把它们分开的话就会导致思想混乱。两个连续存在的存量之间作比较,连续流量的比较以及存量和随后转换的比较,这三者的意义是不同的。

财富—收益—财产—受益人之间有三个基本关系应该牢记于心。第一,财富项目被认为和期望事项(收益)的连续有关系,随着时间的消逝财富项目引起了期望事项。人们可能认为农场和在农场不断生长的农作物有关。第二,任何服务或者成套服务被认为是根据现有财产权所作的如下分类:(1)同时执行的同等权利,比如地主与租户的权利;(2)继续执行的权利,比如农场后来租户的权利;(3)上述两者的结合,比如地主、拥有地役权在农场安装水管的市政公司和后来的农场租户的权利。第三个基本关系通常被认为是人和其权利的享用之间的关系。租户可能被认为是一个获得对农场服务的收益权的人。根据对财产作用不言而喻的假设,这一系列联系可以减少到两个:(1)收益的增加和从收益①流动中得到的财富(财富

---

① 费雪所认为的收益在词源上讨论是不恰当的,它是从我们考虑的资本资源获得的服务的一种产出,我们以向下的角度来观看资本——财富资源。相反,当我们站在接收者的立场上,以向上的角度来看,服务被看成是获得物。现在动词分词"产生"和"获得"更多的是指费雪所称的意义,而不是其动词的名词形式。被采用而且在费雪的著作中坚持了这一说法的专门术语可能避免了许多人的误解和评论者的不理解。

和财富的产出物);(2)收益的增加(流入的)和从收益中获益的人。

　　在使用这些财富—收益—财产—受益人关系时,应该不区分收益和所获得的财富。不能混淆财富和产生财富的服务。例如,得到的果实既非果园的服务也非果树栽培者的收益,果实是财富而不是收益。"产出"是果园提供的服务,"收益"对果园主来说是服务。在有些情况下新形式的财富计量等于产出的计量和收益的计量,这只是意外发生的。当水在涡轮机里旋转时,我们不能把轮子称为收益,我们认为旋转是一项服务,我们通过它的工作量来计量这项服务。

　　与资本资源相关的还有不好的事项、非增值服务和收益的消极面。为了得到果实,我们必须将人力用在果园上;必须购置、操作和维修工具和机器;将果实运到市场的工具是不可缺少的。为了获得果实,确保果实的出产所使用的人工和提供的工具是非增值服务。

　　每个经济事项的完成要求两类工具的参与:必须有劳动工具,也必须有劳动对象。将这些范畴各自描述成积极的一面和消极的一面是非常方便的。但要注意所建立的是范畴而非类别。雇佣的工人和制造商使用的器具在制造锤子的过程中是积极面,同时,锤子里所包含的材料在此过程中就是消极面。随后,木匠在建造房子的过程中手中的锤子是积极面,建造房屋的材料此时就是消极面。一项工具属于一类范畴或者属于另一类范畴,不是根据它的固有属性而是根据它参与事项的性质来分类的。

　　事项的两面性,参与积极面和消极面的分类,它们的重要性在引起事项发生的人的视角与事项相关时就可以被看到。以所有者的意志被积极面作用的事项组成了积极工具的一项服务或所有者的代理。但是必须在消极面上操作的是后者的非增值服务。当房主雇佣一个水管工来修理漏水管,水管工和他的工具对房主提供了一项服务;同时,漏水管不是因为漏水而是因为它需要修理,所以它对房主来说是一项非增值服务。虽然只有一个经济事项,那就是修理水管,但是一个范畴的参与是有利的,而另一范畴的参与是不利的。费雪把这些具有两面性的事项取名为"相互作用"。

"相互作用"是劳动工具的服务和劳动对象的非增值服务。

在许多事项里,所有者本身是一个参与者,他的观点具有重要意义。一个人可以自己建造房屋,他的工作是自身的一项服务和正在建设之中的房屋的一项非增值作业。因为他可能参与其中的建设工作,所以他可以不建房屋。当他居住在这座房屋时,房屋提供了遮风挡雨的服务。但是,他必须有一座房屋来遮风挡雨这就是一项消极服务。当房主充当一个劳动者时他就获得不利的影响,当他获得最终物体的使用权时他就获得了有利的影响。

但是,发生在现今错综复杂的经济过程中的多数事项中,所有者并非作为积极的工具或消极的工具来直接参与。这些所有者的收入是不确定的,他们的观点是确定的。与其说他不是一个代理人也不是被直接作用的人,还不如说他是一个有利益关系的旁观者。

考虑所有者或我们对其收入感兴趣的人在事项中是参与者还是旁观者,这是至关重要的。因为我们不仅仅看到在每个"相互作用"里有增值服务也有非增值服务。许多经济学家在他们分析生产过程中没有看到"相互作用"。但是,在那些所有者不直接参与的经济事项中所有服务将与非增值服务等量抵销。这些相互抵销的项目称为"成对"。我们将进一步看到抵销事项没有被同等看待,而是被看做不同的事情。抵销看起来是相同的事项,但评估起来,它应该以相反的方式来看待。此外,我们将看到人工成本(对工人来说)和最终物品的使用(对使用者来说)都没有可抵销的事项。也就是说,所有的成本或非增值服务最终都归结为人工成本;所有的收入或服务归结为最终产品的使用。初步的总收益在讨论中的直接参与者所从事的事项中找到。

每个概念,如财富、资本、服务和非增值服务,既可以从数量方面也可以从质量方面处理。每个都可以用恰当的单位来计量。每类财富可以列举,或者按表面积计量,或者称量等。资本,由于它由财富项目组成,可以用相同的方式对待。财产权可以列举或者表述成为磅、码、英亩等计量的各类财富的权利。服务或非增值服务可以以工作量或产生的财富来计量,作为生产机构的经营或者是财产所有权的控制。但是,至少在某些程度上来说所有的这些事项都可以用普通的单位货币价值来计量。如果一定数量的货币转换成一定数量的财富,货币价格等于计量的财富除以交换的货币量。一定数量的财富的货币价值等于其价格和数量的乘积,财富和服务(或非增值服务)的价格和价值是通过类似的过程找到的。

深入介绍的基本概念用费雪自己的话汇总来说是这样的[①]:

……财富由材料组成的物质、财产和对这些物质的财产权组成;从最广意义上来说财富包括人力资源,财产包括所有的权利,服务是从财富中得到的利益……价格是财富、财产权或服务数量之间的转换率。最后,他们的价值就是这些价格乘以其数量。

收益最主要的分析要么涉及收益和资本资源,要么涉及收益和收益的接受者。"资本和收益"主要涉及前一方面[②]。

从社会角度来说,无论是我们所说的生产过程还是事物或者未来服务的利益转让都不能直接带来任何最终收益。一个种植棉花的企业、土地、工具、农民等要素生产原棉,如果我们到此结束,好像就有了产出和收益;但是,如果我们真的到此结束,收益将是非常少的或是微不足道的。经过轧棉,用未加工的棉来计量先前的收益变成了支出。我们没有剩下未加工的棉,种棉企业和轧棉企业出产了大包的纤维棉和棉籽。这仅是联合产品一部分的生产过程,我们接着就可以看到布的出现和纤维棉的消失,布的消失和衣服的出现,最后,衣服会被穿烂。所有前一步骤的服务将被等量的被非增值服务抵销。但是,最后使用衣服的服务没有被任何一个项目抵销。

关于人力资源,所有客观的收益最终归结为实物的最终使用,就像所有成本或非增值服务最终归结为人工牺牲成本。在这些界限之间(但排除

[①] 费雪,《资本和收益》,第 51 页。
[②] 费雪,《资本和收益》,第 121~122 页。

两者)关于完全抵销的所有服务和非增值服务项目没有什么神秘的事情,也没有再武断地宣称一个单独的项目等量抵销另一个项目。这种等量不仅仅是方便的假定或宣称的等量,因为项目是相同的,每对都仅是以两种不同的方式来看待同一个项目。

为了得到相互分离的纤维和棉籽而用尽原棉是后两个项目的非增值服务,这项非增值服务用未加工的棉花的价值来计量。但是,这些相同原棉的价值,作为轧棉的支出,也是对种棉企业产出原棉的服务的计量。棉花的压轧是轧棉机提供的服务,但是,将原棉分离成纤维和棉籽的必不可少的榨棉过程是纤维和棉籽的非增值服务,是为了得到这些商品的不期望事项。无论考虑它和机器的关系还是和产品的关系,轧棉是相同的经营过程。如果种棉的人卖出原棉,或者是轧棉者卖出轧棉,支付的价格和接收的价格是相等的。

在这一系列的过程中每个项目都可以从两个相反的方面来看。如果我们为了避免统计失真和谬误,对每个项目都必须这样考虑。声称这些完全的抵销不是仅仅为了设立一个假说,也不是为了假定事实的一个简单状态,它只不过描述了经历的事实。没有一项社会收益可以直接或迅速地从任何这些直接经营中产生。只有最终的使用出现在总的社会收益中,也只有人工牺牲成本出现在社会支出中。

"相互作用"通常可能导致总效用的增加。不论"相互作用"包括像由棉花到布料一样的转变,像从锯木厂的伐木到在建的房屋一样的运输过程,还是包括货物之间的交换,这些都是真的。在这些"相互作用"中,或者财富的服务被运用到最需要它的地方,或者财富本身被那些可以提高其使用价值的人运用。但是,将要消失的价值不是与总效用有联系而是与边际效用有联系。正是因为它们只与边际效用有关,所以描述的抵销是对事实不容置疑的表达。因为每项"相互作用"只包括一个事项,附着在事项上的(边际)价值从其认识角度来说在数值上是不变的。

从个人的角度发现了相似的结果。种棉者通过自己的劳作和工具的服务得到了棉花。他和他的工具提供了一项共同的服务——出产棉花。但是,棉花引起了非增值服务——必须工作和使用工具。当棉花出售时,它产生了一项服务——带来货币。与此同时也产生了一项非增值服务——丧失对棉花的权利。人们购买杂货,货币充当服务,杂货充当非增值服务。但当人们使用杂货时,他得到了一项除了自己以外没有非增值服务可以客观抵销的服务①。

除了最终的使用,所有服务被等量的非增值服务抵销,最终我们的使用可以刺激我们的感觉和延长我们的生命。除了为了获得最终服务的人工劳动外,所有客观的非增值服务都可以等量抵销服务。

在"相互作用"中服务和非增值服务的相互抵销是会计人员在收入账户中使用借贷规则的基础。当执行操作时,贷记操作者,借记产出的产品。当销售产品时,贷记售出的产品(导致资金流入),借记收到的物品(收到的是对方放弃的物品)。接收的物品通常是别人放弃的东西②。

对收益和支出的一个主要计量方式称为"已实现收益"。有两个派生的(或者是派生的计量方式)各自被称为"资本化收益"(或者资本价值)和"已赚收益"(或者盈余)。

如果来自财富资源的连续期望事项可以用货币估值来表达,这些货币估值的时间表组成了总实现收益的一个计量方式,还可以准备以负数估值的非增值服务的类似时间表。如果这些时间表被设计成相同的时期,在连续时期所有项目的代数和组成了对净实现收益的计量。如果代数和是负数,它被称为支出。采用的时期可以是任意长度的或者合计是任意长度,

---

① 实质上费雪在此阶段作了更深入的研究。在他的"精神收益"这一章,他认为人体是一个转换媒介,收益的最终形式是自身的意识流。为了提供一种期望的、持久的意识流,要求对人体这一转换媒介作刺激措施。所要求的刺激方式如:食物、衣服、娱乐等是人体的消极服务。本文在这讨论的是以最终客观收益结束,不是因为主观收益没有结果,因为没有理由支持会计人员对此进行职业考虑。

② 统驭借和贷的会计原则通常被看成任意的经验主义规则。这些表述成经验主义的规则以指令的形式传达给工作人员。但是,这些规则暗含着收益和费用的理论,暗含着经济学家们慢慢识别和理解的收益和费用的计量原理。

但这个长度不能超过财富资源的存续期间①。

从所有将来货币项目时间表里的任何财富项目得到已实现收益,这个过程被看成折扣项目的相似过程。把将来的货币收益降低到现在等量的现值货币价值和,这些项目的合计数量将降低。合计的金额曾经是财富项目的资本价值,从其得到的收益的资本价值,是货币评估的将来服务的现值。

在一个物体存续期内任何期间的开始和结束时点,你可以很明显地找到财富项目的资本价值或者是从财富项目获得的收益的资本价值。如果将那个期间资本价值的增加值或减少值加在那一期间实现的净收益上,代数和就是赚取的收益或那个期间的收益。换句话说,净收益加上增值或减去减值就是在一段时间内从给定资源中获得收益的计量。

在这三种计量方式中已实现收益是基本和主要的方式,其他两个就是从其衍生出来的,它们也不能独立地从中获得②。

已实现收益的确定性或预见性对它的有效估值来说并不是必须的。如果我们可以判断出将有 5 美元的收益增值的可能性为 p,增值在数学上

---

① 这个"可实现收益"和会计人员"实现"收益是有区别的。可能这其中的许多项目是未来项目。会计人员保留这些项目表示已经获得的增量或者表示在未来一年下将要获得的增量。当然,有会计人员熟悉费雪的观念,将未来利息收益和所拥有债券本金的列表是可实现收益的一个普通例子。

② "可实现收益"报表是初级的。在作者的教育生涯中,基本概念通常面临优秀学生的挑战。怀疑并不是整个产生于费雪预料的、他关于盈余和收益的一章中,该章相当成功地处理通常没有一贯遵守思考盈余或标准收益术语的习惯。我们来假设将被评估的财富的合计(或者将被资本化的服务产生的收益)是一个果园,它的自然收益(其产出物)由产出的果实组成,可实现(总)货币收益项目包括连续果实的货币估计。也就是说,我们将采用产出的果实的价值作为出产物(yielding)的上述评估画一个列表,这就是资本价值的评估表。如果我们利用这张列表,可以将一系列的评估资本化。上述一系列的资本评估是财富评估的时间序列表。作为统计程序的描述——并不只是会计人员,也有那些真想评估收益的人——费雪的断定(《资本和收益》,第 236 页)可实现收益是最基本的概念,但计量就不是真的。但是它是一个关于统计程序的事实——不是关于费雪的哲学分析——因为统计程序通常是不完整的,果实价值的基础是果实最终使用价值的评估,也就是相对于消费者来说的价值。这些消费者曾经证实或曾经有机会享用这些果实。这些评估的最终使用列表——许多项目可能出现在里面和这些项目可能以时间来分布——在每个农作物方面都可以这样设想。无论这些列表是单独地使用还是同时使用,在原则上是没有差别的。在精确的限定范围内,这些范围是受在每个事项中最终使用者判断的预言精确性所限制的,农作物资本价值评估的列表和最终使用价值评估的列表在统计上一视同仁。

的计算就是 $5 \times p$。① 可以肯定的是,我们不能将数值的范围设为 0 到 1,即从确定失败到确定成功,这与数学家估计的概率程度高度一致。但是我们能够有像对一些可能性做决定一样的非精确估计的冲动。这种心态和从中得到的结果将用一个简单的例子来描述。假设一宗未使用的土地的所有者想以 1 000 美元将其出售给投机购买者。正在思考中的购买者认为年 6% 确定的综合收益率是他愿意购买的最低收益率。购买者确信他能够在 5 年后获得 1 200 美元,不包括销售和移交成本。他相当自信地感觉确信到时候会得到更多,但达不到 2 000 美元。关于随后 5 年可能的价格的思路如下表所示:

在连续 5 年中可能获得的价格	超过以前认定的价格(i)	得到增值的估计概率(c)	将来增值的实际价值($c \times i$)
$ 0	$ 0	1.00	$ 0
1 200	1 200	1.00	1 200
1 400	200	0.95	190
1 500	100	0.90	90
1 600	100	0.80	80
1 700	100	0.65	65
1 800	100	0.40	40
1 900	100	0.10	10
2 000	100	0.00	0
增加价值的汇总			$1 675

既然每项增值都乘上得到其增值的可能概率,那么,其汇总就是后 5 年确定价格的等价物。如果转售,假定扣除转售和移交成本后,必须每年缴纳 25 美元的税金,这项交易基于谨慎性的考虑是可接受的。因为以 6% 的折现率将 5 年后的增值额 1 675 美元折现,将得到 1 251.66 美元,扣除年金费用 105.31 美元,剩下净现值为 1 145.35 美元,几乎超出要价 150 美元②。

---

① 谨慎因素 q 在此时是被忽略的。
② 在前述的例子中,对潜在的购买者来说,除了在 5 年后重售,其他方案没有被考虑。总的来说,购买者考虑将来所有可能机会是不必要的。如果在一个被要求的价格下,任何可得到的工作保证比现在挂牌交易价格有更高的现值,交易将会发生,但是,对制定价格的出售者来说,没有可供选择的现值和现实提供的价值一样。即使持有者将以更高的数字来评估,许多会计人员也不情愿来表述一个固定资产的评估价值比其成本还高,因其没有足够的证据或证据不可信赖。

但是，如果正在讨论中的购买者是一个非常偏好"安全"投资的人，即使对风险本身有一定的补偿，也可能不情愿购买，除非其他预期的使用会提供一个比 5 年期无风险价格暗含的报酬更高的收益。可能这种"谨慎"因素的存在和运用最熟悉的表现是在保险金中所固有的。单位财富的价值乘以在单位时间内由于特定的危险事故受到损坏的概率近似于所谓的"净自然保费"。当然，私人保险公司要价必须比这个数额更高——运行一个保险公司的成本并不局限于支付损失赔偿金。假设正确地估计了损失的可能性，赔偿的金额通常是和损失相对的。他愿意以超过损失风险的可能性投保，揭示了在估值中估值因素的存在。如果贴现是为了说明在最高买价和将来可能的转售价格之间的离散范围，购买者不仅必须折现时间偏好和风险，而且也要考虑谨慎因素。当然，谨慎系数在某些情况下可能等同于统一性或者比统一性更重要。

我们已经看到未知或者未假定的可实现收益的每个单位估值是三个因素的产物，即：待估单位乘以概率因素再乘以谨慎因素。虽然准确地说它是一个未知项目，产出的结果将以资本评估和收益评估来对待。应该注意的是，这并不是断言整个将来的估值过程是可以预测的，因为后期的证据可能带来到目前为止还没有考虑到的可实现收益的可能项目；时间偏好率会随着评估者的环境改变而变化；发生概率会随着新证据的出现而变化；谨慎因素（谨慎因素的时间表）也不是一个很稳定的量。唯一可以断言的是在任何给定的时刻三因素的结果在那时可以作为预知的增量来对待。

费雪理论与会计师理论的比较

欧文·费雪的收益概念和会计师的收益概念之间的主要不同可归因于以下三个因素：(1)思考的论题的范围；(2)所使用的分析方法；(3)所采

用的观点。

论题的范围

欧文·费雪的处理可以称作是普通而全面的，会计师的处理是特殊而不完整的，所有无论什么性质的稀有服务都包含在费雪的概念里。他对服务的来源或起源、服务发生的方式、在开始和终结之间发生的服务与非增值服务的相互作用和多方面的转变，服务最终生效的方式这些都同样感兴趣。他考虑了从一个给定项目中得到的最主要或直接服务的总量，这些服务的时间分配和拥有这些服务的权利人之间最终利益的分配，最终服务的流动或者时间分配根据这些交易机制作出调整以满足人们的需要。他也同样对个人和社会的最终收益的全部时间分配感兴趣。

而会计师只关注出现在特定企业里的收益现象。虽然这些企业涉及个人或者组织的营利企业也涉及国有企业；或者从单纯的私人企业到国家事业单位。如果有也只是相当少的会计师以职业的眼光来对待任何个人的所有收益，他们从来不用处理社会收益。会计师处理的是最终收益以什么样的方式获得或者放弃而不是处理收益的最终起源也不是收益的最终享受。当会计师为一个私营企业编制利润表时，他描述了企业的过去经营活动在多大程度上增强了拥有所有权的那些人要求将来最终收益的能力。将来最终收益的现时要求权是资本评估的一个事项，在一个时期内这种要求权利的改变就是费雪所称的盈余(earnings)或已赚得的盈余而不是已实现的收益。会计师以特殊的合成方式来看待收益的一系列现象，只是偶尔他会研究最主要资源或跟踪最终的交货地点。费雪和会计师在这方面的不同将留到下一章详细讲述。

分析的方法

费雪的分析是构思的一种。在统计程序上没有设置难以超越的障碍；

当然,虽然他认识到收益的完整统计分析不具有可行性。① 他主要关注建立有条理的基础和构建一个逻辑框架来支撑、梳理它的任何统计材料。他的工作是设计而不是建设。

会计师关于收益没有完整的哲学思想体系,也没有证据表明他们感觉到非常需要一个体系。在某种程度上来说,他们对收益的概括达到完全超越程序的程度,与他们已经建好的程序结构相比太不成熟,以至于不能让人认为他们认真地思考过这个哲学任务。他们所构建的理论结构只是停留在他们可以找到合适和方便的统计资料来制作它们的程度上。他们在理论上的进展好像不可能超越实务的发展;只有当感兴趣的人比到目前为止已经从事的人愿意更进一步地推动统计的发展,实务才能发展②。

所采用的观点

费雪的理论和会计师理论在比较时所遇到的最大难题来自于他们的观点不同,或者说他们要求观察者观察的方向不同。如果一个人从溪口到水源开发了一条小溪并且保持逆流观察的角度,他会回忆起与他顺流的视角所能见到的一个非常不同的连续景象,那些第一次阅读费雪作品的专业会计师一定会经历同样令人迷惑的不同景象,同样,那些熟悉费雪的论述的经济学家也很可能对会计师的工作感到茫然。他们两者都很可能得到一个对收益的概念非常不同的印象,这些概念更表示而非实质。在《资本和收益》中,费雪说:③"在这本书中我们应该主要考虑收益与产生收益的资本之间的关系,而不是它与获得收益的所有者之间的关系。"不仅在提

---

①在《约翰·巴特·克拉克纪念文集》(John Bates Clark memorial volume)中所收录的他的一篇文章中,他对统计程序的局限性(第159页)和评估统计结果的困难(第179~184页)作了一个令人佩服的表述。

②近期有支持这种观点的趋势。会计师乐意确认固定资产的增值(当它被有能力的非利益相关评估者证实时),广泛增加的财务和工业检查和测量现在所观察的预算程序中的真实利益,还有许多其他的发展等都在过去的15年中集中地加强了,所有的这些都导致了对收益的统计处理的膨胀,也导致了收益理论被重新定义为更一般的术语。

③第121~122页。

到的这本书中,而且在他的整个著作中,他都重点强调了这种关系。他遵循了逆流的路径。在他探索的过程中,甚至当它邻近最终的接受者时,他也主要以去向而非来向的个体的角度来看待。

会计师普遍从出溪口上一点以逆流的角度来看,并观察流下来的是什么。当收益经过他的审视时,所有收益在他看来都是一样的。与现时经过的多少、来到的多少、何时可能来到相比,收益最终来自何处并没有被更多地关注。诸如此类的来源是一件无关紧要的事项。如果预期一项长期连续的收益要素,知道连续的收益是来自长期资产项目还是短期资产项目只是第二位的。对过去、现在、将来这些项目的汇总在统计上是可行的。从所有主要资源得到的所有主要服务的统计观察,追踪从最初的偏僻想法、交换、分配和相互作用得到的服务增量,所有这些无限复杂项目的年复一年的汇总都是不可能的。那些复杂项目正在运行或在运行中达到一些特殊状态。

人们可能在脑海中勾画出林地产生的原木、锯木厂产生的各种已锯木材、无限期的分散这些物质和及时地使用这些工厂产品、产品被运用到不同种类的最终用途上和通过这些使用而受益的一系列受益的人。人们甚至可以更进一步研究,勾画出一些致力于种植森林和重复这些循环的接受者。但是,人们不能运用统计程序来详列出无限分布在时间、空间和货币价值上的极小量。一小块面包可能来自 10 000 个不同农场种植的小麦。

统计上来说,观察结果可以由提供直接服务的现有资源和最接近的受益人之间的关系组成。人们可以观察和计量带锯穿过原木的过程,也可以确定通过切割产生的伐木归属于谁。当许多直接资料在一个或多个所有者控制下方便地集合在一起时,你可以在连续阶段作出许多类似的统计观测。所有同步和连续发生在锯木厂的过程可以每天观测或(和)计量。但是当砍伐的木材传给购买者或股利分配给股东或工资支付给职工时,统计程序停止了;因为随后的计量过程太分散,会计中记录到账簿的途径被打断了。会计人员不打算超出封闭的交易。那些超越企业控制的,比如锯木厂的场主出售锯木的事项成为服务于另外的独立企业或组织的会计师的论题。

如果在考虑的论题范围、所作的分析方法和采用的观点或视角三方面的差别上作出恰当的允许,费雪的理论和会计师的理论在共同基础上很少能发现差异。通过选择收入循环中的一两个阶段并观察费雪思考的计量方法和会计师实际的计量,我们容易看出两者的真正差异有多小。

被要求用货币表示在给定一年中没有依靠的个人的最终客观收入的会计师很可能作出一个近似表述,建立人们通常所称的"生活支出"、"生活成本"或者"为了获得1年的生存所发生的支出"的概念①。最初的近似估计是基于这样的假设:在大多数情况下所获取的服务价值和考虑给定的价值相当,但是,没有一个会计师声称这些数额存在一个普遍的认同。

如果正在讨论中的这个人保持了充分和方便的记忆,这些记忆允许排除所有职业或收益过程,会计师最可能的程序如下:

1)在每年年初检查家庭个人财物和个人债务的详细目录。这会产生三份清单:(1)这些项目的剩余使用价值清单(基于成本),如布料的存储、食品供应、家具等。这些项目至少在某种程度上来说是早期获得但是在今后使用的。(2)将来服务的清单,如预付的房屋租金等,这些服务不依附于所拥有的物品。(3)现存的个人债务清单,如早期获得的享受服务或者为了获得无论是否后期整个使用的消费品而导致的债务。最终将找到这些项目的净值。

2)在每年年终检查相应的存货。

3)检查在1年之中支付的合计数,以及在这1年产生但尚未偿还的债务总额。

将期初存货的净额加上第三项的合计数减去期末存货的净额,由此得到的数值就是1年的"生活费用"。当无论何时发生的支出都可以当做收

---

① 在账户中所用的"费用"通常和"花费"或者"支出"区分开来。当支付房租时,上述区别对会计师来说是无关紧要的。租金"费用"是和房屋服务支付或者将支付的报酬的评估值。

益的计量方式时,会计师所发现的数字和费雪 为最终客观收益找到的数字恰好相等。无论直接还是间接,在 1 年中没有已经或将要支付的使用价值被忽略。并且每项使用的价值以发生的支出者或为了得到而发生的支出来估价。没有在先前时期发生或者随后时期将要发生的使用的价值被允许影响最终的汇总。

确切地说,在这个程序中有一些要素表面上看来和费雪所称的盈余(earnings)相似。假设在第一份详细目录中有一架价值 760 美元的钢琴,6 个月后这架钢琴的现货价格为 800 美元。在年末这架钢琴的价值是 680 美元,比前一年减少了 80 美元,这架钢琴所引起的支出(调音、税收、保险、佣人的看护等)等于 30 美元。因此,对于这架钢琴来说有 110 美元的"费用"部分。其中,80 美元是减值(但没有创立折旧基金),30 美元代表现时支出。①

看起来似乎有等于 110 美元的(负)盈余,其中包括 30 美元"已实现"(负)收益和 80 美元的减值。如果会计人员真的试图计量在这一年中发生的和拥有这架钢琴引起的不利事项,上述情形就会是真实的,但这并不是会计师在试图做的;相反,他正试图用一个(负)价值来衡量由于今年使用所引起的不利事项。一系列不利事项,如购置买价、税费、保险费、调音费和修理人员的工资、佣人的工资等,有关这些事项已经发生和将要发生的支出都是为了得到钢琴的使用而不是钢琴。这一系列不利事项中的一部分与今年的使用有关。最后,涉及今年使用的一系列金额应该近似等于今年使用的价值,110 美元成为对今年使用价值的计量。

在这一年中这个人可能已经签订合同购买一辆摩托车并且可能已经支付了价款,但是经销商还没有将这个机器送到购买者手中。这项交易对

---

① 但是,这 30 美元并不需要以单独的项目记下,因为它将在今年花费掉;当然,如果钢琴已经被调音和很好地照看,钢琴期末存货价值可能比记下的可保证价值要高。正如将要在评估这一章显示的,实际上折旧不是与维持、没有保管、基于过去经营或基于将来的维修费用相独立。只有当客户想做一个原始评估和公众有权期待一个原始估计时,会计师才会将折旧和其他费用独立分开。

第八章 收益的计量 | 125

这一年的生活费用没有任何影响。这些支付的金额将出现在支付的合计金额中(上述的程序 3)中,但是,它最终被年终存货项目以相同的金额抵销。摩托车的所有权引起了一项不利事项,但是,并没有使用摩托车,因此没有发生与摩托车的使用有关的费用。

如果会计师被要求对这个人一年内的最终客观收益作出更近似的估计,在不违背公认的程序下他可以很容易做到。假设这个人收到了可以用货币计量的礼物,并且在这一年已经使用。这些礼物这年已经使用。如果这些礼物的计量可以像实际支付价款那样有证据支持,任何会计师都不会争议,这项数额的处理就像是支付的价格一样。如果这个人购买并为之付款的真空吸尘器不能吸尘,任何会计师都会毫不犹豫地排除这个项目,这不是吸尘器的使用费用,因为并没有使用吸尘器。如果在服务的使用价值和获得此项服务的必要支出之间有恰当而充分的证据显示其差异的方向,在会计程序中就会有大量对最初估计进行调整的先例,这些调整和费雪的分析产生的个人最终客观收益的计量有完全相同的作用。

在这个特殊领域只会发现一项差别。显然费雪允许对个人所拥有的最终客观收益实行评估。会计师认为不行,因为他是一个独立的责任人。他对其他事项发表意见,因为他不能看透别人的想法以至于区分出预期收益和收益的支出过程,他也不能总是依靠个人的良好信仰,所以他总是要求行动的证实或者人类行为的一般特性的确认。但是这只是一个细微的差别。费雪不会说如果他正在评估另外某个人的收益,他会接受那个人的评价。而会计师并不反对他的当事人不接受他所采用的评估。费雪和会计师都认为有许多期望的最终客观收益,因为没有货币价值评估,他们不能或不应该被普遍接受。

毫无疑问,会计师遵循程序后的结果经常被人们误解。即使在家庭会计领域,许多人完全不能看到所使用的数据表面特征以外更深层的东西,也没有看到对这些数据的数字处理过程。在家庭会计领域里的论题只有一种,就是记录所有成年人的经历。他们看到会计师记录衣服的支出成本、食物的支出成本、钢琴和汽车的折旧、支付的税收和保险费等；极少会发生这样的情况，只是因为有理由在原支出上增加一项减值和加上增值但不超过所有的支出。但是，如果会计师的目的和他的最终收益概念通过他的最终结果计量属性来决定，他的主要兴趣毫无疑问集中在所享受的使用上而不是发生的支出或取得的物品上。当他编制生活费用的调整报表时，他是作为生活收益的指标来编制的。经济学家在另外的一个领域也在做着同样的事情。当他编制批发价格指数时，他在研究货币而不是批发的商品。他的主要兴趣是关注货币购买力的波动，这种波动是不能够直接计量的。为了研究这种波动，他观察了价格序列中的一些价格，这些价格序列在概念上和货币购买力成相反关系。

　　会计师处理最终客观收入领域，当需要时，会计程序可以使他找到和费雪考虑的完全相同的数值估计。而且，他的程序也可以使他不用参考其他来源而只参考直接(或近期)来源来找到这个收益。他不需要关注客户的营利职业，除非从内部账户中删除所有的盈利经营过程。无论将从中提取未来收益的收集库是被填满还是被用完都不重要。但是，另外一个方面，当会计师准备一个企业的收入账户时(收集库中的一个)，业主或企业业主权的利益相关者的生活方式不是他所关心的。①

　　在企业收入的会计处理中，所报告的收益既不是费雪所说的已实现收益的计量也不是盈余的计量，而是上述两者的混合物。如果一个企业拥有一家公司的少数股份，这家公司的事务不被会计师所知，那么，收益的增加额由已实现的增加额和收到的现金股利组成。如果一个制造企业多年来都没有进行值得信赖的持续经营的再评估，那么，年收入账户应该包括基于原支出成本的折旧费用。甚至初始成本也不是真实的资本化。企业或

---

①即使会计师能将两个领域合并，他也很少这样做。无论它们是否达到持续经营假设，他可以在一个个人财务状况的报告中合并所有的收益活动。他能够编制家族和企业控股公司的资本账户就像在破产案例中。他可能将一些个人收益要素和个人所得税收益申报表中收益活动的大多数数据合并。例如，支付在纳税人购买住房过程中贷款所发生的债务利息。但是在众多案例中，显示区域都被严格地分开。

许花费更多，但很可能少于向业主提供的最大服务价值。支出成本在预期服务寿命期间的任意分配和企业账面价值的同步记录并不构成真正的再评估，它们也不会必然导致一系列严格同质的评估。在费雪的专门术语中，既没有真实的已实现收益也没有真实的盈余。但是，依附于企业服务的收益成分显示了它与盈余的统计相似性比它与已实现收益的更接近。收益要素来自于"成本减去折旧基金"的账面价值规则。在持有"安全"债券的情况下，会计师报告的是盈余①。

混合计量显然不是基于会计师选择的结果。会计程序的所有近期发展与会计师希望确定企业的收益而不是企业的已实现收益的主张一致。他们没有更精确地估计真实的收益有两个主要原因：第一，他们的当事人不愿意多花钱来获得更好的估计；第二，获取再评估所依据的可靠资料非常困难。就一些专业会计师而言，还有第三个原因，那就是他们没有足够好的统计理论和方法用以充分掌握他们习惯运用的专业统计程序的性质和意义。那就是说，有些会计师是模式的追随者，就像每个职业都有一些这样的人一样。

然而，没有理由怀疑在某种程度上盈余（已赚得盈余）可以从经济的角度计量，这是一种更先进、更直接方便的收益计量方式。费雪所认为的可实现收益，的确是更初级和更基本的计量。但是，不仅我们不可能制定出可实现收益的近似将来时间表，这些时间表也应该通过转换成资本价值和盈余系列来解释。业主和业主权的利益相关者主要希望知道，一年中由于企业的活动所导致的未来年终收益控制权的净改变。这些信息不仅是股东制定合适的投资政策所要求的，而且这些信息也被用来制定近期的生活收益水平计划。那些负责管理内部事务的人员更能够基于已赚得盈余而非已实现收益来计划和控制他们的政策。追求最能提高盈余的政策对债

---

① 但是，一些自我抵销的项目通常被忽略，从零价值（购买之前）到评估价值的增值是被获取期间的评估减值抵销，虽然没有分录。当债券重新出售或者到期时被债务人支付时，相应的两方也被忽略。

权人的利益是最为有利的。简而言之,无论出于何种主要目的而需要有关企业收益的信息,盈余数字比已实现收益的数字更一目了然。①

在费雪理论和会计师的理论之间有一个明显但非真实的区别。这个区别似乎可归因于会计师表述收益计量的模式和费雪更完整的"概念"会计之间的区别。费雪借助"平衡方法"(《资本和收益》,第 152～158 页)示意性地描述资本的"自然"使用如何在最初来源和最终使用之间的许多阶段一个接一个出现。他描述了伐木场生产原木、锯木厂生产木材、由木材建成的仓库保护布料存货。仓储的布料存货产生裁缝所需的布、随后产生衣服、最后是衣服的使用。根据作者的教学经验,许多有才干的会计学专业学生认为他们在费雪的讨论中找到了收益的隐含的,具体而有发展性的理论——这个理论和会计师的观点非常不同,但这样的理论未必隐含在费雪所展示的理论中。对一堆给定衣服的使用所作的恰当评估完全不被事实上的先前阶段所影响。无论这些衣服是来自天堂的神秘礼物还是来自于其他早期资本形式的罪恶般的浪费使用,上述数字都是一样的。事实上连续的贡献将会发生,平衡方法说明了发生的模式,调和想象中可行的方案与统计汇总或分析很不一样,其事项有相当大的不同。

当然,这里有一个相当普遍的谬论就是:收益可以从统计上追溯到遥远的资金来源,甚至从最终客观服务的意义上来看也是这样。不但很少有可能这样做(如果有的话),而且没有理由需要这样做。假设 b 和 c 每人同时给 a 5 美元,在钞票上 a 记录了连续的号码,并且观察到他用 b 所给的 5 美元支付了他观看足球赛的门票。随后他以 6 美元评估了他所观看场面的价值。假定事实证明 a 所说的他得到了值 6 美元的最终收益是真实的,在某种意义上他可以进一步说,b 为此贡献了 5 美元,而 c 一点都没有贡

---

① 无论是均衡的还是循序渐进的,费雪关于收益作为税收的计量方式的意见(《资本和收益》,第 250～254 页,和著作中的其他地方)是不公平和有害的。在盈余一方和另一方最终客观收益之间施加给定税率的税收无疑是不同的,不同的程度就像他所描述的一样,但是对盈余的税收可能有不止一种站得住脚的观念。如果讨论中的税项只是税务系统中众多项目中的一项,那么这更应该考虑。这也不是财产问题或没有涉及公众支出特性的特殊税项。现在的作者希望保留对这个项目的观点。

第八章 收益的计量 | 129

献。但从经济重要性来说这并不是真实的。如果 a 先将 b、c 给予的 5 美元都存入银行,银行存款账户先前有 100 美元的余额,随后他从该账户取出 5 美元支付足球票,他的"最终"收益没有受到影响,但是他不能说(除非一些武断和没有意义的话)对这个足球赛来说他的最终收益的具体金额是由 b 或 c 或者是其他人或事所贡献的。间接项目在产生阶段不能在收入系列的连续阶段保持连续性和同一性,溪流源头的流水直到它们到达溪流入口处才能保持它们的连续性和同一性。

至于收到的作为收益的年租金、股利、月工资和 100 000 美元非收益的遗产,这些都不是业主权益。如果我们只停留在收到货币的阶段,它们都是总收益,并且都是出于完全相同的原因;它们每个都暗含一个服务人员所提供的服务和受益人。如果在这些收到货币的期间,我们正在寻找当事人的最终客观收益,考虑这些项目没有必然的原因,我们只考虑最后阶段。早期的接收阶段对他们期间的最终收益没有直接影响,除了收到的金额和之前手头上已有的其他货币金额影响了接收期间最终收益的决定,接收物没有间接影响,这种间接影响的程度不能实际计量。

费雪和会计师处理收入的优缺点

对会计师的观点和费雪的观念提出比较评估,在这一点上可能没有问题。在比较的基础上进行评估可能是方便的,也就是说比较他们思考的命题范围、追求的分析模式和采用的观点。

至于第一点,毫无疑问费雪的工作是无比优越的。没有必要考虑他的观点有多少会最终在经济学家和会计师之间流行。只是可以做一个猜测,最终所证明的就是,与关于费雪理论的事实一样,是有关于两个职业的事实。但是,通常来说,对收益理论的综合处理,从双方的文献中看不出谁比谁更优越。

关于所追求的分析模式,并没有相对优势可以被宣称和展示,双方的概念和统计模式都是合适的。在科研工作中哲学分析通常——虽然不总是——在时间上领先于统计分析。而且它还经常极大地增加随后的统计分析的收益。统计模式作为单独模式总的来说必须在单凭经验所做的工作上花费多年的时间,单凭经验所做的工作进步很慢并且要发生根本性的变化越来越困难,它随着一系列修补工作而发展。即使当一个特殊程序的错误变得很明显时,要重新开始常常也是非常困难的。一个学生学习到程序的复杂性时,他可能以他自己的方式在他能改善的一点上执行。①

同时,哲学理论家在创造一个事物的想象世界时冒着很大的风险,他们很可能误解它或者导致其读者错把它当成真实的世界。即使当他们感觉到他们的理论描述了一个过分简单的情况,也不能确定扭曲的糟糕程度。这样的工作有一种变化趋势,它会变成貌似可信的猜测上的合理流程结构。

两种模式的恰当结合对任何一种来说都具有无法计量的优势。想象的模式补充概述了用统计计量检查的思维方式。统计计量表明重构的假定和所发现的事实真相更接近一致。众所周知,费雪被高度评价为统计学家和理论家。可能重要的是,他的收益统计工作并没有在很大程度上提高他作为统计学家的地位。他在由价格统计工作支持的货币研究方面,尤其是指数方面,提出了比收益处理更加统一的处理方法。

就观点或视角而言,很难作出决定。会计师主要关注即将到来的收益实现。这种关于最终收益和取得最终收益所凭借的之前的现象都是真实的。在某种程度上,他们有时颠倒了这个过程,表现在家庭会计中的最终收益的处理和单个企业收益处理之间存在确定的差异,这种差异是有办法消除的。费雪从服务的源头开始,通过意识流追踪最终的服务。当然,他经常提醒读者重新查看最终受益者的观点。像其他经济学家一样,他以财

---

① 我的同事 H. F. Blichfeldt 教授曾经表达过这样一个观点:自己对所研究问题的文献有充分的了解有时候对一位数学家来说没有多大价值,更不用说自己的方法。他可能在容易和浅显的早期阶段避免操纵,这种操纵不可避免地导致难以逾越的困难出现。

富和生产现象为起点,然后研究财产和交易现象,接着就是收益和收益的分配,最后讨论消费或收益享受的简单发展。

就像会计师和经济学家之间在观点或视角方面的优势不同一样,它随答案转变成了一个更基本和更初级的问题。从哪一个点开始进行收益分析是最有利的?这种开始应该在收益的最终受益人的意识流这里吗?或者尽可能接近?或者以服务的最终源头开始?有什么中间点是更方便的吗?

一般说来,从最基本的概念着手最容易也最有利,这些概念不能由比它们更简单的概念来解释。最好是这些首先被引入的概念能够尽可能地阐明随后要考虑的更复杂的概念。几何不是以超球面开始的,化学也不是从生物组织开始的,生理学也不是以人脑的机能开始的。点和线、组成元素和简单化合物以及单细胞生物都是更好的研究起点。

费雪在后来的一篇论文中说:"我认为收益概念无一例外是经济科学中最重要的核心概念。经济理论和它在税收及统计学上的运用成果很大程度上取决于完全掌握收益的性质和它与其他概念的相互关系。"①另外他写到,收益无一例外是经济科学中最简单和最基本的概念,只有借助于这个概念,其他经济概念才得以充分发展和理解,经济统计中的经济理论成果取决于从这个概念着手的工作,这会是一个同样正确并且更加显著的表述。

如果收益的本质是"一个期望事项",那么在经济学中没有比收益更简单的概念。在经济学中没有其他概念解释得了它的性质或意义。如果它能用比它本身更基础的概念来解释,则那个解释一定来自于心理学家和生理学家。经济学家倾向于以对财富的讨论来开始他们的理论著作。财富的概念无一例外是在科学中发现的最复杂和最难以理解的。直到收益、财产分配、交换和生产的概念和财富建立了正确的关系,它的全部意义才显现出来。我们并非从学生在根据定义确定什么是财富、什么不是财富时碰

---

① 《美国经济评论》,第 64 页。

到困难的意义上声称难以给财富下定义,我们所说的是既不能依靠直觉也不能依靠直接经验来下定义,这些概念或者以综合和重要性的恰当分配观念定义,或者以财富和经济经验中的问题之间极其复杂关系的理解定义。这两者都必须等待对收益的处理。

经济学家经常关注的人类行为的动机直接和收益相关,它与财富和财富在现代采用的无穷复杂的形式只有微弱的联系。一个人不能解释人们在生活中的生活方式是他们在企业中期望的方式生活,但是,他能够解释人们在企业中所做的许多事都是以他们在私人生活中所期望的方式进行的。

合理理解的直接占有并不是生活模式的一个例外,其他人不能够替我们享受成果,但是以他们自己所希望的服务的直接占用,是结果的直接占用——并不是结果的方式。经济的发展应该以消费作为目标开始而以生产结束,当然生产不是一系列事项的序列时间中的一个时点,但是,是以思考和披露的顺序出现的,我们不能让我们的生活来适应现存的财富,我们可以使我们掌握的财富来源来适应我们的未来收益。最终客观服务的一般形式——食物、住房、娱乐等——都是通向文明的服务,这些服务所使用的方式变化得太快以至于不允许科研人员对它们做一个详细的研究。

笔者认为,如果费雪在《收益和资本》一书中,将有关精神收益的主题作为第一章并以财富被认为是直接或间接变成收益的服务的象征作为最后一章,他的工作不仅会对大多数有思想的读者更加有用,而且特别是对会计师和经济学家来说更有益。

真正遗憾的是,专业会计师几乎没有找到在最终客观收益方面的工作机会。毋庸置疑的是他们在企业收益账户中有时忽略了这样一个事实,即这些统计主要被利益相关者生活方式的订单所需。例如,股东经常面对这样的压力——提供必要的资金来满足那些要求发放更多股利的股东的生活费用。利润表期待建立盈余世界的状况至少使他们背离自己最大收益的极速股利分配。即使没有股利分配,完整的报表也可以使股东处于有利地位——通过出售所持有的部分股份或购买它们——来维持他们习惯的生活水平。通过对企业收益和利益相关者的生活模式之间的差距的不断记录,他们的收益统计的有用性能够大大增强。

从经济学家的角度来看,也为了公众的利益,重要的是会计师应该像实务中允许的那样全面地作出统计。职业会计师总体上可以给我们更好的统计信息。希望他们会为了自己的利益、公众的利益和客户的利益继续提醒客户注意更好、更全面地计量收益的重要性。职业会计师必须至少在一段较长的时间里主要了解什么是收益。我们理解收益的主要工作应该像现在这样广泛包括所谓的"资产负债表审计",这相当于说明我们没有充分利用职业会计师,现在这些数据显示我们的职业公众会计学家没有充分地运用收益的统计。

统计方法能够为现在通常所称的"经济法"提供归纳论证的希望很小,就像目前对它们的阐述那样,基于合理的考虑他们没有发明,如果经济学真的能变成实质上的统计科学的话,它必须同其他学科一样从最经常发生的初级事物的简单计量开始研究。正如其他一样,在经济学中必须以最经常发生的初级事物的简单计量开始。作者认为研究起点最可能是收益——收益和接受者的联系最紧密。对有想象力的经济学家来说是非常有思考空间的。精明的直觉永远是必需的,但是仅仅靠它是不够的。

第九章 财务状况

我们讨论了有关账户基本概念的性质,也研究了资产、负债和业主权益以及它们在会计恒等式中所隐含的相互关系。有关收益的性质,包括总收益和净收益,我们都已经考虑过了,并与一些经济学家的观点进行了比较。很多收益计量的基本程序都对理解已提出的损益表的特定意义具有重要意义。但是,到现在为止,还没有系统地思考会计师的主要目标,即确定财务状况。本章致力于解释财务状况的含义并说明会计的主要最终产品即资产负债表如何以及在多大程度上反映或披露目前财务状况。

文献中未定义的"财务状况"

每一位会计学者和会计师都坚持认为资产负债表是用来反映企业财务状况"financial position"或"financial condition"的。在会计师的使用中,这两个词语基本上是可互换的,但前一个词语看起来几乎可以替代后一个词语。从字面意思来看,流行的词语似乎更为合意。财务"状况"对很多人来说,似乎隐含了太多的意思。奇怪的是,无论是会计学者还是会计师似乎都没有仔细思考过给其中任何一个术语下定义。虽然发现了几个有关这个术语的分散的命题,但没有出现经系统考虑过的定义。出现这种现状的原因究竟是什么呢?是每一个人都理解这个术语的含义?还是他们都认为这个术语是无法定义的呢?如果对于上面两个问题的回答都是否定的,那么,为什么这么久还没有人对其作出定义呢?

概念并非无法定义

很明显,假如这个术语是无法定义的,那么这对会计界来说简直是一种耻辱。假定所有人都理解它的含义也是站不住脚的。如果是这样的话,建议你去询问你最先遇到的 10 个银行家、商人或者职业会计师关于这个术语的定义。在你询问第 10 个人以前,你很可能发现大家并没有共同的理解。会计师的答案会在形式上相互趋于一致,但是这些答案不会有很大帮助。因为他们实际上是说财务状况就是资产负债表所要反映的。仔细想一下,这个结果似乎不是很糟。因为任何统计汇总的意义都取决于统计作业的最终汇总。能否说财务状况有一个实质性的核心含义,取决于一套通用程序流行的程度。这个术语的重要性取决于一般做法流行的程度和对使用的计量方法明智的设计和选择。对于一个术语来说,得出一个不是很重要或者极不通俗的定义是极有可能的。

这个术语的措词暗示了它既与财务的某个或某些阶段相关,又与这些阶段有关的状况相关。它似乎是指某一特定企业在特定时点上有关资金取得/筹集和资金分配的状况。所有已经确认的财务分支都要考虑资金的取得和分配。而且我们通常所称的金融企业或金融机构也有相应的活动。因此,公司财务主要处理依靠公司发行取得资金和在这些股东之间进行资金分配的问题。而对于一个银行来说,它取得那些所有者暂时没有使用的资金并将资金分配给那些对资金的暂时需求超过其现有数额之人。

资金的内部使用或者说资金的运用一般包含在"经营"一词之下。通过资金转换所进行的特别活动不是财务的主要方面。当然,这并不等于说资金的运用和进行的活动没有财务意义。例如,一个铁路公司提供运输服务的模式本身不是一个财务问题,但是其营业收入和支出却是有财务影响的。

企业资金的来源和分配

企业的资金有两种来源渠道:(1)企业经营中发生的收入超过支出的

部分;(2)个人的出资——债权人的贷款,认股人认购股票的款项等。这两个来源中显然前一个来源更具重要性。要不是从长远来看,经营收入将大大超过企业发生的支出,企业就没有什么贡献。提到一个企业自筹资金,那就是说它的经营收入既满足其经营活动的需要又满足支付当前的利息、股利和偿还债务的需要。

企业资金根据贡献协议期限和公共法律来分配。一般来说,更多的资金分发给所有者而不是分发给别人。

"财务状况"的四种可能含义

财务状况肯定是与资金的取得和分配相关的状况。资金的取得与某个特定日期相关,可能是过去取得也可能是未来取得。所以资金的分配也可能是过去的或未来的。因此,可以示意性地列出四个可能的组合:

资金取得: 资金分配:

1. 已经发生   1. 已经发生

2. 已经发生   2. 将要发生

3. 将要发生   3. 已经发生

4. 将要发生   4. 将要发生

资产负债表最符合哪个组合?资产在其中扮演什么角色?很明显第一个组合不能回答这些问题。如果采取这个组合,那么资产负债表将不得不列示与企业自成立以来收到的现金总额相等的总数。同样,它还要列示支付给那些资金投入者的总金额。例如,以发放股利和股票回购形式支付给股东的金额以及以偿还利息和本金形式向债权人支付的金额。第二个组合和第三个组合同样也不能回答,因为它们都含有第一个组合中的两个方面。那么最后只剩下第四个组合。这正是我们要找的组合——当然,不仅仅因为它是剩下的唯一一个组合,而且因为它独立、明确。

直接估价

与预期的资金取得或在将来取得资金的权利有关的独立原因可以由

几个项目简要说明。以现金科目为例,①它由可随意使用或者在需要时使用的资金组成。按照资产持有者的意愿,暗含的将来时间在数字上是零或更大。应收账款明显表达了对短期内取得资金的预期。在现有资产形式和资金的变现过程中不需要任何事项的发生。产成品存货同样表达了一种预期。在企业赊销的情况下,存货周转时间比应收账款周转时间更长。但是要注意一个经营阶段,只有一个相互作用会发生,那就是用商品交换货币。这两个移交活动可能不是同时发生的。在交货和交钱之间可能有一个等待期。对于半成品来说,等待期一般会更长。这些产品的估价与产成品的估价之间主要的区别在于在最终用商品交换货币之前必须发生一些额外的转变,即那些必不可少的加工过程。但是我们还是可以对其进行所谓的直接估价。例如,已完工的可售产品的数量和品质,这些在制造过程开始就已经决定了。完成这个过程所要发生的剩余成本费用也可以估计。

刚才讨论的科目都是能够直接估计的,这种估计或多或少是可靠的。现金是无须估计的,应收账款只涉及对可收回性的估计。存货同样只包括对将会收到的销售款项的估计,当然了,要作出非常可靠的估计不是很现实。当然,一个很值得信赖的估价并不总是很值得确信的。在现金方面,它与企业所有的经营活动都相关。但是对于应收账款和存货来说,仅包括带来资金这项服务。

间接估价

并非所有资产都属于这种类型。一个制造企业使用了多种机器,每种机器提供一种特有的服务。这些服务中没有一种直接或立刻带来货币。同时没有人会提出机器的价值来自于它的服务价值和为取得服务所发生

---

① "现金"并不等同于"资金"。并不是所有的资金都是现金或者所有现金都是资金。代理商所持有的资金对某些情况下的投资并不是必要的或随意的。同一个有偿银行的未抵押借款并不是资金而是现金。例如,一项获得资金的绝对权利,如企业同意其作为一项持有资金的定义,而且其解决取决于其拥有者的意愿。

的支出，没有人能够对那些服务直接进行货币估价，除非它们被分开出售。

这两种估价方法不知不觉地相互渗透。对于只能用于生产一种产品的原材料，或专门用于完成某些根据合同或为防止销售损失必须执行的特别订单的材料，也可以采用与半成品相同的方法来估价。它们可以和半成品存货的估价方法一致。当然，其可靠程度会有所降低。那些可能用于任何一项产品的制造过程以及还没有被指定用途的原材料，就预期从产品销售中直接收回现金来说，其价值将更加难以确定。我们应该考虑商品的销售过程即现金的变现过程。

我们必须对提供的资金从直接计量转换成间接计量。对现金和应收账款的间接计量似乎没有令人满意的；同时对于制造中所使用的机器的价值采用直接计量也是不可能的。应该在哪些地方转换，这一方面是理论（或理想）的问题，一方面是实际可能性的问题。

在可靠性前提下直接估价更可取

理想情况下，全部采用直接计量当然更令人满意。如果我们能够通过某种方式取得有关未来制造和销售过程的形式和数量的数据，我们就可以编制出精确的资产负债表。那么我们就可以在真实、现实和可靠的意义上披露有关企业资本价值的财务状况。但是在现在的状况下，对存货以外的资产进行直接估价，这太接近于"千里眼"和占星家的工作以至于不能吸引职业会计师的注意。

为了试图披露企业的财务状况，要么我们必须停止那些直接的具有充分可靠性的估价方法，要么将我们的直接估价和一些间接估价模式结合起来。会计师选择了后一种办法。

具体的生产能力无法计量

如果借助于间接计量，那么我们可以首先对专门生产做一些假定。如能够运用统计估计，也就是说，运用统计估计，我们可以从时间的角度来对其加以估计确认。然而不幸的是,这些假设还没有一个被提出来。一篮子梨的货币价值有多少取决于太阳的光和热、蚯蚓和土壤细菌的作用、土壤的化学成分和物理混合物、树的枝干和叶子、耕种和摘取果实的人以及耕种中使用的工具,这些仍是个谜。对每一项提供的服务,我们都可以用我们知道的方法来加以定义和计量,我们缺乏转换系数。所有这些服务都是收入,但他们是不能比较的订单收入。具体生产能力的假设只存在于概念领域中(如果有的话)。那些学习微积分的学生们还没有解决我们在日常经济活动中遇到的订单问题。

但是间接估价,如果想比随机猜测更好的话,必须建立在某种关系的基础上。这种关系实际存在于资金收入和支出的未来序列与我们现在可获得的价值的其他序列之间。也就是说,我们必须找到一系列和未来收入项目有关的足够的项目。① 会计师对未来收到资金的间接计量就是建立在这个共性关系之上的。

至于会计师猜想的哪种序列同未来收入序列最相关,以及他们认为存在何种关系,当然是无法确定的。会计师从来不热衷于系统地表述他们工作所依据的假设。对于识别的序列和假定的关系只能通过检查会计师的实际工作来近似地确定。这个任务可以马上加以实施,但是结果几乎是没有希望的。只希望达到的近似程度会比到目前为止公布的要高。

成本与价值或成本与估价

经济学家和其他人经常把严重错误归因于会计师混淆了成本与价值或者混淆了确定成本与估价,从现代会计程序中不能发现这样武断的联系。其他人尤其是会计学者,都认为会计师以成本减去折旧作为估计方法更接近目标。但即使从实务中发现的最精确的意义上定义折旧,报表仍然

---

① 在这里使用的相互关系是用的其一般的定义,而不是如 Pearsonian coefficient 所反映的狭义的相关关系定义。知道一个人的年龄,我们可以知道他的身材,而不是仅仅是他名字中字母的个数,身材与年龄是相互关联的,而身材与名字长度之间并无联系。

远离目标。运用现代会计程序的大量实例并不符合这种过于简单的描述。对会计师估价的这种断言会使现代资产负债表主张的基础程序完全不是其主张的东西，也会使其忽略很多它所主张的东西。成本仅仅是其中被考虑到的一种类别；折旧，无论怎样定义和计量，也仅是很多实例中的一个例子。在许多情况下，最初估价大于确认的成本；同样情况下，还包含了价值的增加。

对物体的估价和对服务的估价

不能理解会计师的工作多是由于这种推测，即人们主要关注物体和物体的估价，而不是关注物体和个人服务以及这些服务的估价。当然，这些失误大部分归因于会计师本身。他们并不总是准确地描述他们在基础程序中所做的工作，但这些程序确实更清楚地暗示了他们更重视服务和最普遍意义上的收入而不是经济学家所称的生产资料。

会计师估价的假设前提

会计师对在企业经营活动中产生的资金的估计暗含下列假设依据。

1. 企业的资本价值

那些对将产品交到买者手中并收回款项所必要的各种零星服务，其合计价值可以说和它的成本一样多。换一种方式，如果一个企业所有未来收入的现值大于所有未来营业支出的现值，这个企业的资本价值就等于这两个现值的差额。

2. 必要服务的价值

如果一个企业存在资本价值，可以说需要获得的任何必要服务的价值就等于现在按要求的数量在自由市场上获得服务所需要的最小开支。对于这项服务来说，任何为自身利益而服务的人都会理性地选择而不会耗费过多。

如果第二个命题是正确的，那么可以由它引出一个相关的命题。如果要通过控制提供服务的介质(例如机器)来取得正在讨论的必要服务,那么就可以找到介质的估价。这个介质的价值恰好等于:(1)通过可行的最佳替代方法取得相同数量的相同服务所必需的未来支出的现值,减去:(2)以最经济的方式取得介质的未来服务所必需的未来支出的现值。但是构成企业资产本质的是确定的、独立的服务系列而不是提供它们的介质。这对于考虑那些不能采取直接和立即的持续经营估价的资产是特别重要的。

其他两个非常重要的命题以前两个命题的依据为基础。

3. 商誉可能为正

一个企业的资本价值可能大于企业经营过程中所必需的所有服务的价值总额。这就是说,可能存在商誉。① 在任何一个给定的日期,未来预期收入的现值可能大于以下两部分的和,即:(1)未来预期支出的资本价值;(2)过去为获得服务所发生支出的资本价值,这些服务尚未获得或尚未实现。

4. 商誉可能为负

一个企业的资本价值可能小于企业经营过程中所必需的所有服务的价值总额。这就是说,可能存在商誉的负面部分(或贷方余额)。在任何一个给定的日期,未来预期收入的现值可能小于以下两部分之和,即:(1)未来预期支出的资本价值;(2)过去为获得服务所发生支出的资本价值,这些服务尚未获得或尚未实现。

"持续经营"价值的"矛盾"

乍一想,刚才提出的四个命题似乎是自相矛盾的,但其实不是。正在被计量的是两个相关但不相同的事物。一项服务的价值与企业的资本价值有关,因为它是由企业提供的。但是一个企业并不是一项服务,而且它也不仅仅是预期服务或现时有用介质的汇总。一个企业的资本价值通过

---

① 对商誉我们有很多不同的定义,有些来自以前对账户的定义,有些来自于法律以及经济学家的著作。早期会计人员对"商誉"的定义为:一种能够超越成本的价值获得,其可以促使人们在有考虑的前提下加入公司。

参考其他企业可获得的盈利机会和参考个人对企业收益在股票市场中的时间偏好来确定。单个服务或多组单独服务的价值取决于:(1)提供服务的企业存在资本价值;(2)这样一项服务在自由市场上所需的最佳价格。有些特定服务的堆积或者总和对于每个企业来说都是必不可少的,但是这些服务并不限于任何特定的来源或服务介质。

对上一段中的问题可以很容易举例说明。对一双鞋子的服务是提供每只鞋子的服务的价值的2倍以上。对一双鞋子的单独服务以及一身外衣如果没有与其相配的鞋子,那么它还比不上为一条裙子所提供的服务。如果只有一双鞋子中的一只,除非不必要,他们将会理性地去为相配的那只鞋子支付价格。那么该服务的价值将在一只和一双鞋的中间变动,他们不会理性地去支付一双鞋子的价格。

在企业领域的相应例证,虽然极端,但可以进一步阐明资产估价问题的本质。假定一个新建完工的采矿厂准备开始选矿作业,却发现有一根锅炉管不见了。这个工厂离市场很远以至于工厂的重要部分都失去了价值。假设管道被安装后,企业的资本价值为10万美元。如果矿主没有其他选择的话,他会为取得管道的安装合理支付的最高价格是多少呢?很明显,他可以支付10万美元,因为他能够赚得那个数额的利息,而如果他不经营这个工厂的话,他就什么也得不到。但同样明显的是,他现在不会为两根管道各支付10万美元,也没有人会为了整个厂的完全营运而支付高于10万美元的价格。如果在建造和开发工厂的整个过程中,矿主都以最低价格取得各种服务,并且如果他选择可获得的最佳替代物,那么对于建筑物、矿井、堆积物等单一要素我们可以理性地说其价值就等于支付的价格。① 不管企业的资本价值是否暗示其过去和未来的整个投资回报率是每年1%或20%,这都是真的。

---

① 假定矿石在资产负债表中被忽略了,因为从矿石中回收的金属将被售出,在某种程度上矿石就可以直接估价了。但是那种估价方法仅仅只能用于对未来价格的预估以及对矿石开采的未来成本以及对矿产品的销售收入的估价,这样一种直接的估价的可信赖度是值得怀疑的。工程师对矿石进行直接估价,但是对于该方法还没有很高的统计上的可信赖性。

当然,我们并不是想在这里说明前面对间接估价的假设仅仅只是一种假设,它们很可能会变化,从而使它们更准确地符合会计师真正做的工作。没有观点表示详细的估价技术准确地发现了在描述四个命题时所思考的资产估价问题。所涉及的只是那些认为会计的本质即在于正确估价,即间接估价的观点。会计师应用于产成品存货的"成本与市价孰低"原则就是这种间接估价。如果会计师因为这种存货估价原则而受到批评,那么批评者应该提出像用于现金、应收账款、应收票据、短期投资、应收债券等的直接估计方法,而不是提出其他间接估价原则。更让人质疑的是以前提出过一个更好的间接估价原则。

"财务状况"的理想定义

毫无疑问,会计师想把"财务状况"定义为从企业经营活动获得的资金通过直接正面计量所宣布的状况。同样毫无疑问的是,这一目的在未来的销售和费用支出实现之前是无法达到的。

定义"财务状况"

考虑资金的取得,资产负债表中披露的财务状况意味着:从这个日期开始,通过企业经营取得未来资金将在直接估价的资产范围内发生。对于更远的未来资金的取得,有些正确但间接估价的资产,和未来有关的服务现在需要得到数量等方面的控制。一般来说,财务状况是指与资产的估值和构成有关的状况,而不是同企业的资本价值有关的状况。

对实务可能的改善

当然,在公共会计师的权利支配下,它更接近于有关企业资本价值的财务状况。

如果年复一年,企业在下面两者之间列示一个比率:(1)净收益和利息支付之和;(2)资产的账面价值。如果这个比率大大超过以正确估价的资产计算出的一般比率,就可能存在实质性的商誉。没有会计师会否认这一点。但是,出于公正而负责任的原则让他把数目写出来,或者采取他人的数据并严肃地宣称数据是可靠的,这完全是另一回事。正确地对商誉进行估计相当于确定企业的资本价值。要做到这个需要会计师对企业的事务和环境达到非常熟悉的程度,但会计师与企业约定的一般条件不允许他达到这个程度。会计师会建议其委托人关注在买卖企业的议价环节中对有关商誉估计的考虑。

然而,在这样的情况下,会计师会采取对商誉进行估价。在一个企业持续经营的过程中,例如在企业收购中,买方和卖方从自身利益对立的意义上说是陌生人,如果双方对商誉的价格达成一致并由一方支付,那么买方在接下来的参与中如果发现会计师对事务的检查结果表明没有正当理由支持商誉被不恰当评估,他将会采取这个估价方式且说明其报表是没有问题的。许多人觉得会计师经常说的商誉不应该被确认除非已经支付,这个简单武断的意见是微不足道的。如果认为支付的事实是决定性的,那么当然就是这样。许多会计师和会计学者都用他们的言语表达过对这个问题的理解,但是可以持有一个更有利的观点。重要的问题不仅仅在于支付的事实或形式,而是在于当买卖双方的利益真正相反时,真实的支付构成一项处罚,这项处罚太重而不会被无知地假定。向陌生人支付利息证明经确定的诚信和经证实的谨慎绝不是微不足道的理由。

正好是出于相同的原因、相同的理由,与商誉相同顺序的其他估价账户也得到了确认。对于组织中的必需服务,如果确实经过诚信支付,则可以列示。真正赠送的同种服务,之后仅被受赠者声称值某个特定数额,这个数额将不会被采用。一般情况下,一个人应该支付的价格和他确实想支付的价格之间是有区别的。

连续报告的可能用途

那些准备指责会计师没有对商誉和其他无形资产发表意见的人经常

忽视利用会计师已经提供给他们的信息。如果一个企业已经营多年,而且经常被职业会计师报告存在问题,那么连续年度资产负债表和损益表就会提供大量有用的证据。如果年复一年,财务费用总额及净利润一直保持稳定,而且将其转化为根据资产账面价值计算的回报率时表现出很高的收益率,那么我们就可以有力地推定企业存在正商誉。而如果这个比率低于行业普遍的比率,那么我们就假定这个商誉是负的。也就是说,企业的资本价值低于资产估值总额。但是这些不仅仅是假定,因为我们多年来寻求的估值技术很可能减少了固定资产的账面价值。因此,价值回报率太低,并且目前积累的"秘密准备"在固定资产账面估值达到最小后必定会在以后带来更高的比率。相反方向的估值错误与相应的"隐性收入"相关。从公司支付固定联邦所得税后的净收益数额可以收集到这两类错误相当普遍的证据。

资金分配

财务状况的其他方面没有必要再说了。按照所谓的资产负债表等式要求列示的资金分配金额与资金取得金额相等。对资金分发的归类与对负债的直接评估以及业主收益的取得都是不同的。

理想的资产负债表

我们说传统的资产负债表及其附表远远没有实现它的理想目标,不是为了暗示对会计职业界的负面批评,而是要表达我们对改进的希望有信心。在最后的总结性章节中,我们会提出某些影响未来改进的因素,并发表一些批评性意见。让我们在这里首先提出:要获得职业会计师所作工作的全部收益,需要对执行事务的一种公众的兴趣,会计人员的服务应具有更有价值的评价,需要理性化的经营活动以及会计理论和技术改进共同发挥作用。

第十章 会计师的估价问题

会计师所受的约束

从上一章中,我们很明显地看出,会计师的估价问题与经济学家的不在相同的范围内。但即使是在这两个领域的共同点上,会计师也不像经济学家那样自由表达他认为应该发现和表达的估价问题。顾客并不总是乐意支付适当的服务费用。一些法规所指定的估价模式并不总是与会计师的观点相一致。在公共事业领域规定的"再生产成本减折旧"的荒谬估价基准把激励转移到好的估价工作中。

所得税法对应税所得设立了考虑不周和易变的统计确定,并且提供了笨拙而变化不定的税率级次体系。公司章程的措辞不当、不明智的规章制度、董事决议表现出的判断失误、股票和债券发行的武断契约条款等,使公司采用一种特定的估价程序模式——这些因素和许多其他因素要么强迫会计师使用他未必认同的程序模式,要么强烈引诱其偏离好的程序。会计师为了生计,必须对他所编制的会计报告作出描述。经济学家虽然有更多的自主权,却很少有机会参与到计价程序中。

通过雇佣强加的约束

想通过阅读会计师编制的报告来确定会计师由于雇佣而被强加了哪些特别的约束,有时是不可能的。也没有人能始终确信难倒会计师的或明或暗的障碍在会计职业界被认为是合法的。当某个人翻阅一个非常大的公司的资产负债表"证明书"时,看到"我们无权查阅董事会的会议记录",他可能不得不盲目猜测要在多大程度上额外注意核实资产和负债的计价。由于可能存在无限多的因素阻碍好的计价,并且由于这些因素大多只是暂时或局部地起作用,因此不会尝试批判性地考虑被称为"好的会计实务"的主要分歧。但是在试图讨论会计师在允许有相当自主权的情况下一般所做的工作时,我们清楚地认识到他们会无意地犯许多小错误。要想确定会计师代表委托人和公众的共同利益自主行事的程度,没有可行的办法。

缺乏数据对会计师的约束

会计师会忽略一些计价问题,既不是因为会计师对它们不感兴趣,也不是因为他不能自由地考虑这些问题,而是因为他不可能在需要取得考虑计价问题所需的数据时,就能马上得到这些数据。会计师完全明白"货币会计"或"币值会计"与"购买力会计"的区别,而且正如经济学家一样,他们会偏向于购买力会计。但调整的数据不可能在最初记录时就可以取得,也不可能在编制报告时马上可以取得。当前值不值得如此进行会计计量是令人怀疑的,但在长期资产和负债计价中货币贬值的累计影响可能会要求每隔一段相对长的时间进行部分的重新调整。

价值理论与计价理论

经济学家经常声称会计师的价值与价值确认理论和他们有显著差别。显然他们经常声称的理由是会计师所表达的数字计价不符合经济学家对价值本质和计量的定义。这种推理的正确性是值得怀疑的。一般来说,经济学家很冷静地假定数据是不可能得到的,而且永远都不可能。在界定了价值与租金后,经济学家认为一片土地的价值等于其未来租金的现值。他观察到会计师会以成本价记录在连续的资产负债表中。在他推断会计师有一个不同的价值理论之前,他应该问自己他会采用什么特别的价格以及如何得到它。这些未来租金形成一系列无限的循环，一期接一期，它在价值上呈现出更广泛的范围，在表象上它既可以是正面的，还可以是负面的。这些期间的现值也是一个无限的系列，这个系列里的每一个期间本身就是一个总和。经济租金系列其实并没有真实存在，尽管如此，对土地计价的某种近似的计价已经做到了足够好的程度，能够满足实际需要。卖方所开的价和买方愿意支付的价格，每一方都肯定是从自身利益考虑的，并且每一方对评价自己使用的实际权力很可能有一定的技巧，这样就可以应付土地计价了。会计师只会采用这种"谨慎投资者"式的价格直到他取得可靠证据支持另一种计价方法。不论会计师是否总是充分怀疑"成本"计价，或者充分希望找到有更多优点的新证据，事实上是他把"正确的"计价看得比价值与价值计量理论更重要。

会计师声称没有价值理论：计价惯例

会计师的价值理论在多大程度上不同于经济学家，这个问题不是这里要探讨的。会计师作为一个整体是否同意或将同意任何价值理论是无法知晓的。他们采用计价惯例，而且大多数程序是一样的。他们会尝试描述他们的计价过程并提出一些方法，借以更好地改善这个过程。需要注意的是这些建议至少大概不是以任何价值理论为依据的，而是以计价理论为依据。价值理论可能仅仅是概念上的——绝大多数价值理论都是这样，但计价理论是统计上的。它们不会超越数据设定的界限，或者这些数据是可取得的。计价理论涉及挑选一套程序，这套程序适用于区分以货币计价的数据。但它只不过是一种基本的和专业的统计理论。统计理论是一种易犯错误的计量理论。

来自一般计量理论的一些基本命题在这个特殊领域有特别重大的意义，这些命题按顺序列示在下文中。这个列示并不完整，因为虽然从某种意义上说，所有关于计量的一般命题都适用于计价，但许多命题只在某些领域有重要意义，在这些领域中分析具有数学上的复杂性或者错误能减少到最小范围。下面只列示了那些在会计发展的现阶段被认为是最重要的命题。在讨论现有程序和提议变革时都会参考这些命题。

关于未分类总体的命题

1. 统计总体的性质

如果要通过加总或其他方式合并单个计量,那么计量的单个事物就应该属于一个共同的总体。也就是说,这些事物必须在调查的属性(或者一组属性)或者变化特征(或者一组特征)方面完全相同。如果调查属性是每平方英里人口密度,那么在特定时点居住在一个既定社区的所有人就构成了一个统计总体。如果调查人们第一次结婚的年龄,则他们不能构成一个统计总体。

2. 计量单位

如果要合并计量,那么计量单位在整个计量过程中要有明显共同的意义。比如,通过特定铁路干线托运几吨新鲜水果明显与托运冷藏车厢同等重要,但几吨这样的水果在食物价值方面就有不同的重要性。

3. 单位的稳定性

如果要合并计量,计量单位必须要么在整个计量过程中在量上达到统一,要么使用的所有单位必须能转换成合并计量的单位。比如,用码来表示的指标不能转换成用英尺表示的指标,但用英尺表示的指标能转换成用码来表示的指标。我们可以用码表示一个成年男子的身高,但如果把它乘以 36 转换成英尺,就会发现大多数男子有 72 英尺高!

4. 计量方法与环境

如果要合并计量,那么各种单个计量方法和环境应该尽可能接近一致。比如,身体俯卧时测量的身高加上直立时测得的身高就是不正确的。

5. 错误程度

如果要合并计量,那么错误的程度(每一种计量单位都很可能发生错误）不应该像不同变量那样发生显著变化。用精确工具所作的计量不应该和用近似或估计工具所作的计量加总。

大家将会注意到,这些命题并非是难以实现的理想。统计理论必须有计量,不管有多么粗糙或不切实际,它反对合并明显属于不同类型的数据。以命令语气表达这些观点会禁止所有的会计计量。这些命题是这样规定的：如果无法实现这些条件,要么把加总限定于总体的一个样本,要么把总体分类并按类别区别对待；如果按样本来处理,也许不需要分类了。在会计计价中,需要依赖样本,而且如果要使计价总和便于使用,则往往需要分类。并非所有具有资产经济实质的服务的可分离要素都叫做资产；没有一名会计师愿意仅仅表述一个无差别的资产总和,他会提供一个分类列表。

关于类和子类的命题

1. 何时分类

如果一个或者多个变量的重要性与其他一个或者多个变量不同,就应该对其进行分类。重要性的实质性差别就像一个单位与另一单位的差别一样,不应该被允许存在于任何无差别的加总中。事实上,不管差别是产生于对事物资格的怀疑,该事物应被考虑是总体中的一个个体,还是产生于计量单位缺乏共同的意义；是产生于单位的不稳定性、产生于计量过程中错误程度的不同,还是产生于它们的任意组合。比如,一种写法是：

| 总负债 | $100 000 |

另一种写法是：

逾期应付票据、账单、账款	$90 000
其他负债	10 000
总负债	$100 000

还有一种写法是：

| 未到期的应付账款和票据 | $50 000 |

应付债券（10 年到期）	50 000
总负债	$100 000

2. 类与总体的关系

关于未分类总体的上述所有命题同样适用于类和子类。这是事实，尽管它导致资产负债表的每一类都仅由一个不可分的项目组成。

关于样本的命题

1. 何时使用样本

如果一个真正的总体不能作为一个整体来处理，也许可以使用样本来进行计量。事实上，不仅在总体太大这样明显的情况下，而且在总体的某些要素没有确认或确认了但不能进行显著可靠的计量的情况下都是这样。一般来说，公众会计师不会试图核实每一笔计价，他们只是抽样测试并做详细检查。一些具有资产基本经济属性的要素也许不会被发现，大概在每次大的检查中，有些要素仍可能没有被会计师注意到。一些要素，比如固定顾客的购买习惯，可能很难去估计。

2. 样本作为索引

样本可能要么作为总体的索引来使用，要么由它们构成一个总体。在某种我们熟悉的方式中，如果样本与整个总体或者类别在一些已知方面相关，则可能依据小样本的观察结果来讨论大样本。如果在测试存货库存单时合理抽取的样本项目证明是可靠的，那么就可认为整个列表是可靠的。但是如果可用样本与总体或者类别的关系不能显著可靠地确定，则可以将样本作为总体的构成部分来对待。每一位会计师承认在他参与计价的情况下，就算不能对商誉进行可靠的计量，商誉的真实要素仍可能存在。反对对商誉要素的计价，该要素显著可靠，则是另一码事。

关于总体、类和子类的上述命题同样适用于样本以及这些样本的类和子类。

优越性的标准

对于一致认同的计价对象,某种计价理论可能优于也可能不优于其他理论。所以,一种分类基础、一种计量方法或者一种计量单位也可能优于其他。想用比任意的个人偏好更好的依据来说明选择的正确性是不太可能的。例如,收入法,就方便纳税人、节约征管开支、降低欺诈可能性等方面可能具有不同程度的优点。所有好市民都会认同这个命题,即税收越方便、越经济和欺诈越少,税收制度就越完善。假设就欺诈来说,A 比 B 少,但 B 更容易成为诚实的纳税人。然而多大程度的计量不方便等于一个给定的欺诈数值呢?除了获得充分信息、无偏见的人会认同某些转换系数外,在这些税收中,没有什么优越性高于个人偏好。只有一些可疑的大多数偏好测试才是有用的。一般来说,货币价值与道德价值是不可相互转化的。幸运的是,在计价领域,不相称的量之间的冲突在决策中并不占主导地位。一种计价模式可能在及时性、可靠性等方面具有不同程度的优势。它们可能具有对货币计价的保护性作用。它们具有可计量性,但就其本质而言却不一定属于统计事实。就董事、行政官员、债权人、股东等合法利益而言,计价模式也可能具有不同程度的优点。很大程度上说,这些也是可用货币计量的。比如在两种价值模式之间,其中的一种很可能在所有方面都优于另一种。

"最优"计量方法与许多计量方法

幸运的是,想要证明一种计量方法优于另一种是不可能的,当这种不可能存在的话,它也只是很不重要的。各种优点的差异在争论中可能被大家认为是很小的,所以没有人会被一次选择严重伤害。但重要的是,可选的方案不是相互排斥的。如果有一些好的方法,每一种方法就某种优点而言显著区别于其他方法,我们根本没有理由解释为何不能采用多种计价方法。没有什么会阻碍对存货的估值,不管是以成本、市价、成本与市价孰低、售价还是售价减销售费用和其他费用等。多个数字足够优于任何一个的例子很多,我们可以找到更多这样的例子。在特定的环境下,为了那些意见不同的人,或者那些对信息有特别需求的人的利益而给予数字一个不一样的意义,会计师把其中的一个当成最佳的"符合所有目标"的数字是没有危害的。当存在两个很好的但有显著差别的计量方法时,最明智的选择通常是两者都选。这种类似的选择问题在一般统计学中很有名。统计学的学者不再激烈地争论在无限多的平均数中哪一个是最优的。如果算术、几何与和谐方式、媒介、模式等任何系列给定的话,我们将会知道更多的它们中的任何一个告知的系列。

许多计量折旧公式的比较优势已经被文本作家和其他人无限争论,不但不能产生一些方法的真正优势,而且更重要的是,它仍然没有产生一套理性的、优秀的标准,借以测试固定资产任意的子分支的公式的适合性。但更引人注目的是,争论双方虽然可能承认没有一个永远是最好的,但他们没有考虑同时采用多个的可能性。

有关指数公式的优点,类似的争论同样存在于经济学家中。在费雪的《指数的编制》出版之前,大量的公式都是首屈一指的。虽然他也许没有用他的"理想"公式解决问题,但毫无疑问他说明了争论的形式,由此可以区分各种公式的相对优点——这相比只列出任何一个公式或一套公式所具有的优点来说是一个更宝贵的贡献。

仔细检查职业会计师的报告就会很快对上面所述的有关统计总体、样品、分类、计量方法和优越性标准的命题有不同程度的隐含的认同。隐含的认同程度是否充分以及一系列正式表达并应用的命题——当然比这里提出的更全面——是否会更快地促进实务的改进,是本书剩余章节要探讨的一部分问题。

第十一章　计价程序:直接计价

本书关注会计师工作结果的统计性质和意义,而不是讲述会计的艺术。因此,关于计价方法的讨论将以计价模式及它们对总额含义的影响为基础来展开。一般的讨论顺序是首先将需要计量的要素进行汇集和分类,然后逐一讨论其计价。当然,在每一份资产负债表中都隐含多种不同的计价方法,对此,文献中有大量评论。人们也已经认识到,资产负债表中许多具有重要意义的普通项目所采用的估价公式或技巧存在巨大不同。同时,人们很少注意混合方法对报表产生的影响,也很少关注将同类项目加总计价的重要性。人们很少想到,应该用一种明确有效的方法去提高主要报表的有用性。

采用直接计价必须具备的条件

在之前有关财务状况的章节中我们提到,一些以货币计价的无法分离的已实现收入,需采用间接法计价,这种情况也可能发生在某些类别的资产之上。提前多年确认销售收入没有任何意义。即使可以做到如此,也不可能把此类收入分析为来自几个贡献部门或服务部门的组成要素。也没有人会认真考虑放弃简单易用的直接计量法,该方法广泛用于确定负债、现金等项目的价值。如此则发现理论和实务问题的本质是确定直接计价法在什么范围内使用,以及发现一些间接计量系统以尽可能小的统计误差对直接计价进行补充。哪些项目应该使用直接计价?可以采用的间接计价法有哪些？目前实际中混合使用各种方法效果究竟如何？

当且仅当一项已实现收入确实存在且该收入存在统计上的可确定性时，才可以采用直接计价法。这种收入增加的迹象可能是积极的，也可能是消极的，并可能在未来以某种方式进行分配。未来任何直接或间接向现金的转化，不管这种转化是增加货币的流入还是流出，都会增加可实现收入①。如果能够估计整个未来的企业现金支出和现金收入，那么只要给出一个贴现率，就能得出该企业的直接资本价值。这种计价的可靠程度仅仅依赖于对收支数量和时间估计的可靠性以及使用的资本化率是否适当。

然而事实上，我们几乎不可能在统计上预测未来很长一段时间的收入系列和支出系列。这两个系列的实质性实现，有赖于一些要素，比如现金、应收账款、应收票据、负债和持有负债的证据。对于已完工产品存货、某些在产品的销售订单、某些股票，比如显示稳定盈利能力的控股公司的非参与累积优先股超过要求分配的股利以及许多其他要素，这两个序列可能能够做到公允的估计。两个系列在某种程度上可以预测现有的生产材料、看得见的矿床和用材林等，但是对于这些要素的估计，误差范围可能会很大。

在一个一般制造企业或私人企业里，为了使用（而非销售）而持有的长期资产，如果未来收入系列超出目前正在实施的经营项目结果，那么未来收入系列就是不确定的。除非已经通过决策确定了准备销售什么，什么时候开始销售，否则根本没办法记录收入系列。即使可以预测销售价格，也必须在记录产品的价格乘以数量之前确定经营计划。关于某些不是为了销售而持有的长期资产所产生的服务，将来应计的支出系列常常可以在一个有效范围内进行估计。例如，依照我们对蒸汽厂的经验，允许工厂对将来发生的维护、保养、修理等开支进行公平合理的估计。像蒸汽厂这样的装配线提供的"自然"服务比将来的销售收入更能够进行近似的估计。生产的蒸汽被用于不限定的多种最终用途，即用于企业生产各种各样的最终

---

① 这章里的"已实现收益"是根据费雪用的术语（参见"收益"和"已实现收益"引文下的《资本和收益》）。

适销商品。但是直到这些商品已确定，蒸汽生产服务才可能转化成带来货币的服务。①

直接计价的优点

如果直接计价具有相当的可靠性，那么它们显然比间接计价更有优势。如果一个商人将商品赊销给一个有偿付能力的购买者，并以一张3个月到期的票据作为条件，那么对每个对企业感兴趣的人来说，这张票据的现值比商品销售成本需要分配的价值标准等更能提供有用的信息。这张票据的现值相比商品销售成本或者任何其他价值指数是更有用的信息。而一个钟表制造商为了估计原材料存货的销售收益——不管他多么仔细地估计生产成本和其他成本或者费用支出——都不可能得出一个比间接计价法下简单确定的数字更可靠的数字。将"成本"、"市价"或"成本与市价孰低"的计价原则运用到一类存货的每种材料中去，可能同样可靠或更可靠，它们都可以避免一种貌似精确的假象。虽然这种存货的成本可能不是非常令人满意的信息，但如果每个人都把它当成可信赖的直接计价，那么采用这个数字带来的负面影响就只能归咎于他自己。当评估人已经确定或近似地估计了成本并描述了他确定成本的方式时，就已经完成了他的任务。

直接计价的局限性

在什么地方应该停止使用直接计价而开始使用间接计价，是一个不能用一般术语简单表述的问题。就像会计师们以前所做的那样，可以确定只有某些种类的项目，例如现金、应收账款、应收票据、持有的债券、企业自己

---

① 尽管市场条件不利，但安装的设备的数量和性能会使得一些计划项目减少损失。一个钢铁生产企业一定会亏损，但它也会不得不继续经营某一种（或者多种）产品，因为它继续经营可能会比它放弃、转售或拆除的损失要小。一般来说，资本设备的直接及时的服务比未来销售收入更稳定和可靠。尽管实际中观察到的专门化设备极少是仅仅限制于生产指定有用的产品。一台机器，即使它可能只能生产独一无二的服务，然而可能对满足市场的不同产品的生产有用。

的债务等能够合理地直接计价,这些项目总是这样估价来限制他们报告的有用性。这些要素中每一个项目(可能除了现金)都存在不适合直接计价的情况。如果直接计价中产生的误差比真实价值和任何指数或间接计价间的差异可能要小,那么除去确定成本,采用直接计量显然是有利的。

这里没有用大篇幅来讨论那些会计师们习惯于直接计价的那些项目的计量。其直接计价与理论要求非常接近。对于特定要素,需要指出的是尚存在个别不一致,另外在某些项目中表述计价的形式还需要进行进一步评论。

财务项目的计价

应收账款

如果采用直接计价,在直接计价的范围内,所有的计价都需要根据时间来做适当的调整。明天1美元的预期收入与1年后1美元同样可能的预期收入有不同的意义。换句话说,已实现的收入必须贴现。在对现金或即期负债进行估价时,鉴于期限为零或者可忽略不计,就不需要贴现了。估价是通过即将实现的项目乘以单位元素来完成的,而不是相应的元素加上利息所得到的。当期限为零时,不管利率是多少,利息都为零。在对应收账款进行计价时,会计师们会对应收账款余额超过预期可收回金额的部分提取准备,就是我们所熟悉的坏账准备。但他们很少将对应的应收账款周转期调整的余额进行贴现。即便对这样的坏账提取了准备,余额习惯上还是会被高估了。此外,在这个项目中还有其他高估成分。但预期一些账款的收回成本很高时,会计师就应该对这些收回成本进行估价,并从未收回余额中减掉。虽然数量在变少,但一些会计师不会从这个项目中剔除顾客仍然可用的现金折扣的金额。除非坏账准备的余额足够大到等于损失加上折扣、收账成本和投资利息,否则应收账款就可能被高估。也就是说,在现金项目和应收账款之间不可能存在像美元与美元的等价交换。

不否认存在这样一些情况,如等待期过短、所有收账成本都需要支付一些可用的折扣可能没有享受到,等等。每个人都知道可获得的折扣比例是变化的,收账成本虽然确定,但可能低也可能高,应收账款余额也在一年年地变化。人们反对为坏账提取巨额准备,但也并不会因此而满意。价值估计会因此而保守,但对费用账户的影响会显得极不正常。

应收票据

应收票据的计价与应收账款颇为相似。如果票据是带息票据,并且标明了票据面值,将会出现一个"应计利息"计价账户来表现票据持有期间价值的增加。产生于资金贷款的不带息票据也以面值计价,但是"未实现应收利息"计价账户的贷方余额会抵销这个项目可能的高估。如果不带息票据直接来源于销售的发票价格,在销售时考虑了这种票据的信誉,不是所有的会计师都会降低面值来考虑利息,也不是所有的会计师都会考虑收账成本。除拒付票据外,当债务人在银行开具应付票据时,收账成本相对较低。高估应收票据是一种趋势,但比起未结平账户,它还是次要的。

投资

债券投资和通过其他能够直接计价的工具或者合约进行的投资在等待期生效的意义上通常可以恰当地计价。在一些相对短期的债券发行中,折价或溢价账户的余额有时会在以后各期按比例减少,这个比例由最初总额除以经营期间的数量来确定。这种做法与利用合理有效比例的方式相比,在实务中可能会低估溢价购买的债券,而高估折价购买的债券。

短期负债

在上面介绍的短期应收项目中发现的错误相对较小,在短期负债的估价中情况也是如此。在数量上,1 年后到期的债务比 1 天后到期的同等金额的债务价值要小。对商业票据,会计师们习惯于反映将来要支付的金额,而不是现值。一些会计师也不在资产负债日扣除可获得的现金折扣,即使在面临审计时,企业的习惯做法是支付在折扣期内的所有商业账款。不将可享受的现金折扣减去,与忽视允许在整个期间分摊的利息费用相比,会造成更大的误差。

统计意义上具有不稳定性的程序

读者一定会注意到,刚才考虑的误差就其对净业主权的影响而言有互相抵销的趋势。高估流动资产是一种积极的征兆,它和高估负债有着相反的影响。误差的贷方或借方余额常常很小。人们认为忽视在客户或企业可获得的现金折扣,忽视收账成本的做法应该予以纠正,忽视利息因素则没有这么严重。实际上,较好的做法应该是同时记录现在应收的和现在应付的(在一定期限内,比如1年)全部未来价值,即本金和利息。如果这样表述这些流动财务项目,那么就列示为从指定的资产来源中预期获得的美元收入,以及由于前一会计期末的交易所要求的美元支出。在某些方面,这种列示比利息影响方式更便于使用,但是应该选择其中一种方式。所有当前的应收款项和应付款项要么都贴现,要么都不贴现。不管是否明确说明,每个延期付款合同都暗示着要支付利息,票面利率没必要和交易暗含的实际利率一致。因此,如果可供买方选择的条件是:①$100,10天之内付款可享受2%的折扣,30天内付款全额支付;②面值$100,利率为6%且3个月到期的票据,3个月的实际利率是(101.50～98)/98,或者3.57%,或者每年14.29%的利率。

我们决不能假设刚才对流动项目计价的评论是对会计师的批评。更确切地说,恰恰相反,描述细节和结果总计的微小误差是为了与一些间接计量下不可避免的更大的估计误差进行适当的对比。在下面一节里,我们将讨论存货的计价情况。除个别情况外,我们没有什么理由希望,直接存货计价能够像目前一般用于流动应收款项、流动负债和保守的债务担保的直接计量那样可靠或精确。但我们有理由希望存货的直接计价可能会比目前流行的间接计价更为可靠。

存 货 计 价

有关计价原则的实验

我们没有必要回过头从文献中去寻找会计学者是如何从总体上处理存货计价问题的。之前的审计手册,尤其是 Dicksee 和 Montgomery 的早期著作,仅用寥寥数语就将这个问题给打发了。先是"成本法"占上风,后来经过发展演变,经美国职业界一致认同,"成本与市价孰低法"占了上风。"成本与市价孰低法"被认为是一种"更保守"的计价方法。但在最近的文献中出现了对这两种计价原则的评论,表现出对其明显的不满。仔细观察近来的实务就可以发现旧有的原则已经不再流行了。到目前为止还没有表现出普遍采用某一特定原则的显著趋势。职业界正在自觉不自觉地用这些原则做实验。

但这究竟是在试验一件新事物,还是仅仅是不断希望改变程序来符合新的条件,以获得更突出的表现呢?甚至在会计学者与从业者就"成本与市价孰低法"①达成最一致看法的时候,也没有实现真正的统一,只不过是用文字的方式描述实务而已。成本法和市价法应该有它们自己明确的统计术语,为了全面了解,让我们来看看它们究竟是什么意思。

"成本与市价"的含义

起初,无论是成本还是市价都没有把存货当做一个整体来看待,而是考虑计入存货的具体商品。其大概过程可表示如下:

---

① 为了简洁说明,这个原则将用"成本或市价"来简化。

A 贸易公司商品库存表

1927 年 12 月 31 日

商品	数量	成本	市价	成本与市价孰低
A	24 打	$30.00	$28.80	$28.80
B	100 磅	50.00	60.00	50.00
C	10 箱	27.00	25.00	25.00
X	50 箱	125.00	140.00	125.00
合计		$27 000.00	$28 000.00	$24 000.00

如果有些项目的"成本"较低,而其他的"市价"较低,那么"成本与市价孰低"总和必然比前面的"成本"合计数和"市价"合计数都要小。众所周知,即使在价格水平一般变动时期,特定商品的价格都不会以平行线移动。有些商品价格上升,有些商品保持不变,有些商品价格则会下降。[1] 在价格普遍快速上涨时期,"成本与市价孰低"的总和比"成本"合计数小;而在价格快速下降时期,"成本与市价孰低"的总和比"市价"合计数小。关于这种原则的"谨慎性"人们已多次提及。随后我们将探讨这种谨慎性的优点。

成本的含义

什么是成本?哪些要素应归入成本总额?甚至在这种原则的全盛时期,也没有一致的意见。在成本的任何单一要素上,从来都没有达成一致!我们来看一个零售商的简单例子:在他的期末存货里,有 12 箱某一品牌的芦笋罐头,现有前期盘存的 10 箱。在这段时期内,他购买了 120 箱。他是以浮动的价格从不同人手上购买的。为简单起见,假设所有批次都是以相同条件(2/10,n/30)的折扣以及卖方的离岸价购买的。[2]

---

[1] 为了获得对关于当前价格水平中的特别价格稳定性充分了解,可参考价格行为者 Mills 的《分散价格》和《价格转移》下的引文。

[2] 也就是说,买方支付运费,他要在 30 天内支付发票上的价格,或选择 10 天内支付并可享受发票价格 2%的折扣。

他最后三次收到的货物根据收货的先后顺序分别为10箱、5箱、4箱,发票上的价格分别为每箱2.60美元,2.50美元,2.55美元。他第一次享受到了现金折扣,第二次没有享受,在盘存日,他仍然有幸在第三次中享受到了现金折扣。现有的这12箱罐头的购买价格的成本要素是什么呢?它是装运后10天内支付的现金价格、发票价格,还是发票价格减去零售商享受到的折扣呢?所有这三种购买价格的要素都得到了确认。但是哪些购买批次决定成本价格呢?(1)仅仅最后一次购买的;(2)按采购订单的大小,4箱按2.55美元的单价,5箱按2.50美元的单价,3箱按2.60美元的单价;(3)按全年交易的平均价格呢?还是这三种方式计算的平均数?水陆运费应该计入成本吗?如果答案是应该计入,那么应该计入多少,如何确认?(1)这年总的水陆运费的某个百分比?还是(2)每次运输实际支付的具体费用?对此也没有一致的看法。

如果我们以"零售商"代替"生产者",关于成本的各种含义更会变得无穷多。怎样对使用的材料计价?怎样对"直接人工"计价?企业的日常管理费用怎么分配?什么事项应该计入管理费用?非营业费用怎么处理?分步成本法与分批法有没有不同?还是根本不开设任何成本账户?在统计世界中,"成本"的含义不可胜数。

市价的含义

"市价"的含义比"成本"的含义更让人迷惑。大致可以说市价等于在盘存日按可获得的最佳条件重置存货的成本(不管成本是什么含义)。在确定"成本"时所遇到的困难,在确定"市价"时都会遇到,而且困难会更多。供应商的报价不一定就是企业需要支付的价格,同时,从一个人手中购买多种商品所支付的运费比分别购买这些商品所支付的运费之和要小。就生产商而言,除非存在生产类似产品的竞争者外,一般情况下是没有统一的市场报价。企业生产的半成品,根本就不会有市场报价。对此类产品,会计师只能用最近的生产成本作为替代,会计师们一般采用最近的生产成本。

据说在统计世界中，从来都没有一个真正的成本或市价原则，实际所有的只是用同样的词汇所描述的无数规则的集合。这并不是说必然会有这样一项原则，而且是这种类型的唯一一项原则。我们不相信能制定出最好的"通用"原则用于存货的间接计价。即便可以用一个公式来表述这一原则，充分涵盖所有可能的情况，也没有充分的理由认为对于绝大多数企业，没办法找到一种更好的计价原则。我们有充分的理由认为在实务中之所以产生多种原则就是出于这个原因；客户和会计师都会简单地认为"成本"和"市价"需要在考察企业的特殊问题的基础上给出定义。

原则的选择

人们极力强调直接计价的优点，并不意味着职业会计师应该对没有采用先进方法而负全部或主要责任。毕竟不是会计师在管理企业，甚至当他们直接对存货计价时，也不能完全自由地采用他们认为适当的方式，因为，这不是会计师的存货。会计师对企业和公众的全部责任可以这样来概括：像这样对存货计价会不会误导合法利益的相关者，并给他们造成损失？如果是这样的，会计师作为一个独立的主要负责人，不允许为没有对计价作论证而出具的资产负债表作证明；如果不是这样的，会计师可以接受而无须论证。那些没有在很大程度上偏离一般正常的计价原则，即与计价习惯一致的原则是可以不必论证即可直接接受的。

如果会计师在存货计价中存在错误，这些错误在于他们没有向企业极力主张一种更合理更直接的计价模式。虽然本书作者并不知道会计师应该在哪些范围内推行更好的方法，但是可以推测会计师和企业双方在这个问题上都有许多惯性的依赖。

存货价值和持续经营价值

在给定的有利条件下，适销商品存货应该如何计价呢？为了回答这个问题，首先应该明白什么是"持续经营"计价？这里采用一个理想化的含义，就是"在持有该货物的具体环境条件下，对该货物所有者或潜在所有者最重要、最有用的计价。"这等于是说,计价应该仅仅取决于被计量的货物在企业经营活动中的预期用途,对于企业持有待售的适销商品存货,其预期用途就是带来货币资金的流入。在企业估价时,用货币资金的目前价值减去将来不仅必要而且有意义的合理支出费用的现值,即可得到存货的价值。

直接计价、成本、市价的适当角色

本书并不认为成本没有意义。成本具有非常重要的意义。已经发生的成本加上未来发生的成本会被未来售价与成本之间的利润所吸收,这决定了取得这些待售商品可以直接或近似地带来多少净营业收入。我们需要通过成本来确定这一年中发生的费用和支出有多少和下一年的营业报告有一定联系。这一年的期末存货成本不是为获得这一年的净收入所发生的成本。衡量存货自身重要性的指标既不是从购买这些存货中所获得的净收入额,也不是为获得下一年收入所发生的成本。成本与将获得的净收入额也许在数值上有某种关系,成本系列和收入系列之间可能是有联系的,但它们不具有同一性。商品的重要性、购买商品决定的可能结果以及成本在已结账年度和下一年度间的分配,不仅完全不同,而且完全属于独立的概念。

也不是说市价没有意义。现行市价和将来可获得的售价之间的差额对于决定购买什么商品用于将来销售可能是尤其重要的。商品取得成本和商品销售价格之间的差额必须要能弥补销售费用和一般管理费用以及满足预期利润。但是购买更多指定商品的意义与已经购买了的商品的意义完全不同。

这个情况实质上是这样的:商品已购买且现已取得;现在不能对为取得商品所发生的成本做什么;成本已成为历史。至于实际上持有的存货,对其市价你也是无能为力的。市价与还未开始的营业周期有关,存货计价与还未完成的交易有关。

实际上,成本和市价也许确实有助于估计可能的售价。在任何特定的行业,成本和售价的差额似乎在某一区间上下波动,现行市场报价可能有助于使大家形成对现行售价稳定性的看法。如果当前成本(或市价)与售价之间高度相关,则可以合理预期当前利润与平均利润的显著偏离不会长期持续下去。但是,如果某一天的售价和一周或者一月后某天售价的相关性比当前市价(或过去成本)和一周或者一月后某天售价的相关性更高,那么,与成本或市价相比,目前的售价对不久后的售价将会是一个很好的参考依据。当然,人们希望获得所有有效的依据。在任何情况下都必须估计成本,如果要编制预算就需要确定市价,但是,以目前售价为基础,根据已公布的未来售价预期变化或者市场成本状况暗示的变化进行调整的这种主要计价方式可能比通过其他方法发现的计价方式更为可靠。

以售价减去销售费用来计价

以售价减去与存货量相应的企业经营费用来对存货计价的方式,常用于肉联厂、采矿企业、石油采炼企业、经营棉花和稻谷的企业。大量零售商贩尤其是零售商店,也都采用这种做法。在不久的将来,如果看到以售价减去根据销售量分配的估算费用来对存货进行计价,资产负债表被出具了不合格证明,你一点也不必感到奇怪①。

本书并不是展开来对存货计价问题进行讨论的适宜之地。本书的目的是概略介绍传统实务,提出那些看似真实的最新进展,简要概述看似不错的会计工作方案。大家将注意到,下面提出的方案不是对"成本与市价孰低"原则的舍弃,而是对它的补充。它不仅试图找到适合反映资产负债表的账面价值和确定已售商品成本的数据,还试图寻找体现企业在买方市场和卖方市场中恰当地位的数据。换句话说,它将提供三个合计数,即成本、市价、净销售价值,以此来计算投资收益率。每个数据都有特别的意义。按照它们彼此间的关系,同时列示这几个数据对管理层、债权人、银行

---

① 职业会计师关于存货计价问题观点的新发展,参照蒙哥马利《审计理论与实务》第二、第三、第四版,也可参考同时期的所得税理论问题。

及股东而言,比只列示任何一个数据都更为有利。在接下来的段落里将对此做简要介绍。

对完工产品而言,也就是持有准备出售的商品,单价应该表示为成本、市价和账面价值,不管从哪个方面考虑,单位成本和单位市价都被认为是最适合企业的。当然,确定单位成本和单位市价的方法应该成为存货记录的一部分,并由负责定价的人进行核准。账面价值可能以多种方式来确定。在这里建议每个单位售价乘以一个常数 k。这个常数是按下列顺序来确定的:(1)根据经验,用销售额(最好是企业自己历史数据的平均数)的标准比例来提取坏账准备、销售费用和包括收账成本(但不包括已付利息和像所得税之类的其他分配项目)在内的一般费用;(2)找出一些正常的行业收益率,并转化为企业存货的平均比率。这个常数与每个数相乘,然后减去后续费用得到存货的正常利润。①

A 贸易公司已完工产品存货清单

1928 年 12 月 31 日

项目	数量	单价			价值			成本减账面价值	
		市场	成本	$k\times$销售	市场	成本	账面价值	+	-
A	100	$1.25	$1.20	$1.27	$125	$120	$127		$7
B	200	4.00	4.10	4.05	800	820	810	$10	
C	200	5.00	5.10	4.80	1 000	1 020	960	60	
D	1 000	4.50	4.55	4.30	4 500	4 555	4 300	255	
E	1 000	5.00	4.90	4.95	5 000	4 900	4 950		50
X	500	2.00	1.75	2.15	1 000	875	1 075		200
合计					$124 000	$125 000	$118 000	$8 000	$1 000

存货清单应该分以下几栏:(1)项目名称;(2)库存数量;(3)单位市价、单位成本和 k 倍的销售单价;(4)市场价值、成本价值和 k 倍售价价值;(5)

---

① 因此可以得到如下比例:坏账损失 0.01;销售费用 0.24;总务费用 0.12;正常的销售净利润 0.03;常数 k 变为 1-(0.01+0.24+0.12+0.03)或者 0.6。这个数字乘以单位销售价格可以得到单位账面价值或者可达到正常利润的销售单价。

成本高于账面价值或账面价值高于成本。上面图表只是一种示意,而不是提出一种具体的形式。

因此,从存货清单可以这样直接得出资产负债表项目的组成:

完工产品存货——成本	$125 000
加:账面价值高于成本部分	1 000
	$126 000
减:成本高于账面价值部分	8 000
按 $x\%$ 的销售净收益率估算的账面价值	$118 000

那么,存货项目的脚注可以表示为:

存货市价	$124 000

多种计价方式的优点

很明显,账面价值可能高于成本和市价中的较高者,或者低于成本和市价中的较低者,或者在两者中间的任一位置。但并不能因此认为资产负债表缺乏必要的谨慎,除非所有项目的价值都被高估。同时,除了关注每一个数字能够提供的信息外,我们还应该注意它给出的下列信息:

1)买方市场(或生产成本)的趋势。成本总计数和市价合计数都被列示出来。它们之间的差额反映了存货在持有期间的价格变动。在给定的图表中"$125 000 - $124 000 = $1 000",或者说成本下降了0.8%。

2)现行成本(市价)和为获得正常利润的净销售价值之间的差额①。在给定的图表中"$124 000 - $118 000 = $6 000",或者市价下降4.8%。这表明低于企业期望在不久的将来从新交易中获得的正常利润率的不足。

3)成本和净销售价值之间的差额。在图表中,我们可以得到

---

① 要对特殊环境进行额外的分析。观察记录了"成本价值和市场价值孰低"栏,就可以得到成本或者市价。或者分析两栏,一栏记录成本高于市价,另一栏记录市价高于成本。以类似的方法分析,市价和账面价值间的差异也可以得到,这些不同的数据是否值得计算仅仅由企业的特殊环境来决定。作者认为这些数据比起相关部门研究人员,可能对部门领导、销售经理、预算人员、银行职员和其他人的效果更大。

"\$125 000－\$118 000＝\$7 000",或者成本下降5.6%。这就是企业期望它们目前的存货获得的收益比率。

4)对价差分布的计量。在示例中,对于某些商品企业预期能够获得的利润比按正常利润率计算的利润多1 000美元,而对于其他商品来说则少8 000美元。

不仅提出的方案提供了这些额外信息,而且当最需要谨慎计价时,资产负债表里提供的账面价值拥有比其他任何盛行的原则更谨慎的特殊优点,即在价格下降时期,企业被迫亏本销售。在季末销售时期及企业盈利能力较低的情况下,企业会削价处理季节性商品。

关于成本与市价孰低原则的谨慎性已经谈得很多了。除了这样得出的数字低于成本总额或低于估计的重置成本总额外,无论从什么意义上来说,它都不见得是谨慎的。不仅在很多时候,一项交易的成本和市价都是如此高,以至于不管按什么计价都不能获得利润,而且总有一些企业按照这样的计价方式不可能获得利润,甚至会破产。在1920年,我们见过许多存货交易价格不能补偿实际成本或者存货重置成本的情况。

如果"谨慎性"意味着"希望获得合理利润的计价"的话,当最需要谨慎性的时候,成本与市价孰低原则是最不谨慎的,这些情况包括:(1)价格下降时期;(2)企业亏损或获得较低利润的情况下;(3)在季节末期,存货要么必须以低价处理,要么必须以很高的销售成本卖出。而在谨慎性最不重要的时候,它却是最"谨慎"的,即:(1)价格上涨时期;(2)企业稳定兴旺的情况下;(3)季节性存货在季节开始或中期。在这些情况下,谨慎性可能是一个不确定的优点。

缩短的程序

以上列出的程序可以大大缩短,即便如此,也仍然比成本、市价或成本与市价孰低原则要好。如果成本以一般的方式得到,合计数以售价得到,那么销售价值栏的总额就能像上文所描述的方式乘以常量得到。但是节省的劳动必须能够与上面所述的几乎所有特别信息的价值相抵销。只有当采用几种计价方式并且分析它们之间的差异时才能得到这些特别信息。

以上提出的缩短的程序在初始记录时和随后由公共会计师审核时应该没有成本与市价孰低程序那么复杂,费用也没有那么贵。当然,某些"市价"数据总是能够获得。审计的大量工作是列举"核定市场价格"的范围,"核实"并非实际支付的价格或者并非实际发生的"重置成本"的难度是显而易见的。在作者看来,盘存表中的"市场"定价和审计师核实的价格都远不及相应的"成本"定价可靠。而成本和售价以及用于确定与售价相乘的常数所需要的要素都记录在经审计的企业会计账户和凭证上。从决算报表日到公共会计师认证日这段时间对于揭露虚构的销售价格和单位成本是非常重要的,这些虚构的价格和成本可能已经计入存货清单,不管是因为疏忽还是故意。如果在下面建议的程序里,"成本"低于账面价值,并且会计师觉得就这个差额来说,它不利于实现"预期利润",那么与这个差额相应的项目可以列示在诸如"递延利润,存货高于成本"这样的标题下的盈余项目中。这种做法就像现在那些分期付款销售在资产负债表中的普通做法一样。

成本计价显然用于计算"产品销售成本"这个项目的数字,成本和账面价值的差异应该作为一个独立的收益(或损失)项目来列示[1]。

在有些情况下,也许能够以相同的方式处理半成品。因此如果明确了解完工产品的情况,即如果半成品完全按照完工产品的生产顺序继续生产,那么至完工时将要发生的成本就可以按最近的经验成本来估计。从完工产品估计售价中可以减去至完工时将要发生的成本和其他应从完工产品估计中扣除的项目。

一旦进入到半成品和原材料范围的计价,预测就变得更直接,很明显与应收账款相比预测范围更大,误差程度也更大。

---

[1] 利润是否可"预测"依赖于"利润从哪里开始",确定的利润不能由程序来预测,售价减费用的价值在传统的应收账款估价模型里不能预测。

存货计价小结

年复一年,按照每个企业可以获得的所有依据,直接计价法是否比"成本"或"成本与市价孰低"原则更可靠是一个需要判断的问题。不管哪个更可靠,净资金通过存货转化来的生产指标应该选择由存货转化而来的净资金的指标。由于像这样的存货计价除了作为资金指数外没有任何意义,没有合理的理由来解释在存在一个可靠的指标的情况下,却宁愿采用一个不可靠的指标。

如果能以合理的费用通过直接计价法大大增加计价的可靠性,显然是很值得的。而且直接计价法在任何情况下都可提供额外的信息。在商业企业,存货几乎一直是最大的单一流动项目。在商业机构中,它也经常是资产负债表中最大的项目。本书作者的看法是,为了和完成它所付出的努力相配称,存货计价的完善可能会增强会计报表的有用性,而不是其他会计技术。

需要再次强调的是,存货计价理论并非仅仅关注于找到一个"谨慎"的价值或者最能可靠地表明由存货代表的未完成交易结果的价值。几乎任何两种计价方式提供的信息总要比单单采用一种计价方式提供的信息更可靠。如果采用几种计价方式并分析它们的差异,额外信息的价值可能是至关重要的。对于那些根据企业性质必须预测未来经营项目的企业和主要存在联合成本和闲置产能问题的企业,这一点尤其如此。

第十二章　间接计价

"资本价值"与"谨慎投资者的计价方法"

在前面一章我们讨论了那些能够直接计价的项目。但正如在第九章所看到的,有许多项目不能用直接计价法计价。例如,持有的某些资产并非用于出售或单独出租,而是与其他资产共同生产出最终的适销产品。在一个会计期间,就其价值或计价而言,经济学家的意见并无多大帮助。经济理论普遍认为,在边际购买中,资本工具的价值源自其预期服务的价值,并由预期服务的价值所决定。因此,正如费雪所说①:

任何一项资本的买主都会以该资本带给他的预期服务来估价,而且按照他的边际购买,他愿意支付的价格等于预期服务给他带来的收益;或者,换言之,等于其现值、贴现价值或资本化的价值。对于这些观点没有人会怀疑,但对于专业卖主可能有人会对他产生怀疑。就他而言,他只是一个针对可能需求的投机者。他卖的价格是他认为最终会获利最多的,有时交易价格高于取得成本,有时会低于成本,但通常情况或正常情况是,交易价格涵盖了成本加上在商品取得和售出之间这段时间里产生的利息。

经济学家理论中资本价值的含义

人们在能够明智地接受或反驳关于资本价值的命题之前,必须首先知道它的含义。这个命题可能是指:

---

① 费雪,《资本与收益》,第189页。

1）只有当买主认为商品的服务具有货币价值时,他才会花钱购买。

2）从买主所付的金额,我们也许可以推断出他所估计的商品未来服务的货币价值量。如果购买存在边际效应,我们可以推断出,支付价格不会高于买主对商品未来服务所估计的现值。

另一方面,这个命题可能意味着:

1）一项资本能够提供一系列单位服务。

2）对于收到这些单位服务的数量和时间能够作出较为准确的预测。

3）货币价值也许可以合理地用来衡量一个单位的服务。

4）货币价值也许可以用于衡量一系列相应计划好的非增值服务。比如修理费、维护费等。

5）在边际购买理论中,两个系列的货币计价项目(服务和非增值服务)的资本价值决定了购买一项资本的支付价格。

实际上,有关资本价值的命题正如费雪的观点。仔细审核它们和它们存在的语境可以看出,上面概述的含义暗含在这些命题中。

如果将这个命题的含义引入到会计师的计价问题中,我们可以说,该命题的第一层含义几乎没有用,而且第二层含义不是真实的。第一层含义没有说明在第一种情况下如何确定计价的数值大小;而第二层含义给计价的评估定了不可能实现的条件。

资本价值理论的缺陷

第一层含义的缺陷。会计师面临着对多项资本同时计价的问题。资产负债表列示的是在一个指定日期营业结束时的计价,在那个时点上,并不发生实质性购买行为。而且,就持有以资本项目来说,倘若不是为了单独出售,也不是为了单独出租,就不会发生实质性的资产购买。在购买资本项目时已经推断出的资本的未来服务价值,不可能再次作出推断。不仅现在可获得的未来服务与购买时可获得的服务属于不同的服务,而且在目前不同的物质条件下,未来收益是可获取的,当未来出现不同于获得资本项目时所预期的情况时也是可获取的。这一层含义除了在初始计价时有用外，根本没有提供什么实际的帮助。

就"谨慎的投资者"而言，会计师能而且同意以成本对一项资本进行计价，由此为该项资本支付的价格可以转嫁到(而不是来源于)资本预期提供服务的价值中去。这种以成本作为原始计价的方法是建立在一个假设上的，就是在特定的情况和前景下，获取该项资本是理性且谨慎的行为。如果是通过代理商取得的，则需有一个进一步的假设，即保持有良好的信用。但即使对于第一次计价而言，这些也只是假设而已；如果以后会计师发现足够的证据可以推翻其中一个或两个假设，他必须根据证据和变化的情况以及前景来确定当前的计价方法。所谓"买方过剩"的情况减少了，但并未消除重新考虑的必要性。

现在来考虑第二层含义的缺陷。从某种角度讲，这个命题隐含了确定资本价值的模式。在某种程度上，除了第三个条件不具备外，其他条件都是具备的。除非一项资本被认为能够提供服务，否则根据定义它将不是一项资本。所有的经验表明，一项接一项地分析，比任何纯粹的胡乱猜疑能更好地估计服务的数量与时间分布。一般来说，隐含在资本说明书中的物理特性已经足以让我们相信能把技术服务的时间减少至最低。另外，我们也可以详细了解为获得技术服务必须要执行哪些修理与维护。而且我们可以估计把单位服务成本降至可行的最低水平所必需的未来经营支出。

当且仅当这些服务能单个变现，才能满足以货币对服务单位进行独立或者最初计量的条件。就每单位服务的价格来说，不管是全部服务还是部分服务，都可以合理预测，那么我们就能够直接计价。但被考虑的要素不是用于出售或者出租的，而是与其他材料一起生产用于出售的产品。在一个生产并出售拖拉机的工厂，一次销售带来的收入有多少来自于锅炉烧的煤，有多少来自于锅炉，有多少来自于铸造车间、机械车间、装配平台的各种装置，有多少来自于司炉工、制模工、机工和夜间看守人的服务呢？

服务价值不是来源于服务成本

也许我们可以近似地把每个介质的购买成本或租金以一定份额转到售出拖拉机的全部成本中,而且我们可以把销售价格按成本要素分成对应的部分。但这种方法正好涉及一系列我们打算确定的资本价值。这样资本的购买价格就成为出售产品的一部分成本。这种服务单位计价法可以支持任何资产计价方法。

资本工具用来与其他要素共同生产可供销售的商品。确切地说,它根本没有单独的资本价值。可以肯定的是,它们有单独的价值,但不是来源于或取决于任何及时取得的货币计价服务。它们的价值表现出一种机会差异而不是单个的总和。经济学家的资本价值理论和资本计价理论远不像大多数经济学家假设的那样能够说明人们互换资本工具的行为。

职业买主—持有者—卖主

我们现在来考虑前面引用的对立命题,我们引用前面所引费雪的一段话,"但对于专业卖主可能有人会对他产生怀疑。就他而言,他只是一个针对可能需求的投机者。他卖的价格是他认为最终会获利最多的,有时交易价格高于取得成本,有时会低于成本,但通常情况或者正常情况是,交易价格涵盖了成本加上在商品取得和售出之间这段时间里产生的利息。"如果经济理论清楚说明了资本货物的计价,那么这种对立的陈述的确需要完善。事实上,职业卖主已经有所怀疑了。可能他只是一个投机者,但是他的投机不是一件简单的事情。因为除了他自己的劳动服务之外,职业卖主也是一个职业买主和职业持有者。正是这位职业买主、职业持有者和卖主首先感觉到需要对他所持有的商品进行计价。职业卖主很少卖那些他所购进的在形式、数量和交货地等方面无法改变的商品。在几乎所有的交易中都有一个职业买主或职业卖主,并且在绝大多数交易中既有职业买主又有职业卖主。对职业卖主计价情况中的肯定命题的怀疑变成了对大多数计价的怀疑。

企业的性质

职业买主—持有者—卖主即商人,通过一种我们称为企业①的组织来开展经营活动。商业企业的本质是可控服务的有序选择和集合,这些服务被计划用来使得与该服务直接相关的人可以将有竞争优势的商品和服务引入市场。它不仅仅是事物和人或者事物和人的服务的无序集合。虽然它不断地变化,但有序的集合、设计、选择、综合、变化和控制赋予了它相当多的集合特性。它能够适应人或者物的身份和有效代理商类型的变化。它可能适应财产所有权的变化、管理的变化、提供给公众的商品和服务的变化。它是那些能够适应许多变化的人的创造物,并且能够被组织的继承者运用。

谨慎投资者的计价方法

需要的是服务而不是介质

但是对于任何计划的经营方针和方案,有一点是无法改变的,那就是生产用于出售的商品所必需的一系列服务。钢铁制造商想要的不是高炉、平炉和轧钢机,而是从矿石中分离金属,对金属的热处理和塑形。如果没有一家自己的发电厂,他也许可以经营下去,但如果没有电力服务那就不行了。他主要需要的不是工人和机器,而是通过工人和机器所产生的活动。同样,他也不关心服务是由工人还是机器提供的。但是如果他打算经营他的企业,那么他无论支付多少钱也必须取得这些服务。

---

①前面说企业的主体化只是一个表象,并不与现实相符。但一个企业是一个实实在在的实体,除了任何特别的团体(阶层或团体)。佩顿认为企业是一个"机构"(《会计理论》,第472～480页),很令人敬佩。

怎样获得服务

为了获得服务所带来的货币收入,创办者和管理者怎样获得和维持这种可控的服务流呢?假如这种错综复杂的服务流程与本来的成分有交错部分,那么这一流程又怎么维持呢?就计价问题而言,回答这些问题的关键点是:在被持续提供的无限小的增量中,这一系列有序服务不能通过持续提供无限小的增量的形式来获得,它们必须以存货的形式来获得。为国内工厂的运营的房屋不能时刻得到提供,并且也不能为其一年接一年地提供资金,为加工车间的内部运作提供遮风避雨的服务不可能在一段相对短的时间内得到提供。为将来一段长时间所提供的大部分这样的服务能够在资金上得到大量的满足。所有其余的必要服务或者这些必要服务的要素都是这样的。而在这些服务中,唯一重要的差别是存货数量,这些存货能够在同一时间内最为经济地获得。时间要素不同于日复一日地对服务的购买,这种购买存在一个固定的、可以利用的和经济的供应。一个铁路公司能够天天购买邮票,同时它必须获得享受特许经营期间的一种权利。

对未来必须有一份投资。目前的资金必须用来获得在将来提供的服务,在一个私人企业制度中必须要有一份财富作为抵押。过去所作的投资已经沉没了。可以肯定的是,如果未来前景预示实现投资是最好的出路,那么通过逐个销售可以全部或者部分地直接收回投资。但在现代的企业,相对很小的一部分投资是这样直接收回的。如果投资没有失败的话,那么企业取得的由服务介质提供的不易分辨的自然服务必须用来生产其他适销产品。当然,大多数资本介质能够提供不止一种服务。但这些各种各样的服务受到资本介质的物理性质和其他内在性质的严格限制。服务结合不止一种类型,也就是说可以得到不止一种产品。在许多情况下,在过去和将来整个的投资阶段,这些产品中的多数都可以收回成本并获得利润。有时在完全没有现存的存货可以利用的情况下,甚至要将一部分利润用来支付未来必须的补充服务中的投资。

会计师无法选择条件

会计师不得不在他已知的条件下计价。在他开始去工作时，公司已经做了一项投资，其中一部分是近期投资，还有一部分是远期投资。中间分布的所有类型的服务都是会计师需要考虑的内容。会计师会找到大量的证据来支持这样一个观点，将来能够获得回报的服务股票有许多的组合，而这些将来获得的回报在过去和将来的整个投资上将支付高比率的利润。他可能会找到证据表明企业是一个无望的失败者，不管是再融资、重组还是改变经营方针都不如彻底清算。他可能会发现一个中间条件，但是无论他是否不得不编制报表反映针对一个兴旺企业的所有权变更所作的重大的商誉计价，或者列示破产企业的事务和清算损失表，还是提供一个持续经营企业的普通定期报告，他都必须对他所发现的股票逐个计价。只有在破产的情况下，他才能完全依靠直接估价或者真正的资产价值来进行估价。在任何其他的情况下，他必须至少有一部分计价不是也不可能是真正的资本价值估价。在服务的组成成分中，不存在合理的模式将所有未来货币收入分配到各项服务中，这些服务按照一定的顺序共同产生未来货币收入。

时机差别

会计师能做的和现代实践越来越倾向完成的是计价差别。如何做呢？如果纯粹的资产价值不能被确定，那怎样发现差别呢？答案是他做的计价完全不是资产价值差别而是时机差别。在第五章陈述了一些间接计价的假设，根据刚才对商业企业的讨论，让我们检查一下这些关于间接计价或者时机估价的陈述。

首先注意到这些陈述排除了这种情况，即企业资本价值没有超过通过直接或者真实的资本价值估价所描述的价值。在这种情况下会计师不要求这样的项目，或者不打算通过销售将资产直接转化为未来的货币收入，或者也不会在企业的经营过程中导致现金流出，会计师不需要借助指数。

除了资金在手中的情况外,这些绝对的价值易遭到错误地估价,但会计师能估计出直接的绝对价值。这样,清算企业的情况不在陈述范围之内,因为这仅仅考虑了零碎收入和支出的估价最终会结束。当然,企业的链式估价方案与一种持续的相关估价方案是有可能相等的,这种持续的估价将持续地进行。在这种情况下,持续经营的价值为零,持续经营价值代表的仅仅是企业资本价值超过清算价值或者残值的部分。

除了链式和一些琐碎的估价情况以外,所有的情况都需要一种手段来进行持续相关的间接或者时机估价,而在那些琐碎的估价情况中所有的款项仅仅被用来进行直接转化。也就是说将来使用的现存的服务股票能够结合将来可以获得的股票一起在将来的费用中取得一定比率的利润,而这种未来的费用比必须引导而作出的未来费用要多得多。或者用另外的方式理解,在一段时期内未来收入的资产价值超出附带的未来费用的部分意味着目前总体上一般比率的利润都会比未来费用的资产价值多得多。

说到未来费用的价值就意味着两点:一是必须用来运行因此而获得经济收入的未来技术或者正常服务的获取。二是服务可以获得的预期的存在价格。但是注意到虽然目前费用的价值是真正的资产费用价值,但是它不是服务能拥有的真正的资产价值。假如资本花费的总和没有超过资本回收的总和,那么这些服务必须以任何价格来取得。在劳动力市场为木匠和水管工人提供的服务费是 50 美元的条件下,如果一个雇佣者能够承担并且必须支付,那么支付每个人 25 美元或是一个人 49 美元、一个人 1 美元将没有什么区别。的确,如果一个水管工人的服务费不能少于 60 美元,而一个木匠要支付 10 美元来获得为这个雇主工作的权利,对于雇主来说也是一样的。假如两者在心里是必不可少的,那么两个服务各自的服务花费和两个服务各自的服务价值之间不仅没有必要的而且没有明显的关系①。

---

① 这并不是说卖方没有直接、单独的资本价值业务;相反,对卖主而言,所有的业务都有资本价值。买者的必需品和服务代理商的可能替代品都已明码标价,很容易就能获取,就特定买主来说,这就决定了卖主讨价还价的情况。

会计师的间接计价方法

企业破产的案例

假如现在会计师在履行一项审计合约,他发现:(1)已经对未来技术服务投入了大笔的资本;(2)现阶段通过运营来盈利比通过停业所能实现的价值要更多;(3)但是现有的和即将可能获得的总回报,要比已经进行的和将要进行的总投资额要少。他将如何对这些技术上已投入的企业资产进行计价?无论企业是因为缺乏基本的谨慎还是缺乏好的运气,它从创立伊始就注定是一个失败的冒险。

首先需要注意的是,相比停业而言,继续经营现在就需要支付。重大的亏损已经发生,永远也不可能得到完整的补偿。但是,这笔支付并没有比迄今的总投资减去总收入后的损失那么大。为了完全持续经营,就需要更多的技术维护,比如像现今企业所持有的代表资产的可用存货。这种情况是可能的,即每一种存货的一些维护是现在必须的,还有一种可能,即每一种主要的维护在将来必须提供。然而,要提供在任何方面优于目前的条款规定的进一步的维护是不太可能的。

假如企业为通用机械制造进行设计和装备,有现成的金属分割工具,使用在价格上等于使用现有工具的支出的类似的新工具,是延续金属分割服务最经济实惠的方法。

我们再假设,现在手中持有的一种特别的必备的工具,假设新工具每个单位的工具使用费(包括买价、储存室和工具保护套等的开支)为$0.05每小时,它的使用期限相当于以同等单位成本生产出来的工具一半的使用时间。暂时忽略在新旧工具的使用寿命之间的区别所导致的利息,显而易见,旧工具至少具有新工具一半的价值。这不是因为能够将两种工具的与服务等价的现金资本化是可能的,并且还可以发现一个是另一个的两倍。而是因为:(1)工具的保养有助于持续经营;(2)继续经营需要花费资金;(3)工具的保养能够以每单元的这个价格买到;(4)除此之外,没有比这个更好的代替品能够减少单位成本。总的来说,花费更多去买一个近似的旧工具或者以少于新工具的一半价格购买它都是不明智的行为。

争论的产生是因为旧工具是可以为每一个主要的设备而制造,这甚至对于长期使用的主要设备都说得通。现在来看一个关于厂房的例子,假如厂房是租用的,其有一个直接的转租价等于现在的租金。又假设,厂房作为有固定结构的实体,它比里面的任何设备的使用寿命都长。但是,厂房在以后的期间可能需要维修,即在有些部分已经报废之前将其换新,而且这些部分很可能是我们所能列举的固定资产中的任何一个部分。维修的目的是为了延长厂房的使用期限,正如原始的建筑为了同样的目的需要维护。

将固定有形资产作为"机会差值"的总和

如果这个会计师确实按照所建议的方式来考量整个企业,并且联系现在想要得到的同样的服务所需的花费对每一个服务的库存进行估价,显然资产的总评估额要比企业实际资本价值要高。但是,这与他所做的估价并不矛盾,这仅仅表明了直接与间接估价之间有一定的差别,或者"机会差值"与资本估值的多样性。在统计学上,为技术应用而配置的资产价值总和是一些差值的总和,每一个项目代表一个差额,即拥有的不需要未来任何花费的特定服务的存货,与企业"买进—持有—营运—卖出"的过程中整个没有这些服务之间的估值时的差额。在绝对不改变"卖出"环境的前提下,如果"买进"使现在和将来的状况变糟,任何一个项目的值都能升高,全部项目的值同样能升高。唯一的限制就是,当买进—持有—营运的地位变得如此之坏以至于企业资本价值降到解散或清算价值等所有技术机会价值的残值之下。

"超额利润"盈利企业的案例

现在设想,会计师执行一个审计合约,有充分的理由支持这种观点:企业可以在各种不同的项目选择中持续运营,并获得未来收益和未来的支出之间的一个差额,它的现值要远远大于为获得现在可用于服务存量所付出的总支出。这就是说,现在所期望的过去与未来的支出的回报率,要比作相似投资来获取现有的服务存量和资产所付出的要高。会计师会寻求不同的一套零散资产的估价方法,还是假定他发现了先前预想状况下的同样存量后他将寻求这种方法?他会寻找一套不同的估价方法吗?

第一个问题的确比较难,在这里我们得不出任何一般性的结论。然而在一些实例中,估价的依据似乎与这个关系的好坏成反比关系。站在一些企业的立场上来看,它们的确更倾向于低估实际的盈余利润以保持较好的未来收益,而不愿意对一个大的财务赤字作无条件的披露。但是,不得不强调的是,对于这一点并没有全面的证据。因为这受到太多因素的影响,如合理范围内的报废损失,而且这笔损失是在企业和会计的预料之中的。除此之外,更没有充足的证据来证明会计人员是蓄意低估资产折旧损失,等等。这对于他们来说,涉及各方面原因,在一个即将破产的企业里,会计人员并不是自愿作出高于实际情况的估价。

第二个问题相对于第一个来说较简单。关于为什么资产要分次进行估价是没有充分的理由的,只要这一方法能够让企业经营向有利的方向发展,也可能是受到整个企业投资的盈利或者损失率的影响。显然,以低于成本的有效方法来估计技术服务的股份,要比用损失的方法做要更合理。对于可用的服务股份的减少量,盈利的核算方法不比损失的方法花费的成本少。不可避免的是,在资产总估价和合适的估算企业的资本价值之间存在着更大的差异。这两种估价方法所遵循的规则是完全不同的。

会计师的计价与重置成本

前面的论述不应理解为会计师持有"重置成本减折旧"这种计价观点,或者认为他们的实务隐含了这样的一种理论。"重置成本减折旧"通常指的是用其他相同种类和质量的生产资料进行替换的成本。这与存量服务的重置成本是完全不同的。只有当获得一个给定产品的成本,像已存在的资本项目一样通过一种机械的方式获取,等于或者少于获得类似产品成本,这两种视角才能找到数值相等的计价方法。

假设 A 需要做大量的计算工作。基于他正确预见能以较少的单位成本完成工作,包括投资利息这种的预期,花 1 000 美元买一个电动的计算器而不是用其他可得方法。但是只得到一小部分预期服务后,他的预期需求变成如此的少,以至于他能比较廉价地通过员工利用他们的空余时间计算出来,而不用机器帮忙完成。同时,这些机器的价格已经更新了。机器的账面价值能反映置换价格的增加吗? 当然不能。除非估价低于机器再出售价值减出售成本后的价值,计算业务的需要量的单位成本等于最经济的方式计算的单位成本,两者对他来说同样值得。也就是说,如果技术上使用的差别价值比直接转售价值低的话,则应该考虑后者。

服务的替换与代理的替换

工具重置成本与服务重置成本的差异不仅与思想观念同样重大,而且关系到货币价值的问题。假如 A 已经签订了租赁一个建筑场地 15 年的租赁合同,已经建立营业场所,现在他知道另外一个租赁场所,并且费用少了 5 000 美元,我们可以说他的场地贬值了 5 000 美元吗? 当然不能! 他必须在搬迁货物和设备上有些花费,期间也会少一些销售收入,他还必须为现在的场所找到租赁人,或者他将损失他所付出的租金。如果这些所有不利的方面的金额达到或超过 5 000 美元,就算原来的地方租金仍然高些,另外的场所也没有利用价值。如果维修加固费用随着土木建筑费用下降,土木建筑的最大经济服务寿命将受到影响,但是花费变化的差异不会因为土木建筑价值而迅速下降。他当然不会放弃他原有的场所,原因很明显。

以一种工具替代另一种工具由此带来的困难和损失通常都是巨大的,无论它们在实物特征上是相同还是不同,以至于未动用的现有服务的实际成本几乎总是更恰当。就是在资本按我们买入的低价更替时,也不一定会影响现有工具的正确计价。替换现在的是不值得的,在替换操作过程中容易发生冲突,二手设备的销售价格和它的价值的差异等同于已安装的新设备,买一个有缺陷的机器等,这些情况下价格的下降没有任何好处。

对于会计师不愿承认所谓的替代花费切实影响预定值,我们有更多的话要说。很幸运他们不承认未被购商品的市场价格的变化比想象的获得更多的关注。当然更多的场所能被分配。无论他们是否反对变革,当足够的和适当的证据支持被提议的重新估价的事实时,他们的反对是否理性很难说。如果一个人仅仅依靠一部分会计师在谈话中提出的观点,那么他必须对他们有时所作的估价进行推断。但是他们更经常对没有优点的重新估价负责。许多"合理"的估价是徒劳地不合理的估价。

本文作者估计部分经济学家对接受刚才表述的估价观点会有疑义,资产价值的总和比真正的资本价值,某种意义上是多很多或者少很多,而怎么支撑这种观点呢?如果对这里表达的观点的不信任是由对真正的资产的估价的任何可能想法引起的,那么真正的资产估价在统计学上说是不可能的观点在这里只可能被再次肯定。除非主要的数据能够通过比纯粹的猜测更好的一些方法来进行独立的估计,那么促进资产估价的理论的价值是无用的,企图有意或无意地暗中引入资本工具来预估价值,然后将它们提供的服务集资本化,这比猜测更糟糕。公开承认的猜测不会误导人,但是当基础数据是虚构的或源于有待发现的价值时,以一种资本估计形式来表达一种计价程序,在统计上是错误的,它是对真正的资本计价的优点的虚假的主张。

很明显,企业的资本价值如果能可靠地估计出来,相比资产总额来说它是一个更重要的数字。但是每年都有关于破产、投机者丧失利益、大量坏账损失、冻结银行资源和公司重组的舆论,这些都进一步证明了企业资本计价的不可靠。

不管是有意还是无意,为了支持会计师对因表达错误的资本估价而引起的声誉下降负责,给予他们高度的赞扬是有效的办法。既然我们所知道的那些最有经验的商人都显然无法为他们自己的企业作估价,要知道他们比会计师更有机会接触细节,那么我们有何正当理由要求会计师来冒这个险呢?

间接计价程序的缺陷

就现代实务所暗含的间接计价理论而言,主要有以下三个缺点。

1)有时——在作者看来是通常——会计师在能够找到合法且合理可靠的直接资本计价时,使用间接计价法。完工产品存货就是一个例子。

2)他们在正式报表中省去了一些数据,而这些数据可能对读者而言有重大价值。如果相同的会计师年复一年地编制报表,而且能够获得完整的报告和编制的工作底稿,那么在每张标准报表后面附上一张资产账面价值表,这对于会计师来说就是一件非常简单的事情。比如,在最后五个会计期间,附上企业盈余(净收入和利息费用为主要部分)和盈余与资产账面价值之间的百分比关系。这种报表假定资产的合理计价会不可避免地把高利润赚取者与持续亏损者分开来,因为持续亏损者单一年度报表无法编制。这种报表没有责任预测将来的比率,它对一般的读者确实很谨慎。

3)计价技术,也就是说,计价理论的应用,在现代实务发展的方向上,能得到大大改进。下两章将会指出一些方法,它可能提出些技术改进,而且随着计价技术的改进,它将可能对企业资本价值形成比较稳定的判断。

第十三章 重估价技术:简单法

本章主要讨论对将在后续资产负债表中出现,但却无法直接进行计价的资产项目进行重估价所涉及的技术。所涉及的资产就范围而言并非仅限于"固定资产";因为有些固定资产是可以直接计价的,有些固定资产在以后年度的资产负债表中不一定会继续出现。

初 始 计 价

此处所要讨论的并非购入资产账面价值的初始计价。在任何情况下,资产的买入价应该按实际支付或约定应付价予以记录。即便实际支付的价格并非十分恰当(经办人缺乏足够的审慎、存心不良或者滥用职权),在资产账户中按实付价格列示也并无不妥,当然,你也可以作适当调整以反映真实情况。而不管是什么样的理由,也不能允许资产计价中长期存在重大错误或不端行为。这方面的疏忽会伤及无辜。通过折旧或其他费用账户的跨期处理来"分散"高估或者低估资产价值的影响,是一种显而易见的统计上的错误,没有任何正当理由。

通过发行股票及库存股交易获得的资产

通过股票交易获得资产,不论是发行原始股还是库存股票交易,情况皆无多大差异。如果所收到的对价明显高估,且已经按此入账,则无论高估是否有充分的法理依据,皆须在发现之时立即予以调整。原因非常简单,因为它作为一种高估,必将伤及无辜。如果在账面中听任此种高估继续存在,必将歪曲未来净收益、各种收益率、单位成本以及其他所有需以账面数据为基础编制的统计数据。如果该对价没有充分的法律依据,不予以调整将会带来更为严重的后果。原因在于,对因公司、债权人或者受到歧视的股东可能提起的诉讼导致公司所需付出的价值补偿,在资产列表中并无反映,可能造成亏损。

那些研究美国公司并购历史、考察并购后后续报表的人们,并没有谁注意到,许多巨额高估都被公共会计师悄无声息地忽略了。我们也听不到人们有关促进公共立法、加强对公司证券发行和销售管理的呼吁。当然,当可验证的事实证明其并不正确时,判定一份资产负债表正确,并不比最初的事实本身就是一种错误更加糟糕,但在道义上这也并不显得有什么好。

职业道德与计价

不过,我们需要理解这种情况,因为并不存在有关公开披露责任的主张。会计师在此方面的责任,确切地说只是进行一些特权下的沟通。除非受到权力机构的特别命令,否则他们将没有披露的意愿。他们对公众的责任是平等的,不会偏向某一方而导致另一方在将来受到伤害。公司代理人可以拒绝承诺作出适当的重估价,会计师则不管是否对损害负有责任,都必须以自己的名誉公正地作出证明,向所有人清楚表明,他并没有断言估价是否适当。

看中自身职业地位的公共会计师大都接受关于其职责的如上表述。但却并非所有人都能很好地履行这些责任。最常见的逃避责任的方式,就是让人们很难根据其证明的语言确定会计师究竟是否承认估价是合理的。会计师最常受到的责备就是他"含糊其辞"。此类词语源自该职业的领军人物,词语所内含的最根本的意思往往被排除,使得这一职业的荣誉也因此受损。

我们需要进一步了解的是，我们不可能指望别人能够对估价是否适当作出判断。对于诚实地就估价是否真实发表意见，在时间上通常都是留了很大余地的。当事件发生了一段时间之后，是很容易根据后来的经验来辨别之前的估价是否正确的。但是，企业员工不可能占据这种作为二次猜测者的极为简单的地位，会计师也不可能继他们之后再次回来履行这一职责。企业成立的最初几年往往是其最繁荣时期，这主要归因于事后觉悟带来的成就。会计师对其客户和公众的责任是使其在未来受到的伤害最小化，而不是对最初的预见负责。我们更注重的是难以免除的正常的人类责任，而不是发现过去的错误。

调整初始价值或重估价

本章以下内容皆建立在此假设之上，即：所有初始价值皆为合理的，或者已经适当矫正。

如果资产的初始价值是适当的，其后续计价又将基于何种基础？按照前一章中所阐述的估价理论的观点，最重要是以下各项变量：

1）所考察的项目尚能提供多少服务？也即是说，从构成该资产的精华部分中能够便利地获得的服务量有多大？

2）在现有政策和现存条件下，那些服务最合理的时间分布是什么样的？

3）若要按最经济的单位服务成本(显然无需是最便宜的)获得剩余服务，尚需付出哪些成本费用？

4）这些用于维修等方面的未来费用支出的时间分布，是否可以根据之前的经验作出最合理的预期？

5）通过一些合理的替代性方法，可以什么样的单价真正获得类似服务？

6）可恢复价值的期望值是多少？

下面分别说明各项变量。

尚可得到的服务量

这一变量的重要性是不言而喻的。假如所考虑的服务是必要的,或者任何形式的使用对该服务皆有一定优势,最初获得的服务仍可继续获得的数量越大,该资产的价值也就越高。不过,必须注意的是,它必须是在经济上可获得的。所谓经济上可获得,是指单位服务的未来成本支出不超过单位服务的替代性获得成本。通过花费足够的成本进行部分置换(修理),有可能让任何机器运转足够长的时间,但却不一定划算。问题在于:如何才能知道一台设备应在何时"报废"?

服务的时间分布

假如经济上可获得服务的数量已然确定,那么,其时间分布又该是如何的呢?显然,无论每单位服务价值几何,只要该服务是人们真正需要的,则人们总是希望尽早得到该服务所带来的益处。对农场而言,一匹小马驹将来所能提供的服务总量,和一匹已经驯服的四岁的马匹可能完全是一样的。然而,农场主需要等很长时间,才能享受到小马驹提供的服务。即便不考虑小马驹要喂养许久直到成熟和驯服后才能干活这一事实,仅仅需要耐心等待其长成这一点,就是很不利的。即便是付出更高的代价去租赁马匹来完成工作,也可能比在开始工作很多年之前就早早地开始付出要划算。因为在这种情况下,机会成本也会构成估价的基础。服务的时间分布需要考虑折扣问题,所用方法与直接资本估价一致。

未来成本支出

在服务数量和服务的时间分布确定的情况下,未来所需维护、保养及修理支出越小,业主就越满意。假如有两台设备,所提供服务相同,时间分布也相类似,哪台设备提供服务时所需的后续支出越少,就越有价值。

未来支出的时间分布

假如两项资产的可获未来服务、服务的时间分布及未来总支出完全一致,哪项资产未来支出能够拖后的时间越长,就越有价值。如果不考虑其他因素,未来支出的差额是可以用于投资产生一些回报的。在不考虑前面各项因素的条件下,未来支出延后的时间越长,就越是有利。

替代性服务源

显然,没有哪项资产的价值能超过一些替代性方法所提供的服务。同样明显的是,在考虑到替代性服务的提供者时,必须充分考虑因改变而带来的全部后续支出及牺牲。也即是说,由替代性客户所提供的服务必须是真正能够得到的,而且,为了获得该服务所付出的代价要经过深思熟虑,计算一下如果是部分地使用替代服务,单位成本会是多少。

何为真正"可用的"替代

但是,正如之前曾指出的那样,一个只是具有可能性的替代性来源并非真正可用的替代。除非为了获得该替代现在就支付,否则从真正的商业意义上来讲,该替代就不是现在可用的。有关可用性的测试通常可按如下方式进行:弃用目前客户所需成本(清理费扣除残值)加上获得及装备替代设施所需成本支出,再加上替换期内工厂的停工损失,替代设施所提供服务的单位成本,依然低于不需要付出任何额外代价的正在服务的客户。

通常来讲,未来的可用性比目前的可用性更重要。一项替代,当且只有当现在肯为其舍弃时才是可用的。未来的可用性会生出一个眼下就需考虑的问题:未来的舍弃该于何时发生?举例来说,A 不久前装备了一台设备,进价为 5 000 美元。该设备现在的报价是 4 500 美元。一项新设备不会是现在可用的替代,只有在未来某一时刻,新设备才可能成为可用的替代。问题是,什么价位时它才会变得可用?目前价格的下跌显然是不够的,合适的弃用时机对买主来说应该是价格已经相当低的时候。目前的替换成本对目前的估价而言是毫无用处的,除非立马进行更换。不过,如果有充分证据表明,未来的替换成本当替换的时机真正来临时会低于或高于曾经有过的成本,则显然,明智的人一定会按照与预期变化相适应的方式与目前的客户打交道,而不会继续依着实际成本行事。

如果有充足的理由设想一台成本为 5 000 美元的设备,当替换时机真正来临时可以按 2 000 美元的成本替换,则显然,到时还去花同样代价用于修理等方面,就是很糟糕的政策选择。如果将来的替换成本是 5 000 美元或 8 000 美元,就另当别论了。换言之,如果能很便宜地进行替换,当然会早点让设备"报废"的。在买了设备之后,业主不会过多考虑如何去保护它,因为他花钱买的是设备所提供的服务,在他不得不去花钱买另外一项设备时,他就不会为之前的设备有更多付出。对除原始成本之外的其他计价基础,会计师总是持怀疑的态度。不过,当有足够的证据表明某些较高或较低的基础真的更为可能时,他们也不会不愿意修订估价。

成本支出是一项真实的事务——一项事实。因此,替换成本在其发生之时也会变成一项真实的事务。但是,由于设备价格的波动,总是会有许多替代性的可获得服务的途径——也就是说,会有许多不同类型的服务机构提供某项作业,因为一家企业所需要服务的数量和种类会随其销售、采购、机会的变化而发生改变。所有这些极难捉摸的原因,需要有一大批正面证据,表明未来的单位成本究竟应该在所检验过的单位服务成本的哪一边。

成本低于折旧

不能说会计师对此类资产的计价原是以成本为基础的且成本低于折旧(不论折旧是如何计量的),而应说,从他们的角度来讲,他们会要求表明脱离成本的原因。他们反对其他基础的理由有时并不是完全可信的,但是,他们愿意接受另外一种计价基础,却有极好的理由。我们很少会愿意花精力去找足够的证据,证明未来的实际替换极可能是按某些特定数据而非过往成本来决定的。纯粹想象中的决策不可能像背后有实际现金付出支撑的决策那样谨慎和细心。

因为上述原因,下面所考虑的各种替代,除非另有详细说明,都将是指就像正在服务的客户一样的一个新客户,当愿意支付像对现在服务的客户所支付的同样价格时就可以得到。不过,需要反复强调的是,以原始的实际成本作为重估价的数据基点,并无任何实际价值。而必须强调指出的是,考虑可能的未来替代是一项困难而且需要付出很大代价的工作,与重新设计所有的厂场和设备并无二致,显然不是一项适合每年进行的工作,也不是会计师的分内之事。对于有关对这方面的大部分赞扬,我们持有极大的怀疑,特别是对(现有客户的)再生产成本的估计,远超出会计师能力。我们很少见到老企业在新企业中得到复制。新设备的再生产成本低于折旧准备,对于损害性讼案而言可能是一项很好的实用规则,对持续经营中的估价而言,若以此作为唯一的原则却是荒谬的。

残值

当一项资产不能再继续为企业提供有效的服务时,通过出售而直接获得的可恢复价值,称为残值。除了其初始使用者之外,这些资产仍然可以为其他人所用,创造更大的价值。一些公交公司就采用这种做法,只要轮胎有一点破损,他们就会将其整个换掉。它们之所以这样做,是因为如果继续使用这些轮胎,将会使公司的调度安排受到影响,让一些竞争性交通系统有机可乘。但是,按照一般情况,这些轮胎的使用寿命期至少还有一半以上。其价值远远高于橡胶垃圾的价格。

这一定义包括这样一种情况,即资产废弃时所支付的拆除、搬运及销售费用可能高于其残料销售收入。换言之,就是说残值可能是负值。由于这一事实,甚至在出钱丢弃资产之前,资产的账面价值可能就已经是负值。放弃一项用旧了的资产的成本,与继续使用该资产所提供的服务差不多,这部分服务是其买价的一个部分。一栋被责令在 1 年内拆除的房屋在拆除之前依然可以出租并获得 500 美元的租金,但其拆除成本可能超过 1 000 美元。显然,不管未来是否服务,从金钱的角度来看其实并无多大差别。更为明显的是,人们并不会马上出钱去拆除该建筑,不管残值收入是否增加。该建筑是出租还是由业主继续使用,直到可以获得新的建筑,其实并无实质性差异。

残值的定义中也试图涵盖这一种情况:最终的补偿价值可能大于其初始价值。这种情况真的发生过。人们会购买郊区的土地,并通过一些并不充分的开发,或者在其上建一些需要纳税的构造物,或者通过临时性开发而作一定的增进。人们并不指望这些设施在建筑寿命期内的租金能够高到可以使整个投资、土地和建筑获得正常的回报率。人们只是希望这些租金能够在这些建筑上所作投资的正常回报率之外有一些收入。土地转换价值的增加被视为对租金的补偿。在加利福尼亚,有些商人投资土地,将购买的土地开发成果园,并将果园做更详细的细分之后,卖给那些经营水果的商人。此类事例非常多见,比如高品质奶牛、家禽的饲养等。

变量的相互依存

从以上有关 6 个变量的说明中我们明显可以看到,这些变量并非相互独立的。一个人必须知道所实行的维修和折旧政策,才可能预测目前所用客户所能提供的服务量。即便是质量极好的发动机,如果在使用中没有对活塞做很好的润滑,没有很好的降温设施,也将会在很短时间内变得分文不值。维修成本并非与原始成本完全不相关。为了避免其后反复喷漆的费用,我们可以在船体上镀金,但这是不划算的。尽管我们期望能延长其寿命,但我们绝对不会这样做。正如一位灯泡制造商最近在广告中所言:"我们知道如何制造千年不坏的灯泡,但那绝对非您所需。其效用实在太低。你将不得不为它付出更多电费。我们也懂得如何去制造比目前所销售的灯泡从技术角度来看更高效的灯泡,但那不会是您所想要的。因为它寿命太短。"

我们无法用一种假设来表明上述 6 种变量之间存在多种关系。我们也乐于承认,那其实也是远远超出我们的数学能力。然而,需要指出的是,其间一些极为重要的关系,已经引起了一些具有足够数学能力的人的注意①。本书在内容安排上即考虑了如何展示目前所用的各种技术,揭示其优缺点,同时也会介绍一些平时不怎么用,也不太被人们所认知的技术,这些技术事实上也在实用范围之列。同时还会介绍一些用于测试各种技术优先顺序的方法,尽管有些粗略,但却简单实用。

从本书关于间接估价的论述中,应该可以看到,下面关于特定资产估值技术的讨论中,除加入了残值和转换价值外,并未考虑真正的资本价值。不过,在我们的观念中,确实有一种对企业资本价值进行近似估价的模型。务必牢记的是,一项资产的任何形式的减记都将造成净收益及经营活动所带来的企业净收入的减少②。因此,如果高估了折旧,资产的账面价值和净营业收入的账面数值所呈现的数字,都将低于企业的真实状况。回报率——净收益除以经营资产的账面价值——将因此低于真实比率,原因在于,当一项比率的分子和分母皆减少同样数值时,分子总是小于分母。因此,当资产账面价值的真实数为 100 000 美元,净收入的真实数为 10 000 美元时,内含报酬率将为 10%。但如果随心所欲或漫不经心地将折旧多记 10 000 美元,回报率将为 0。而如果少记 10 000 美元,回报率将超过

---

①公共会计师经常断言会计师无须接受高等数学方面的教育。如果他们这样说,是因为在他们看来,现代会计实务中所包含的程序不会超过初级代数的范畴,那将无话可说。问题是,目前会计师所处理的日常业务中的许多问题,是初级代数根本无法解决的。1923 年 3 月 16 日,由美国会计师协会举办的一次会计学考试中有一个问题,需要建立一组包含 3 个变量的一组等式来解答。我们曾看过他们的试卷,在近 100 名申请国家证书的应试者中,只有 2 个人看到了问题的实质,其中仅 1 人写出了等式但却未解答。未来会计师想要胜任业务,必须掌握足够的数学知识,能够阅读现代统计类的文章,否则整个职业将被现代商务教育所遗弃。

②某一时期的企业净收入意指"净收益与财务费用(主要是利息费用)的合计数,在根据总收益计算净收益时,财务费用已经作为减项被扣除。"理想状态下,这一术语应当要包括更多东西,但通常采用净收益与约定利息支出的合计数,这样有两方面的好处:一是简单;二是已经包含了最重要的数据。

18%。不管出现哪种情况,都将使会计师必须在年报中反映的最重要情况出现重大误报。

重估价错误和收益率

所有有关企业盈利能力的意见皆是以连续的净收入比率为基础的。有一种估值模型表明,对企业而言,明确的统计偏好会创造出一种纯虚拟的盈利能力趋势。一种不规则的模型可能产生不稳定的盈利能力。而与真实盈利能力相符的估值模型所产生的结果,可能惊人地稳定。

进而,对那些根据错误的估值所内含的状况作出的管理行为而言,情况可能比根本不作估值更糟糕。比如,对某一特定年度的估值表明,某台机器所提供服务的单位成本为 0.05 美元,而其实际成本是 0.15 美元,该机器所产出的产品就会显示出比实际更强的盈利能力。如果要开发这一表面的优势,肯定会特别增加这种产品的销售,这将导致未来的损失。更为重要的是,他们会抽调其他生产线的资金,而事实上,那些生产线的盈利能力可能更强。

假如管理层的政策完全基于成本会计师所提供的数据,那么,估值中的任何错误,不管处在哪一方向,都会对管理层形成误导并最终造成损害。糟糕的资产负债表估值对企业政策的影响已经是司空见惯,无须多加考虑。人们经常会讨论如何确定"适当的"折旧率的问题——感觉通过它可以将估值最终调整到符合实际,尽管它对最终的利润其实完全不会有影响。人们认为有些估值模型会高估一些资产的价值而低估另外一些资产的价值,但账面价值的总计数却基本正确。如果管理层根本不在意此类估值中所内含的单位成本,就不会造成任何损失。但如果成本会计师通过采用按机器工时计算的间接费用分配对各项糟糕的估值施加了影响,而且,销售政策也影响到了单位利润,估值将会带来可能最糟糕而不是最好的政策。

在讨论估值中所用的各种公式时,我们将首先关注三个方面:

(1)对资产账面价值的影响;(2)对各年会计账簿上所反映净营业收入的影响;(3)对单位成本的内在影响。为达此目的,我们需要先努力确定两个量值:(1)在与某一经营机构开展经营业务的过程中,每项服务的单位成本是多少?(2)如果所涉及的是一台旧设备,这项成本中有多少是属于未来的服务成本?两者之间的差额构成过去服务的成本,以及不希望再发生的损失。

说明性重估数据

在具体介绍各种公式之前,我们首先说明这些公式可能会在什么条件下使用。为方便比较,我们假定各类资产有同样的初始安装成本。在每种情况中,V_0 等于 100 美元。出于同样原因,我们假定残料或残值也是相等的。在每种情况中 V_n 都等于 5 美元。也就是说,在 n 期期末,希望该资产能够产出超过清理费用 5 美元的价值。在整个说明中,我们将 n 的取值确定为 10。因此,所采用资产的类型将有以下两方面的不同:经营中所需要的直接支出的数量和时间分布。其数量可分别用以下符号表示:

$$O_1, O_2, \cdots, O_a, \cdots, O_n$$

O 代表以下标标示的各期间的营业支出。其中 O_1 为第 1 期间的营业支出。下标 a 表示任一给定期间。第二个不同的方面是所计量资产数量的时间分布,用以下符号代表:

$$S_1, S_2, \cdots, S_a, \cdots, S_n$$

S 意指以下标来代表的各个年度可望提供的平均服务单位。

资产类型的分布

下表中数据表明,A、D、G 等各类资产的每年营业费用支出呈增加趋势。B、E、H 等资产则除了需在特定时期付出额外的修理费外,每年的费用基本固定不变。另外三类资产的费用支出则呈递减趋势。表中数据同时也表明了预期服务分布可能的差异。该表提供了支出和服务增加、减少、固定不变的全部 9 种可能情况。

各类固定资产重估价数据表

各类资产 O_a 值的时间分布

期间	A	B	C	D	E	F	G	H	I
1	$5	$1	$15	$5	$1	$15	$5	$1	$15
2	7	1	13	7	1	13	7	1	13
3	9	1	11	9	1	11	9	1	11
4	11	1	9	11	1	9	11	1	9
5	13	1	7	13	1	7	13	1	7
6	35	21	25	35	1	25	35	21	25
7	17	1	3	17	1	3	17	1	3
8	19	1	3	19	1	3	19	1	3
9	21	1	1	21	1	1	21	1	1
10	25	1	6	25	1	6	25	1	6

各类资产 S_a 值的时间分布

期间	A	B	C	D	E	F	G	H	I
1	10	10	10	1	1	1	50	50	50
2	15	15	15	1	1	1	50	50	50
3	20	20	20	1	1	1	45	45	45
4	25	25	25	1	1	1	40	40	40
5	30	30	30	1	1	1	35	35	35
6	35	35	35	1	1	1	30	30	30
7	40	40	40	1	1	1	25	25	25
8	45	45	45	1	1	1	20	20	20
9	50	50	50	1	1	1	15	15	15
10	50	50	50	1	1	1	10	10	10

其他数据

$n = 10$;

$V_0 = 100$ 美元;

$V_n = 5$ 美元(各类资产);

各类资产以上数值相同。

除 E 类资产之外的其他资产皆在第 6 期进行了"额外"或"重大"修理,成本为 20 美元。

当然,我们并不认为这些种类代表了实际中全部的资产类别。不过,要证明其中某些类别或全部类别可以在各种企业、各种可能的业务组合或者频繁发生的关系中找到出处,却是极为容易的。

在现实中,像 A 这类资产极为常见。在买一台机器之前,我们通常早就知道,在其报废之前很少会得到充分使用,不过却依然能以最经济的方式完成特定工作。在早期,因为各个部件状态良好且使用较少,维护、保养、修理费用有望少于后期。事实上,在一些企业,此类固定资产占主要地位。比如一个处在成长阶段的小镇上所建造的水处理和供水系统就是此类资产的一个典型事例。我们花钱建造它并非只是为了满足目前的市场需求。美国铁路线的建设大部分也是这种情况。正如我们后面将会指出的,其付出几乎永远都不是按照使单位服务成本最小化的原则来安排的。

B 类资产与 A 类资产的区别,仅在未来营业支出方面。一根电话杆,不管上面架设 2 条还是 10 条线,电杆的维护费用都不会有多大差别。除非是重新安装,否则各个年度的费用支出不可能有多大差异。

C 类资产有许多极为重要的代表性例证。诸如铁路路基和山地公路的建设等土木工程,往往需要一种"季节性"的处理。在铁路业务尚在实施土建工程的早期阶段,因为平整、铺设轨道等成本,虽然交通运输量很小,但成本却远远大于以后年度。

D 类资产是现代流水作业的制造业企业的典型情况。一台机器在整个生产链中执行某一项业务,其运行和更新换代都必须与整个工厂的运作保持同步，不得随意关停。尤其在更新换代的成本极为高昂时，企业将不得不在后期花大量费用进行维护修理，以保证该机器能够继续发挥效用，而不致过早报废。

E 类资产也很常见。许多设施（如桌椅、陈列柜、消防水龙等）不论是费用需求还是所提供的服务都相当稳定。除了原始成本和再次出售时的价值有一定差异，可在不影响主要观点的基础上消除之外，最常见的情况可能是为了特定目的而对地面进行适当改造。

相对于其他各个类别，F 类资产最为少见，但与其近似的状况有时具有重要意义。在该资产最初形成时，可能需要先完成完整的土建工程。

G 类资产的事例多见于无需与企业保持同步的机器设备。就其特点而言，此类资产会使修理及维护费用曲线上升，实际提供的服务却呈下降趋势。企业所持有的用来出租的建筑物很典型地表现出此类特征，几乎每一个层次都可见到。不仅建筑变旧会导致维修费用增加，建筑被废弃（特别是各种意外因素导致建筑式样改变、人口迁移等）的可能也将使租费降低，场地价值的变化可能要求迟早进行重建。在美国城市中，人们很少让建筑持续存在到其设计寿命期结束时。

细心的学生会发现，有关此类资产期间 n 的假设存在明显的问题。除了个别极其特殊的情况之外，人们不会让 G 类资产的使用期在 10 年以内，那会是很不划算的。参考附录 A 我们将会发现，真正好的重估价公式，都可以通过发现早在第 n 期之前就已经出现的负值来侦知此类错误并提出警告。不过，目前所用的公式中没有一种会表现出负值，尽管残值极可能成为负值。没有对这一常数的重估价，将没有公式能准确表明一项资产将于何时"报废"，不过，好的公式差不多都能在发生重大损失之前表明对期数 n 的估计错误。

H 类资产的营业费用不会有大的变化，但此类资产会因为特定企业的需求而废弃。对某些服务的需求不间断，但时间间隔会不断加大。与某些作者的观点不同的是，对此类资产而言，废弃并非是一项让人惊讶的因素。

在获得一项资产时,你不可能准确预见它何时会废弃,但它极可能随时会意外地突然终止其寿命。寿命缩短的情况时有发生,即便如此,通常也不会对未来造成损害或损失。一台设备的使用者不会因为一台更好的设备进入市场而受到伤害,除非他愚蠢地一直让已经过时的机器继续服役。

I类资产的费用支出与其使用情况直接相关,但会逐渐过时。

以上关于资产的分类,当然无法包括全部资产类型。但是,所有资产在某些时候,或者在其服务寿命的某阶段,皆可近似地归于这些类别。例如,果园的果树开始时有点像A类,中途又会转向I类,不过,通常来说,其实际产量突然下降的可能性比上升的可能性更大。其最终结果就是:在与以上资产类别中的某一类相对应的资产寿命期的某一阶段,其重估价问题也与此处所表明的该类资产的重估价问题相一致。

直 线 法 公 式

直线法公式可表示为如下形式:

$$V_a = \frac{(V_0 - V_n)(n - a)}{n} + V_n$$

任一时期价值的下降可通过下式来表示:

$$D_a = \frac{V_0 - V_n}{n}$$

因为D是常数,一定连续期间的账面价值构成一个算术级数。通常,只需要作两项主要的估计,即n期终了时的残值和n的数值。一般来说,采用固定的残值不会对结果产生太大影响。通常情况下,除土地之外,相对于全新资产的价值而言,残值的数值是很小的。然而,涉及n,情况就大不相同了。很明显,如果不参考对资产使用情况的预期,就很难对资产的使用寿命期作出恰当估计。要想让公式能够过得去,期数n的数值就应该是能够导致最具经济价值的资产使用所需要的最可能的使用期数。对于具体某一种使用情况,究竟应该让资产持续运行多少周期才划算?也就是说,资产报废之前的时间究竟有多长?

如果不考虑营业成本(除了初始成本之外),不考虑所要求及资产能实际带来的服务数量,我们将永远无法对这一问题作出合理的回答。绝大多数人工制造的资产,如果在维修方面不吝付出,将可能在相当长的时间内保持良好的运行状态。钢轨的各个部分都可以通过吹管法来克服变旧损坏,但这样做通常是很不划算的,除非是在最后因为连续击打导致快速退废的情况下。显然,这种快速击打所造成的退废是与交通量、火车速度等相关的。但是,不论是未来的维修工作量,还是愿意为之付出的服务的数量,都不可能在这两项因素的时间分布之外独立地确定。因为最大化的退废费用和最大化的经济使用是使用时间的函数,除了与时间的独立关系之外,它们两者之间也是密切相关的。不论是服务的总实际成本,还是最经济的服务计划,无论如何都不会依赖账面上所显示的费用分布,当然,一种与实际情况不符的分布,就不可能反映真实状况。

账面价值与直线法公式

不过,为了找出能够最好地使用这一方法的情况,我们假定 n 的确定是极为适宜的,同时假定经营政策和使用计划的相关估计也正确无误。在什么条件下,根据这种方法计算出的账面价值能够大概等同于原始价值或重置价值?如果净收益数据记录了每年真实的经验,这些相同的条件是不是就可以广泛地用于其他方面呢?如果资产所提供服务的内含单位成本对公司政策构成可靠的引导,此类条件是否可以在其他地方同样出现?

假设在上述每种类型中,V_n 和 n 都已经准确地预知到了,也即是说,最具经济意义的服务年限为 10 年,V_n 为 5 美元,并且,经营支出和服务的时间进度安排正确地表明了实际所要执行的计划。公式将可以准确地表明 10 年内任一期间期末每项资产同样的账面价值。但是,每项资产的任两项连续的账面价值是否会有一种通常的一分价钱一分货的意义?任两项资产在任一时期终了时的账面价值,尽管表现为同样的金额,但从使用的角度来讲是否相等呢？也即是说,除了纯粹的数字意义之外的其他任何意义上来讲是否相同？

单位服务成本与直线法公式

以一项 A 类资产为例。第一年,与总收入相对的总支出中,折旧费为 9.5 美元,营业支出为 5 美元,合计 14.5 美元。这意味着该年度的单位服务成本为 1.45 美元。在最后一年中,需要从总收入中扣除的费用为 34.5 美元,与此相对应,单位成本为 0.69 美元。从实用的角度,是否可以说,为了获得第一年的服务,或者说为了使该资产为第一年的净收益作出必需的贡献,必须发生 14.5 美元的总支出？为了获得第一年以后的服务,需要付出 99.5 美元？企业的单位服务成本是否真是 1.45 美元？当然,如果折旧、净收益和单位成本的含义与账簿中所记录或者报表中所公布的一致,则所有上述问题答案都将是肯定的。但如果这些项目反映了企业在这一时期的真实状况,反映了这一时期的真实变化,以及期末时的真实情况,我们将毫不置疑地加入一项负值。

A 类资产的结果不可能是最差结果。例如,在 H 类资产中,第一年的数据为:(1)折旧 9.50 美元;(2)包括折旧在内的营业成本为 10.50 美元;(3)单位成本为 0.21 美元。在最后一个时期中,各项数据分别为 9.50 美元、10.50 美元、1.05 美元。两个期间折旧和营业成本总额的账面数是相同的,但最后一期的单位服务成本表现为第一期的 5 倍之多。只有当 O 和 S 为常数时,通过这种方法所产生的账面价值、折旧费用、总收入的扣除项目以及单位成本所反映的总体状况才会近似于事物的真实情况[①]。当这些为常数时,唯一的错误是可能忽略了时间长度上的差异,这个时间既是投资所需,也是享受资产的服务所必须等待的。这种错误只有当用寿命期相当长的资产代替寿命期较短的资产来完成同一工作时才会有重要影响。

---

① 参见附录 B。

各种替代性投资机会的竞争将不会容许忽略因素。

估计错误的影响

到目前为止,我们所考虑的仅仅是基于未来经营状况的准确预测作出主要估计的情况,随后的各种统计数据都是以这一估计为基础。倘若有关未来的预测并不准确,情况又会如何?显然,这种情况是很常见的。本书作者至今尚未发现,有什么特别的原因能证明,有关经营政策和服务的错误判断更可能发生在某一方向而不是其他方向?

以 A 类资产为例,我们可能有充分的理由假定其未来支出和服务都会经历一定量的增加,但是,我们在某一方向上发生错误的可能性,与在另一方向上发生错误的可能性一样。增加的比率既可能大于估计值也可能小于估计值。后来将会实际经历的一系列比率:

$$\frac{D_a + O_a}{S_a}$$

与书中所展示的情况形成对照,在两种不同方向上偏离估计值的可能性是一样的。我们在整个过程中既可能高估单位成本,也可能低估单位成本。实际发生的估计错误不会互相抵销,总之,皆会使情况更加恶化。

因为在企业中占统治地位的资产类型有所不同,情况会有很大差异。对一般产业——尤其是处于快速变化中的产业——而言,折旧会成为一个严重问题的,涉及的主要是 A 类、D 类和 G 类资产。其中没有一种是会真正"适合"直线法的。在上述资产很多的企业,该公式不但是不规则的,而且是有偏的①。

通常人们会说直线法"通常情况下"差不多是准确的,但却很少有人会具体说明他所谓"通常情况下"是什么意思。如果这句话的意思,是说对以上任一类资产它都差不多是准确的,那么,除了对 O 和 S 为常数的资产类

---

① 见附录 B。

别外,这种说法是荒诞不经的①。如果它是指一项资产连同另外一项资产,它将会在大概正确的期数内低计折旧总额,或者有可能过早或过迟地低计退废价值,对我们所提到的任何一种公式其实都可以这样说。但对有些公式而言,这种错误几乎是完全不可能发生的。如果它是说一家企业账面价值的总计数接近正确,也即是说,其中隐含的高估会被低估所抵销,则只有当企业资产总体上允许这一情况发生时,这种说法才会是正确的。对于因为未来需求预增而建造建筑或者购买设备的公司,或者交易量已经出现下降并影响到其建筑和设备配置的公司,这种含义永远是不适宜的。

单位服务成本和单位生产成本

总的来看,我们通常希望看到的是后一种情况,即:账面价值总计数近似于正确。假如说对某一特定企业而言,情况确实如此,那么,这是否会有很重要的价值呢?一个企业财务状况的真实情况,取决于它在未来经营中可以并且将会做什么,而不是取决于它在过去做过什么,除非还有一些尚未用尽的服务依然可以继续使用。假定有一家制造业企业,可以制造好几种不同的产品,而且确实在制造其中某几种产品。我们可以考虑一下,对于这样一家企业,究竟会发生什么情况,并且这种情况会在很大程度上发生。我们假定通过直线法可以确定该企业资产价值总计数的"正确数字"。假定该企业现任成本会计师认可有关折旧的各项数字,包括折旧总额和折旧的明细资料,并采用机器工时比例法来分配折旧及其他费用。显然,由

---

① 附录 A 中以列表方式反映了按此处所讨论各种公式计算的各类资产的账面价值、年度营业费用、单位成本。

在将一项资产的整个使用寿命期作为一个整体来考虑时,没有哪种公式会是"有偏的"。全部的费用负担会恰恰等于全部时间内的全部支出。但如果只是考虑总体资产在某一时期的情况,公式就可能是有偏的。在一个期数少于 n 的连续数年中,该公式可能会出现一定偏差,不过,继该偏差之后,可能会在相反方向出现另外一项偏差。然而,对许多公式而言,由于对期数 n 的估计因为某些原因出现错误,可能导致错误过大,只有一小部分可能通过调整得以恢复。因此,收益表中的净收益永远无法得到调整。在这方面,直线法的表现很不令人满意,尤其是在资产服务期的长短更多地取决于机器的实际磨损而不是暴露时间的情况下。

于这种方法导致单位成本计算不当,会直接影响各种产品单位利润的计算。除非对各类产品而言,其所提供的服务所占比例与企业作为一个整体的比例相符(这种情况在大多数多品种生产的制造业企业中是不可能出现的)①,才可以指望成本账目能够表明各种产品的差别优势,如同表明各等级及各类产品线的差别优势一样,但这不可能代表真实的差别。如果管理层把成本数据看得很重,他们力推的产品线可能会产生很差的结果,而他们着力压缩的产品却可能恰恰是最具优势的产品。比照真正好的估值和因为这种方法所产生的错误数据,每一项基于错误估值而采取的行动都将是一项失败的行动。因此他们会努力去发掘出虚假的账面价值优势并努力消除虚假的账面价值劣势的影响。

成本会计师肯定会努力消除糟糕的个别估值的影响。将"标准"成本作为一项用以衡量营业效率的指标,可在一定程度上达到这一目的②。常用的间接费用分配法,除机器工时比例法之外,确实会使糟糕的个别估值被滥用,要让它为糟糕的政策负责基本是不可能的。不过,在有关间接费用分配方式的无休止的讨论中,似乎没有人曾经很慎重地指出过,它们可以阻止对糟糕的估值的依赖,并将重点放在较好的估值之上。人们很少注意所分配的究竟是什么,以及在何时通过费用负担来进行分配。

简化到何种程度才最有利?

很多人主张采用直线法,是因为它可以在很大程度上使事情简化。没有人会否认其简化性,但它同时也是不规则和有偏的。只要该方法继续作

---

① 例如,假设一个企业在制造不同类型的灭火器、建筑硬件、工具和餐具。其间没有内在的一致性,而是一种特定的产品,对于各类资产所提供服务的比例,是完全可以料想得到的。

② "标准成本"是一个极不恰当的术语。无论这一术语所概括的是事物的哪一部分特质,它们都理所当然不会是"成本"。如果有人对此表示怀疑,那么请他写出其统计表达式来看看,不论是产品单位成本、生产过程成本、还是"部门"活动成本。如果他这样做了之后依然认为这种表达式所表示的是成本,那么,成本所负载的意义也就太广泛了,广泛到可以作为一个符号来表示任何观念。

为优势方法被使用,我们就需要寄望于成本会计师能够避免那种极端表面化的机器工时比率①。一种间接费用分配模式,如果能做到正确的费用分配,当然最好不过;但如果分配结果包含数据错误,那将会是一种极其危险的模式。

当然,我们不可能找到一大堆理由来抛弃这种方法。正如我们前面所言,所有公式都是以一些原始估计为基础的,我们所能做的就是尽量限制原始估计中可能的错误。另外某一种公式也可能在另外的条件下获得近似于真实的价值。我们可以针对资产的类型组合使用多种公式,其结果可能优于任何一种单一的模式,此时我们可以不必介意该公式是否更加复杂、更加通用。

我们也不必认为简化没有一点好处。我们始终不能忘了进行初始估计和进行各种计算所需付出的代价。你可以想象在将初始估计中的错误限制在最低程度的情况下发明一种能够产生最佳估值的公式,但你不能同时还指望这种公式是很简单的。对资产进行估值所付出的成本甚至有可能超出资产本身的价值。更准确地来讲,如果资产的价值取决于与其所有权和使用相关的各种费用,包括用一种完美的公式对其进行重估价所需付出的费用,那么许多资产的价值就极有可能成为负值,只有当其在完全不进行重估价的情况下进行使用,才会给企业带来真正的利润。

Hotelling② 曾试图找到一种联合公式来确定各种费用之间的相互影响,比如资本价值税等对应税资产价值的影响。假如一定要这样做,那么,不管是税还是账面价值,都将受寻找该联合等式所付出代价的影响。而且,税额和账面价值额也都会再次受财产估价员办公室使用该联合等式所付出成本的影响。参与联合等式的人员需要接受数学方面的培训,而且他

---

①此处所谓机器工时比率是指 Scovell 所谓"新机器工时比率"(new machine rate),参见其"Cost Accounting and Burden Application"一文引用部分,可以同时关注他有关折旧、修理等问题的讨论。

②Journal of the American Statistical ,Vol. 20,pp. 345-346. 参见他在第 351 页有关一种简化公式的评论。

们必须掌握与初始估价相关的各种事实,才有可能比较恰当地运用该等式。一项公式所隐含的各种使用成本,也是构成该公式价值的一部分。

偿债基金公式

在直线法公式之后运用得最广泛的,当数偿债基金公式及其修正模式。任一期期末账面价值的总体表达式可表示如下:

$$V_a = V_0 - \frac{AW(I^a - 1)}{i}$$

其中:A 是利率为 i,以第 n 期期末的终值 I 按复利计算的期末年金的租金额,$I=1+i, W=V_0-V_n$。任一给定期间的折旧为 $D_a = AWI^{(a-1)}$。

需要注意的是,正如在直线法公式下那样,每年的费用并非固定不变的,而是构成一种普通利率为 I 的几何级数。当 $I=1$,也就是说,当 $i=0$ 或 $n=1$ 时,它与直线法是一致的。但当 $i>0$ 和 $n>1$ 时,这也是此处我们唯一关心的情况,在资产最初估价之后至资产处理之前的任何时间,这种情况中资产的账面价值将会高于直线法下的值,在这些时间限定的偿还基金曲线具有更大的正规性,也隐含了更多的年投资。

"折旧率"和"利率"

这里有些人假定在给定了折旧年限的折旧汇总等于基金的年金。与此同时,这种年金也是实际上(或者是想象中)被用来估计汇总在资产使用年限中的成本和残值之间的差额。但是并没有如此的等式,一种被承诺为最经济的服务的利用比率也很少会与一特殊的利率相一致。利用比率的变化也不会与在任何简单的挣钱项目中形成的利率的变化相一致。

折旧支出和折旧基金

有很多人都尝试着用不同的方法去区别那些作为某偿债基金的存

款或者存款和在折旧支出之上的收入,折旧支出的唯一来源是费用或者制造支出或者为了享受某种服务而制作某一资产的支出,当支出为了服务支付时,真实或现实的支出发生了,为了方便起见,所提供的那些年份的费用和支付都被认为是已经支付过了的,除非利率为 0 或更低。那些必要的为了偿债基金的存款等于 $V_0 - V_n$ 的差额将少于折旧支出,如果某人能如此简单地计算折旧费用,他可以用 760 美元和利率为 5% 在 100 年里去一次性消除 $V_0 - V_n$ 等于 100 000 美元的所有差额,这也许就是一种独立投资的形式,但是它并非折旧支出。那些模式的不足之处——除了模式所表现出来趋向于误导人们相信,募集自由基金模式和资产的合理利用模式之间有某种联系,还有类似于直线法的一些不足之处,因为所给定 n 的值和 $V_0 - V_n$ 的值(给定的 i 与其他的某一投资回报相关)。所有随之而来的账面价值,所有的折旧支出,所有隐含的单位成本都是由这些决定的。因为它所提及的资产都是准确地建立了同样的账面价值,忽略了一项资产中变更投资的利率,这个公式当 $\dfrac{AWI^{(a-1)}+O_a}{S_a}$ 保持不变时才适合。

这里没有一个先验的理由,也没有一个可取的经验能够让你去假设一条类似偿债基金价值曲线将比直线法模式决定的真实情况要好。除了那些在某种程度上决定 n 外的 O 和 S 的期限,这两个模式都是不变的。正如后面所展示的一样,涉及它的适当基础的 i 值除了当 i 是涉及其他投资时不影响 n 之外,它影响这个投资中的 n 值。但是即使 i 是合适的比例且在某项资产的投资中被充分的考虑,它还是会涉及所有的支出,而并非某一部分的支出。

当 $\dfrac{AWI^{(a-1)}+O_a}{S_a}$ 保持不变的条件比 $\dfrac{O_a}{S_a}$ 保持不变的条件更容易满足,则偿债基金法的方法要比直线法更好,但是反之则不然。两方面的深层次的考虑要比单方面的考虑要好,但是我们不应该忘记其成本的大小。

余 额 递 减 法

许多教材中介绍过这种方式,幸运的是,它在实际中的运用并不多见。其一般表达式为:

$V_a = V_0 \cdot r^a$,当 $r = \dfrac{V_a}{V_{a-1}}$,a 为常数。

在任一给定年份中价值的减少可以表示为 $D_a = V_0(1-r)r^{(a-1)}$。

通过直线法中所提到的方法,我们可以获知 n。此时的问题就变为如何找出一个比率 r,如此则 $V_0 r^n = V_n$,例如:$V_0 r^n = V_n$,理所当然就是说当 n 是确定 $V_n = 0$ 时,$r = 0$,当 n 与 V_n 都是确定的话,r 可通过下面的方式求得 $n \cdot \log r = \log V_n - \log V_0$。

从上面的一些一般的表达式我们直接可以看出,V_a 这一系列的账面价值是以相同比例 r 为基础的几何级数。我们可以回想在偿债基金下的 D_a 也是一个几何级数。

本方法的不足之处

这种方法很可能被否决是因为明显地不同于前面公式 1 与公式 2 的不足之处。在确定账面价值时,V_n 被赋予压倒性权重。如果 V_n 为零,则 r 也将为零,收购之后即时的账面价值也将为零。将其应用到之前列出的任何一项资产中,在第一期期末,以 $V_a = 0$ 和 $V_n = 5$ 为基础计算的价值之间的差异为 74.11 美元。因此,即便是现实中最不重要的常数,在公式中也会产生很大的影响。

有好多案例显示本公式符合事实的情况,但是除了在那些资产立刻会变成一个需要报废的项目的情况,或者 $V_0 = V_n$ 以致 $r = I$ 的情况之外。它成为一种更适合的公式的机会更加渺茫,它的主要用途似乎在于为会计学生提供有关对数运算的训练。

年 数 总 和 法

本方法有许多不同的名称。但是没有一个可以表达出它的本质。一般账面价值的表达式为

$$V_a = \frac{W(n-a)(n-a+1)}{n(n+1)} + V_n$$

每年的折旧费用表达式为

$$D_a = \frac{2W(n-a+1)}{n(n+1)}$$

一系列的 D_a 是一个数值递减的数列。数列第一项是 $\frac{2W}{n+1}$,而公差是 $\frac{2W}{n(n+1)}$。像在直线法公式中一样,在确定了 n 之后。整个过程就是将全部的资产使用年数求和作为比率的一个基数。因此如果 $n=10$,这个比率基数为 $10+9+8+\cdots+1=55$。第一年的折旧为 $10W/55$ 美元,第二年的折旧为 $9W/55$ 美元。以此类推,计算到第 n 期的折旧也就是 $W/55$。

本公式的不足之处——本公式由于未赋予估计残值以过大权重,因而避免了之前讨论的公式在这方面所存在的问题,然而它却给予 n 值一个特殊权重。因此如果我们假设某项资产的使用寿命期为 5 年,首先我们用 5 年来计算每一年的折旧,然而以 6 个月为期计算 10 个期间的折旧,在每年的年末我们会得到完全不同的账面价值,如果 $V_0=100$ 美元,V_n 为 5 美元,我们得到其中 4 年年末的账面价值如下:

每年年末的账面价值

期间长度	第一年	第二年	第三年	第四年
1 年	$68.33	$43.00	$24.00	$11.33
6 个月	67.18	41.27	22.27	10.18
差额	1.15	1.73	1.73	1.15

这个结果当然是我们不希望看到的,好在它并不会产生实质性影响,因为 n 通常总是以年度为期来计算的。当需要编制中期报表时(这已是一种常规),无论使用什么方法,我们都习惯于将折旧期间改为半年、一个季度或一个月。

有用的特殊案例——在什么样的条件下,本公式可以产生正确的结果,但却会发生主要估计方面的错误,并忽略了投资利息?此种条件是很容易确定的。如果 $\frac{D_a + D_a}{S_a}$ 为常数,这个公式会是令人满意的。当这一条件与上面所述的公式1和公式2的条件更为接近时,它应该居于更为优先的位置。当一系列债券的发行从第一年起票面价值就因为摊销溢价或折价而每年抵减,或者从到期当期开始就有一定金额会抵减时,就会满足这些条件。因而,一个债券发行项目,100 000 美元的账面价值,以折价1 500 美元出售,债券发行的第一年开始平均每年应支付的金额为 20 000 美元。在第一年,估值账户需要贷记 500 美元,第二年 400 美元,依此类推,第五年为 100 美元。每一年度的贷记金额都要非常严格地按比例分配到当年发行在外的债券面值上去,并有与利息或折扣相应的支出发生。所谓的"科学的"复利法下的这种支出,对短期系列发行而言,将与此处所讨论的方法结果近乎相同。

作为一种独立的方法,对各类资产而言,因为存在系统的偏差,所以比直线法和偿债基金法都糟糕。

工 作 量 法

近年来,工作量法在一些资产和一些企业中取得了很好的发展,它不需要我们根据会计期间来估算服务期间,而是根据服务的功效来估算服务期间,使这种估算符合享受服务的数量比例而不是时间的流逝。如果我们设:

$$\frac{V_a - V_n}{\sum_{t=0}^{n} S_t} = U = \frac{V_a - V_n}{\sum_{t=a}^{n} S_t}$$

其分母上的求和符号分别表示,"无论 n 的数值是多少,从资产安装之时($t=0$)到资产报废时($t=n$)服务量的总和",以及"无论 n 的数值是多少,从资产估价之时($t=a$)到报废时($t=n$)服务量的总和"。有证据表明 U 为每单位工作量的平均成本。但它只是最初购建成本与报废残值之间的差额所代表的总的服务成本的一项平均数。

假如我们可以从新资产中很便利地获得有关服务量的估计,并从目前正在服役的资产中获得量的估计,则可以很便利地得出账面价值 V_a。其关系可表示如下:

$$V_a = U \sum_{t=a}^{n} S_t + V_n$$

有关年折旧额的总公式是 US_a。

工作量的含义

尽管有些时候要获得有关工作量的记录并不那么方便,找到计量工作量的适当方法却并非难事。汽车、卡车、公交车都安装有显示行驶里程的记录装置;滚动的股票统计数据也能显示相关记录,与汽车和其他运动器材的记录并无二致;工作记录能够显示机器从事某项工作的工时数;等等。在采用成本会计方法的所有企业中,人们会为了各种目的而保存数据。总承包商会记录各种设备搬运泥土的数量,记录混凝土的混合、起吊和浇注量。

可以肯定的是,对许多类型的资产而言,其寿命期是由时间而不是工作量产出决定的。因此,在车流稀少的铁路线上,枕木的"损耗"只是因为腐蚀。而一个建筑物的地基,如果只是作为其本原的目的而提供服务,则可以持久地服务下去。在这类情况下,工作量法将明显地与直线法相一致。对 U 的变化而言,其两个主要部分都是与日历时间成比例发生的,因而每年的费用支出会是一个常数。

在某种意义上,与先前讨论过的三种公式相比,这种公式并没有什么新的考虑。之后所有区别它们的一些明确的表述只是涉及成本在各个年度如何分配。"每年的服务"是更适合的服务使用计量方法。这种方法仅仅是修正了对工作量的计量。我们可以断言,在某种特殊的环境下,也许某种其他的方法和服务的功能将更重要。如果采取单位服务计量方法或者单位服务的列表,那么成本的组成成分可以如直线法那样直接依据它们的数量比例分配到单位服务中。汽车可以仅仅用行驶里程代替年服务量来计量成本和服务。

这种方法的独特之处

这种方法是否考虑了一些异常情况——其他方法都摆在我们面前——其实是微不足道的。其最大的作用是介绍了一种系统的工作量计量方法,从而代替了简单随意的计量。也许并没有更多的理由使我们力争接受一种普通的工作量计量。同样,我们也没有必要试图去接受某一些对象的单位物理计量。每个人都可以看出来,当谈到很多房子、木材、衣服、钢琴、石子路时会有多不方便。同样的麻烦和不便,也会在试图对房子、木材、衣服、钢琴、石子路所提供服务的价值进行计量时出现,你不知道该用怎么样一种武断的乘数系统,把非货币计量转换为货币计量。

我们很难发现卡车今年与去年的使用有什么显著的不同。但如果吨—英里—有效载量有稳定的意义,并且对吨—英里—有效载量而言每年的行驶里程比率保持不变,那么,相对于行驶年份而言行驶里程数将是一个更好的计量指标(也就是说更方便,所以更重要)。

在本书后面的附录 B 中,我们给出了特定的条件,在这些条件下这种方法相对于直线法可以给出更好的账面价值,每年的总收入扣除数,以及单位成本。我们并不打算给出一个完整和完善的对比,甚至是在这两种方法之间的比较,我们只是想插入一些暗含的调查特征,在估值理论中引入一些有用的结果,我们注意到在任何一般的条件下,直线法能给出正确的数据,工作量法将得出完全相同的结果。但是后者能在一些资产的整个使用寿命期内给出正确的结果,而前者将由于不确定的巨大数目而给出错误的结果。

除了所提到的作为一种更好的评估服务的替代品这一明显的优点外,这种方法还有另一个明显的优点,它总体上不考虑 n,除非使用率必须为常量,或者仅仅根据显示的服务数量就能确定服务数量的情况。这些并非 n 难以估计的例外情况,相反,由于显示的时限和固定的使用类型而使得 n 能被恰当地估计。当磨损常常作为使用率的功能是有效的或者是运营开支的主要原因时,n 就非常难以估计,n 的估计错误是估量失误中最为严重的一个。

任何一个人在开车和观察其费用支出时都知道,在给定路况的使用环境下,汽油成本、轮胎成本、气门磨损、润滑油的消耗、轴承校正、汽缸维修等都与行驶里程紧密相关,而不是服务的月数或年数。相对于同年的服务量,其他一些特定开支的变化如油漆、注册费等也与时间相关,但主要费用对于所有的消费者和生产者而言都适合用使用率而非年数。任何一种机械设计教科书都会说明其中的原因,任何一个测试实验和机械保养记录也都会证明这一点。

尽管有乏味重复的风险,但还是有必要强调,一项基本估计不管在这个公式中有多么重要,并不意味着在另一公式中也一样重要。在没有考虑可通过预测确定的 O 值和 S 值的情况下,对任何公式而言,n 都不是很容易地确定的。同样,在没有考虑 O 和 S 的对等的时间分配的情况下,V_o 和 V_n 的最经济的组合也难以确定,忽视所有这些,在任何情况下都会带来惩罚。如果其中一种或者两种趋势都很有可能成为一种趋势而并非都像一条平行线一样基于时间坐标,对于相同的估计,这种方法在任何情况下都比直线法要好。这种对于 O 和 S 不能预测或精确预测的质疑是不合理的,因为直线法和每一个把 n 作为有效符号的其他方法都隐含着一些随意的倾向性。

受我们自己预测能力的限制,这种方法比其他任何前面提到的简单方法更值得推荐。不过,如果只能使用简单的方法,也没有任何好的理由认为这种方法是唯一可用的方法。这就涉及下一章将被讨论的有关上述提到的各种简单方法的变体。

第十四章 重估价技术:调整后的方法

上一章中,我们详细介绍了几种简单的重估技术。这些简单的方法已经被大幅度地修改和完善。下面将会提到直线法、偿债基金法和工作量法的变体。但是只有最后这种有足够的优势值得仔细考虑,我们已经对本书中提到的每种方法作了一项测试,并发现了许多种改进方法,但是每一种改进后的方法在某种条件下都不如这里提到的工作量法的变体。基于对变体最初评估的典型错误的严重性和不利性,几乎所有的变体都可能被拒绝。一些是因为它们所暗示的人类行为与基于准确信息的真正行为相反,余下的那些虽然数值上合理,但因为成本太高而无法操作。后者中的一些形式得出的结果与那些既定的认可如此相似,以致它们根本无法在实际操作中变得更好。

修正的直线法

很多作者把这种情况称作"重大维修"或"额外费用"。如果在使用寿命期内一些非常大的事项循环的周期比预期的一个会计期间长得多,从简单法里会看到,这样一个事项的发生将在数据上严重扭曲净收入和成本。很明显,一个人修屋顶的目的不会仅仅在于在完成工作那年的剩下时间里得到房子的服务。做这项工作的目的在于获得新屋顶所能维持的这段时间里房屋所提供的服务。一个人不可能在每年的大部分时间都涂饰房子,但事实上,这项工作必须要做,也能得到回报,也会影响到房子的价值。房子究竟是否值得装修取决于装修的成本:房子装修前后价值的差别应不小于装修本身的成本。

额外支出

人们常用以下公式来确定数额巨大但不经常发生的支出:

$$V_a = (n-a)U - \sum_{t=a}^{n} E_t + V_n \text{ 和 } D_a = U - E_a$$

其中 U 由以下公式定义:

$$\frac{V_a + \sum_{t=0}^{n} E_t - V_n}{n} = U = \frac{V_a + \sum_{t=a}^{n} E_t - V_n}{n-a}$$

这里的 E 代表"不计入增加值的额外支出",这样修改带来的影响是把这些额外的修理成本同等地扩大到所有使用年限内。U 成为记入折旧借方和折旧余额贷方的数值。在所有发生这种不寻常事项的年份里,E_a 作为成本被记入折旧余额的借方和现金的贷方,倘若尚未付款,则记到一些负债账户里。在任何特别年份里我们将会看到折旧余额账户的余额可能是借方余额,这意味着在起点和终点的账面评估中后者更为重要。只有在没有额外事项发生的年份里,价值线才会是一条直线。

什么支出是额外的?

然而,究竟什么是额外支出?其数额该有多大或者发生的频率有多低?大量小的花费构成一个额外的项目会是同时发生还是发生在任意期间?如果我们忽略了目前服务的数量与同时支出的数量之间的关系,我们就能轻而易举地看到各期间费用的不同是唯一真正有意义的事情。它的不一致扰乱了收入和单位成本的统计数值。一个具体期间内维修费用的缺失会像一个数额巨大的费用发生一样不同寻常,对收入和成本数额会有同样重要的影响。当然,对两者的影响是相反的。一个期间内,能够通过不维修或不装饰房屋来达到增加真正的净收入的目的吗？假设一个人在有协议的情况下买一台机器，卖者将在买者不用支付任何更多费用的情况下使该机器"服务"一年。买者是否避免了潜在的费用？或者卖者是否能负责做到如果买者要他遵循协议，购买的价格就要大到足够偿还由此给他带来的不便？

对于一些资产，或者其费用支出显著增加，或者费用降低，或者以某种特殊方式背离一般情况，我们该怎么办？处理这个颇为棘手的问题，一种简洁的办法就是假定这些经营支出将达到差不多同样的数值，或者它们将随销售额而变化。但是，对各个不同的企业，以此为基础的差异范围，不论是按绝对数还是相对数来算，都会非常大，其分布也会是非常散的。一般来说，想要将来一致化是不明智的。一条财务状况和管理都很好的铁路，在对全部车辆的修理和枕木的替换等问题上，如果下一年任务很繁重，则该淡季期和稍微有点繁忙的年度里的花费多于繁忙期或繁忙年度里的花费。在有关智者和蠢女孩的寓言故事里包含着大量的商业智慧。不要说"如果经营支出是一致的"，而应该说"只要它们能够合理地达到一致"。在产生服务前作修理投资与在得到服务前作购买设备的投资有同样的意义。有了买卡车的决定后从经济意义上考虑，就会不可避免地决定付出更多的支出来保存它。一美元的购买价格就会有一美元的修理费用的后果，除非后者落后于前者。

然而，在一些案例中还处在讨论阶段的直线法的修改体与它可能的任何修改体一样好（见前面章节中B类和H类资产）。这些案例是远没有代表性的。停止额外的条款仅仅是在遇到困难时吹毛求疵。大量案例中通过考虑费用的全部明细表，我们能够做更多事情。这样做是必要的，就上面给定的公式而言，只是用 O 代替 E。

在一些案例中各个期间所提供的服务可能被期望大约是个常数，除此而外，费用的发生最好能够比较和缓一些。只有在这些案例中，一个人才能合理地期望总费用达到较为稳定的状态。如果我们不加选择地采用这个修订的方法,我们究竟能否受益很值得怀疑。每年费用恰好一致可能是很荒唐的,并且可能导致统计上单位成本数据甚至比那些由简单方法计算出来的数据更不现实。

单位服务成本

将该方法应用于 B 类和 H 类资产,则可得出下表所示的单位成本。我们可将其与根据未修正的方法所产生的数据相对照。

这两类资产的单位服务平均支出是相同的,即 0.39 美元。同时,对 D 类和 F 类资产,修改后的方法更令人满意,并且比直线法要好得多。对 E 类资产,人们只是认可其结果是正确的。

两种方法下特定期间资产的单位服务成本

期间	B 类		H 类	
	简单法	修改后方法	简单法	修改后方法
I	$1.05	$1.25	$0.21	$0.25
IO	0.21	0.25	1.05	1.25

该方法的相对缺陷

重要的是,没有任何一种方法会产出更好的结果,在大多数情况下两种方法都不能得到像下面所提到的方法一样好的结果。直线法让人无法消除它的实质性缺陷,如果人们真正关注的是达到某种效果而不仅仅是上数字运算的准确性,那么,没有修改的直线法可能变成一种可实施的方法。所有形式的直线法似乎仅仅是一种特别流行的算术上认为的谬论,通过推测或者自然规律而达到均值。与所有其他例子一样,不同点在于哪些数量计入总额,用什么做除数。从统计意义上来考虑,平均数并不只是分摊计算的数字结果,在计价程序中,算术中位数可能是一个有用而且便利的计量指标。条件是在正确的环境下对正确的变量作正确的平均。在本例中,应该是将总的服务成本在全部服务量之间进行平均。

修改后的偿债基金法

理论和实务中都发现了大量有关这种方法的变体①。它们之所以会在这里被提到,仅仅是因为有时候要用到它们。不可否认的是,在某种条件下,它们可能成为极其重要的数据,但这种情况很少出现。在每种情况下都可能找到一种同样或更可靠的方法,这种方法比偿债基金法的变体用起来更简单。

偿债基金法对投资或退休基金管理部门来说是一个很好的谈判基础,但是它在计价中的突出地位提供了一个很好的证据,证明普通的重估价技术是一种非常不成熟的方式②。

余额递减法和年数总和法的修改

任何方法都能够有很多随意的修改方式。如果你足够坚定,不论从哪个公式开始都能得到其他的公式。但是如果没有一个好的开端,重新开始可能要比沿袭错误的方法更容易。烧毁房子可以是烤乳猪的一种方式,但这是一种昂贵的烹饪方式,并可能没有办法准备出最美味的野餐。就我们的想法而言,任何一个处于讨论状态的方法的修改目前都没有使用,除了在极少数例子中用固定比例法为 V_n 确定一个纯粹随意的正值。要使任何一个方法适合真正的连续价值形式在代数上没有困难,假如一项资产在重

---

①见 Saliers 的《折旧:原则和应用》。Saliers 不赞成所有潜在的准则,但也没有用任何方式表明哪个准则和使用那个准则进行修改过的规则有特别的缺陷。

②涉及对偿债基金准则进行了相当程度修改的两个规则将会在之后的章节中予以讨论,但是这些修改是如此之大以致偿债基金准则过大。这些规则将会被讨论不是因为它们很好而是因为它们得到了高度培训过的技术员的支持。

做时每次都能作正确的修改。但是要使每一种方式都值得信赖，则是一项可能只适合于数字公式操作的分类训练。

工作量法的修改

这一方法的简单形式不仅比任何其他已经提出的形式更加值得信赖，而且能够很容易地修改成不需要使用任何变量的形式，而这些变量在任何简单方法中分配符号价值时都必须要被考虑到。对修改该方法的操作来说，必不可少的补充数据所需要的信息不能由任何账户来提供。讨论该方法时，最后一章注释中说它没有造成任何影响，使其从自身的期望价值中偏离 O/S，也就是说，如果在各个期间内 $O \neq KS$，当 K 是一个常数时，服务的单位成本 $(D_a + O_a)/S_a$ 不是一个常数。违反了这种关系就是一个缺陷。

第一次修改的潜在假定

最后的陈述范围太广以致不能在没有得到证实的情况下保留下来。在作者目前的观点中，它的基本原理能够由下面的假定来描述：

1）购买机器后拥有它的原因在于：

a. 它所能提供的对一个项目的操作服务是必需的，在操作中，其他的服务能够与它一同提供；

b. 提供期望的重要的服务，而且这种服务的每单位支出比买方从任何其他可供选择的代理商中获得的服务支出更经济。

2）除非比纯粹猜测好一些的估算由下面两部分组成，否则不能从那些可供选择的设备中很明智地选择出一台机器，因为那些设备都能提供必要的服务：

a. 由机器中得到的服务数量大于最大可能的付款额；

b. 因为所有权和操作而最有可能发生的支出的数量，不是买价减去残值，如果将要最经济地获得机器的服务的话。

3)机器的技术服务能够以一个单位的形式计量,除了像早期对反对递延服务的偏爱外,偏爱任何一个单位的服务而不是其他类似计量的单位都是不合理的。

4)财务周期内,服务能够得以利用,购买之后的支出即将发生,但财务周期的数量并不能可靠地确定,除非:

    a. 极限范围内,时间等于零和时间等于 n, $S_a / S_{a\pm1} = 1$;

    b. 对服务的需求 $S_1, S_2, \cdots, S_a, \cdots, S_n$ 能被预见。

5)O 的时间分布更大范围内是由 S 的时间分布决定的,而不是仅仅由时间的流逝决定,除非 S 的时间分布能被预见。时间函数 O 的要素 $O(t)$(例如,年度特许费用、装修等)必须被允许以最大可能的值 n 作为基础。

6)工作的可选择目的对管理来说是公开的。例如,一种或者更多种商品或者服务以不同的售价和变化的数量来销售。除非经营政策的结果能够被可靠地预见,否则机器购买不能保证企业有严格限定的经营政策。这个特例是一个公司的案例,该公司为它的全部产量的长期销售订立合同。

7)优先期的比率(诱惑企业管理者持续经营的在另外的投资上必要的利率)是下面两者之一:

    a. 评价上的忽略隐含地确立在零点;

    b. 该比率被遗漏的原因是关于 V_o, V_n, O 的投资时间,因此 S_0 能够预测到这样一个小范围以致用于计算的合适比率不可能使有效的评价更好,从而来支付另外的计算成本。

并不能说这些假设是一个完全全面的体系,因而它们任何一个都被认为是完全理性和必需理性的,它们彼此之间并非不能共存,也没有在它们的假设中广泛地从条件中分离出来,在那些条件下,要求和采用了一些大部分仍处在讨论状态的资产种类。

首次修改:忽略利率

在这些假定下,U 表示每单位服务最可能的费用,当作出最初评估时,我们建立:

$$\frac{V_0 + \sum_{t=0}^{n} O_t - V_n}{\sum_{t=0}^{n} S_t} = U = \frac{V_a + \sum_{t=a}^{n} O_t - V_n}{\sum_{t=a}^{n} S_t}$$

然后,第 a 期期末的账面价值变成:

$$V_a = U\sum_{t=a}^{n} S_t - \sum_{t=a}^{n} O_t + V_n = V_{a-1} + O_n - US_a$$

与总收入相反的关于这项资产经营服务成本的年度费用是 US_a,账面价值的降幅(如果 D_a 是负值则是升幅)由下面的公式给出:

$$D_a = U \cdot S_a - O_a ①$$

每单位服务的"最小成本"和"最经济成本"

已经购买了机器的商人,他的问题不是怎样去得到在便宜的机器之外可能的技术服务。在真正的实务领域里,后面的问题如果曾经出现过那也是很少见的。在他目前的财产里或者在他目前购买的配置里,只有当最大

---

① 这些公式非常像刚才给出的体系和接下来要给出的体系,它们首先由 J. S. Taylor 发表在《美国统计关系期刊》的论文《一个基于单位成本的统计学上的折旧理论》,见 1010 页(1923 年 12 月),然后由 Harold Hotelling 在相同期刊的第 20 期第 340 页(1925 年 9 月)的论文《一个普通的数学折旧理论》中给予评论和修改。这些作者都很独立,作者已经发明了两个公式体系,该体系 1922 年 3 月已经在这儿被提出过。几份手稿复印件在那一年私下流通,从那以后,它们两个都已经在说明中被他连续使用过,Taylor 的文章(见第 1010~1012 页)和作者自己的作品都被 Gillette 的作品《成本数据》(1910 年第 36 页)和《特别委员会对铁路财产和其他公共设施的评估公式准则和方法的财务报告》,发表在 1917 年第 81 期《美国法定工程师的社会》,第 1448~1501 页。两篇文章都在某种意义上对单位成本公式有一定的扩充评论。作者非常赞同 Taylor 所认为的单位成本公式在与其他公式比较时有很少的优势,但是 Taylor 在文章中表达或暗示的假设与作者文章中的假设是非常不同的,如果只从表面看,两个公式只有很少的相似之处。

盈利是伴随着每个人和每项设备最佳能力的操作而产生时，后一个问题才会自主地呈现在商人面前。面粉厂拥有生产能力，它生产面粉的速度比两个人吃的速度更快。如果工厂生产能力意味着商品产出的比率继续无限延长，可能使面粉在每100磅碾磨成本最低时被碾磨而成，工厂和任何单位企业都从来不曾达到那种程度。利润最大和损失最小都必须在除了最优能力外操作一些或者全部的设备，关于商业有一个不可抵挡的事实就是商人不能统治他所经商的领域。这些不是由他，而是由他的所有东西的买方市场来决定，所以他的卖方市场也是如此。他的工作就是去发现那些可能表现自己的机会，当机会有利时，发现它们；抓住它们，当存在负面威胁时，则准备好转移。

企业评价的问题就是要回答，现实社会中企业如何很好地做到准备抓住那些可能表现自己的机会，避开那些可能利用它们的劣势。预期那些有利的或不利的条件是商人自己不能回避的问题。会计师承担评价他为可能发生的任何事所做的准备有多好的责任。

公式的优点

处在讨论中的公式不拥有任何与以前考虑过的那些相反的缺点，拥有的不仅是以前所有的优点甚至更多。如果为了支持它而提出的假设与事实相近，则该公式可以很好地解答下面问题：

1）对那些已经付款或必须付款的长期设备服务，代表服务已经实现的费用有多少，有多少服务仍在继续？

2）那些支付的或将要支付的服务中，今年所使用的有多少是适用的？

3）每单位已实现的服务有多少已经付款或者将不得不付款？

第一个问题的答案帮助商人了解他的关于对这些技术服务控制的财务状况，将来可能作为他的优势来使用。第二个问题的答案说明此年的收入多大程度上是伴随过去和未来的支出自由发生的。两个答案一起回答了将来的问题。进行投资所得到的净收入（损失）是什么比率或其他关系。

对这个更进一步问题的连续的答案及时地形成了一个涉及随后经历的趋势或者基准线。这些答案也计量了过去经营赚钱的效率。

从第三个问题的所有答案中,可能形成一种感觉,即有差别的优势是真正公开的。将来成本会是什么,我们对此真正了解的是:(1)类似的经营成本是什么;(2)自从发生了那些成本,费用状况发生了什么变化。公式所计算出的费用数据是有用的,对它们所依赖的程度多大是有害的。好的与企业所处的特有状况并不一致的费用数据是这个问题的半个答案,什么是最有利的和什么是最差的机会,能有什么收入,确定这些问题是商人自己的职责,而不是会计师的负担。它们的这个答案体系决定了:(1)过去赚钱的效率;(2)目前的稳定能为将来带来什么;(3)与明显的战略优势相关的对最近的将来的期望。对商人或与商人交往的公众来说,没有比依赖于上面提到的三个核心信息更重要的信息了。如果利用不可靠的信息,不能想象会有比对这些事情的不可靠信息更糟的向导。

估价错误的影响

这个公式中估价所意味理论证据的程度可能是错误的。没有得出来源于它的统计数据比来源于那些相似错误的数据更糟。什么时候使用以前所讨论的任何一个公式超出了本书的范围。在附录 A 中,给出了估价正确时来源于它们的所有的数据。如果学生希望看看估价错误时这些公式将会怎样,他可以做几个随意的测试。例如,他可以假定对一项 C 类资产估价,然后接连假定 n 不可预期地大到等于 15 或者小到等于 5,仅仅扩大或者缩短 O 和 S 的范围。尝试把错误引入 O 和 S,比如说可能很容易出现,通过这种方法犯的错误将会少于在其他所讨论的方法下犯的类似的估价错误,看看这些错误在平均错误前(任何错误的平均)可能会有多大。

工作量法进一步的修改:包含利率

如果曾经有过,遇到保证在理论上比刚刚讨论的那些方法有了进一步的改进条件,则暗示允许方法在时间参数的一些比率上作出修改。除了当投资意味着一个单独的收入被单独资本化,否则是否投资利率应该被考虑进去的问题不会引起任何理论是否恰当的问题。

有关资本估值的案例表明,当真正有一系列收入需要资本化时,除了对极个别的期间外,会计师的估价总是暗示某些资本化的比率大于零,否则债务人在20年内每年支付50美元的年金的1 000美元的债券的价值可能被列示为2 000美元。

在评价一台机器的服务时,只是在理论意义上,才会认为其每单位都有足够的价值,现在的价值等于获得那些服务的预期费用的必要成本。在这样一个单位服务价格上评价一台机器的服务是很随意的。人们完全可能以一种很武断的单位服务价格去对一台机器所提供的服务进行估价,就好像整个支出可以产生某一设定的净收益率。即便是指定任意一种货币价值——甚至是支出成本,也不会比这种方法更武断。服务的货币价值本身并不构成货币收入,都是很随意的。就个体计价而言,对不会立刻转化为独立货币收入的技术服务而言,毫无理性可言。其计价既可以按为了获得该项服务而付出的支出来计,也可以按其成本的平方或 n 次方根,或其成本按百分之 i 的比率增进的价值来计价。除了考虑便利之外,再无其他可能的选择。

有关利息负担的限定

在有关"投资利息"问题的争论中,很容易发现各种各样关于采用什么利率的狡猾的辩论。大多数讨论这个问题的人似乎都认为,如果给定一个正确的利率就没什么好反对的了,除了选择利率和评价结果的随意性以及与计算和记录相关的办公室工作人员。一些人断定它高估存货,如果一个人幼稚到犯了以成本作为售价的错误,那么现在卖方市场流行的价格将是它的直接资本价值。

但目前我们希望提出一种不同的反对理由。如果利息以某种一致的比率支付,那个比率应该乘以多大的数呢?是资产的账面价值?但是看看这些账面价值,思考一下它们是怎样被决定的,在任何已发现的估价方法中,它们距离真正有用的和便利的数据有多远?借助附录 A 中的简单公式,通过账面评价发现,准确预见假定事件并且对它们开始支付利率,这是一件与打雪仗时试图改变地球旋转同样荒唐的事。尝试对数字进行 5% 的更改,可能对我们产生一个不可知的 50% 的错误,这就是幼儿园老师所说的"繁忙的工作"。

我们从来没有享受过检查账目的乐趣,也从没有期望会有这种乐趣。账户中内部统计数字上的证据不会产生一个强有力的对一个不确定错误的假设。尽管我们知道错误的方向,这些错误比任何已提出的人们希望能够达到的更正比率大得多。设想一下用某项以支付利息的投资所代表的财产交换我们所发行的一些股票的情况,利率只有在评价一些能资本化的事物上才能实行,那就是将来的收入和支出在大多数事实已经变成了经验之后或者是对一个量化项目的事后预告完成之后。什么会被资本化呢?未来的销售收入和支出是一方面。在尝试建立一种趋势时,过去的支出和收入在一个长时期里会是另一方面吗?

对方法的额外要求

估价理论工作者会考虑许多在实际工作中根本不可能采用的观念,这也合乎情理。

上面所引用的 Taylor 和 Hotelling 的文章处在关于这个主题最好的理论作品之列。但是 Taylor 关于单位成本要达到最小化的假设,提出了一个有趣的代数学上的问题,但这个问题没有止于代数学,而是变成了会计学问题。我们现在所了解的企业都不能自由地把成本最小化。Hotelling 怀疑使单位成本最小化的可行性。他认为在任何有用的意义上来说,应该对机器采取一些办法而不是在书中瞎叫喊。在这点上他是非常正确的,但在同一页中,他提出了评估税收、保险之类事务支出的问题,评估成本依赖于对价值的判断,但问题在于两者都很难确定。只有鉴定者和承保人通过相应的方法找到他们的数据时,这些项目涉及的鉴定者和保险公司对这些项目未来的预见才是真正的问题。

他似乎无保留地进一步采用成本作为首要价值。因此,随后的操作中从来没有产生比原始价格更好的估价。文章似乎暗示着单位服务产出的价格有时候不是由自身单位成本决定。

但这恰好是这类资产评价的核心。如果这个问题能够完全解决,我们应该能够得到正确的企业资本价值而不用诉诸预期销售额。然而,如果其意思是说产出的单位价值是从产品售价中获得的,就不需要一项一项地进行评估了。如果我们能够找到一些真正可靠的未来销售体系,对它的很多主要使用者来说,这个体系和未来支出体系的资本价值能够取代整个资产负债表。

该方法的适用条件

然而,有可能会出现这样的实例。在例子中,通过多方努力尝试着改进上次提出的公式体系中所找到的数据,以预见未来的经营状况。例如,对有些公共设施来说,一些实际投资的回报率固定了最大限度的利润,这种固定并非随意而为之。一些对全部有限资产的鉴定评估所需的比率基础需要增加后续支出。

在一个长的经营周期中,很有可能要求通过随后经历的事实计量检查早期的评估。当提议合并大量有很长经营历史的企业时,这种例子经常出现。这样的状况需要一个积极或消极的价值评估和商誉评估,而且,这种评估要比日常必要的年终测试锐利得多。在这些案例中,要仔细思考所有各方面的利益是否已经转移。坐等任何以前的错误自动消除是毫无用处的。

当与前面相似的状况盛行时,做一种比由上次讨论的公式得出的评价更准确的尝试是可能的并且也是值得的。如果这样做是值得的,那么下面对单位服务公式的额外修改可能会很有用。

修改为负担利息的公式

确定 U 的比率的分子为：

$$V_0 + \frac{O_1}{I} + \frac{O_2}{I^2} + \cdots + \frac{O_a}{I^a} + \cdots + \frac{O_n - V_n}{I^n} = V_o + \sum_{t=0}^{n} C_t$$

分母为：

$$\frac{S_1}{I} + \frac{S_2}{I^2} + \cdots + \frac{S_a}{I^a} + \cdots + \frac{S_n}{I^n} = \sum_{t=0}^{n} P_t$$

由 U 所确定的比率的分子：

$$V_a + \frac{O_{a+1}}{I} + \frac{O_{a+2}}{I^2} + \cdots + \frac{O_n - V_n}{I^{(n-a)}} = V_a + \sum_{t=a}^{n} C_t$$

分母：

$$\frac{S_{a+1}}{I} + \frac{S_{a+2}}{I^2} + \cdots + \frac{S_n}{I^{n-a}} = \sum_{t=a}^{n} P_t$$

如此则可将基本等式写为：

$$\frac{V_0 + \sum_{t=0}^{n} C_t}{\sum_{t=0}^{n} P_t} = \frac{V_a + \sum_{t=a}^{n} C_t}{\sum_{t=a}^{n} P_t} = U$$

任一期期末的账面价值可以写为：

$$V_a = U \sum_{t=a}^{n} P_t - \sum_{t=a}^{n} C_t$$

通过简单的代数推导可以得到：

$$V_a = IV_{a-1} + O_a - US_a$$

任一年的折旧额 D_a 是：

$$V_{a-1} - V_a = D_a = US_a - (iV_{a-1} + O_a)$$

就是说,一旦确定了 U(通常在某一标准利息表的帮助下),除了出现以下情况,否则将不需要随后进行利息计算:(1)确定 D_a 时需要用上一期的账面价值乘以 i;(2)确定下一期的价值时,需要用上一期的账面价值乘

以 I。但只需采用任一个即可,因为我们由定义知 $V_{a-1} - V_a = D_a$。

公式的特征

该公式有大量有趣的特征。应该首先说明的是,它能在评价任何真正确定的货币收入时被采用。这些货币收入由一项或多项不相关的收入和支出所组成。n 被定义后,无论收入和支出是相同的还是由变化的数额组成,都能使用这个公式,或者给定第一个或任何其他的账面价值,支出和收入的分配期间,任意比率 i。我们能够由这个公式确定大于或小于 i 时收益的超额或不足。也就是说,包括买价的任何收入和支出体系。如果 i 是买价中隐含的比率而不是确定的,公式中就会采用 i'(i'不等于i),U 的最后价值会显示 U 不等于 I。

公式中所定义的 U 是 S 的单位价格,比率 i 是投资中获得的回报率还是在每年资金有混合值 i 的价值时 S 的单位成本,这一点必须弄清楚。

如果 O 和 S 任一项在数字上变得与预期价值不同,D_a 和 V_a 将会显示不同期间评估错误的影响,如果 O 或 S 的任一单位发生改变,改变带来的影响也会出现。

这些特征能够用来对评估的精确度进行几项有用的检查。假定当机器还是新的时就在登记卡上对机器进行所有最初的评估,也假定完全基于评估的 D_a 和 V_a 的值马上就填满了表格。然后,当机器一年又一年地被使用时,用公式中的 D_a 和 V_a 分别代替 O 和 S 的经验值,同时将折旧余额和账面价值写在相应的预期值旁边的平行列中。预期值和结果值之间的差异立即会显示出当发生错误时账面价值的影响。

账面价值起伏评估值的数额可能是因为使用的比率比预期值低或者因为使用了更高的支出比率,或者两者都存在。如果作相反的改变,则结果也相反。最后结果与期望值的显著背离会引起对机器进行检查,再鉴定 O 和 S 的预期残值,并确定有关这台机器的经营政策。当然,在采用不含利息公式进行表达时,我们能够作出相似的表格和比较,但是预期值与经验值的背离表明的意思要复杂一些,因为两种评价体系在非经营期评估差异时用的是不同的权重而不是统一的。

经验背离评估的事实暗示了错误的重要性,但是除非这种偏差能够被评估,否则可能很难做些有用的事来更正错误或防止错误的再发生。

此外还可能要对盈利能力做一个更有价值的检查,因为如果所有的资产都被评估成可以产生某个被认为是最小的比率,那么竞争性资本就会进入竞争性市场中的企业,那个比率的投资利息在每年的 US_a 中支付,就成为了每年的经营支出。此时忽略 D_a 和 V_a 与预期价值的偏差,如果准确地获得了比率 i,经营收入账户余额将会是零。如果获得的值大于 i 就是贷方余额,如果小于 i 则是借方余额。无论是什么余额都能显示出当估算企业投资价值时产生的 i 和在大于(或小于)i 时的收入。

另一方面,如果采用这种考虑一定支出和服务并且不忽略两者的单位服务方法,就能从经营收入账户余额中推断出不同的意义。当估算资产的价值产生零比率时,收入余额是超过或者不足获得零比率的。如果这种投资零比率的方法被采用,那么资产的账面价值贷方余额将等于 8%。没有任何方式能够表明估算资产价值时产生的 8%本来应该在经营账户中是零余额。收入和支出的相关时间表中出现的差异以及经营折扣共同影响这个表面的异常,因此与某个任何简单程序上的标准比率相反。如果我们希望测试收入的超额或不足,我们必须在期初估算资产价值产生有关其费用的比率。

估计错误的影响

我们一直忽略了从资产安装起就已经规划好的预期账面价值与后来通过在公式中插入 D_a 和 V_a 的经验值 S 和 O 所获得的修订价值之间的差异,但这是很重要的。假定这一年机器空转,我们既没有使用它也没有为它花钱,无利息公式无论如何都不影响这一年的收入账户。S_a 和 O_a 的值是零,但是由有利息公式得出价值 V_a 变成了 IV_{a-1},尽管事实上 S_a 和 O_a

都是零，机器已经按比率 I 增值了。账户将表现出在利率 i 时的有关它的收入。事实上，这是很值得重视的一件事。除非我们修订我们的估计，否则我们去获得比率 i 所做的事可能是抛弃不动产。我们一定不会作出这样一种假定，错误地导致机器闲置年份里的期末价值高于期初价值。有关事宜的真实的描述可能是确定真正相关的价值。当意外地面对一个机器被闲置的年份时，应该降低该年度的初始价值。一项资产，除非其在闲置期开始时已完全丧失价值，或在该年度内被分解，否则，只是因为它接近于一个有用的使用期，其在一年后的价值就必定会更高一些。

该公式的利率形式的这种偏离似乎是 Hotelling 和 Taylor 没有预计到的，因为他们的公式中也有这种偏离。他们两个人在本书前面所引用的文章中似乎都没想到要弄清收入账户、成本账户与价值之间的内在关系。他们似乎将重新估价视为一个所要达到的终点，而不是当企业面对机会时确定盈利能力趋势的手段。他们中的任何一位只要完成了测试，就会注意到这一偏离的①。

正是这种偏离，以及避免这种偏离的巨大困难及费用需求，导致作者数年来不得不屈尊降贵，致力于这个公式的研究。另一方面，在一些情况下，无利息公式会把错误向前延伸，但是它从来不会因为自己的特征而扩大这个错误。当预定所期望的服务仅仅只与相伴的支出有关，并不与时期安排相关时，除了在某种程度上服务的缩短可能增加或减少聚合成本之外，n 值的误判根本不会影响它的结果。它在相当大的程度上是一种自我修正。S 或者 O 的相关置换给它们自己带来了评价的结果，以后并不影响收入账户。但是 S,O 或者它们两个在任何方向上的一种置换从来都没有在利息形式的评价中变得清楚明白。对专家来说，利息形式是唯一的好特征。

---

① 我们只能得到一个通常表述"利息的力量"的比喻意义。可是，那似乎只是"想象的利息的力量"的真正意思。摧毁许多只由想象利息支撑的希望是会计师的任务之一。

工作量法的修改公式

据说这种方法建立在这样一个原则的基础之上,即一项资产的价值应该是在资产的整个使用期内使它的使用者能生产出丈量成本与平均成本一样低的产品①。然而,正如 Taylor 所言,该公式不会产生那种结果。公式将导致错误的平均值、错误的利息负担,采用了完全随意的且无用的偿债基金原则。尽管这个公式做到了它的拥护者对它所要求的,但是它似乎不能避免冗长乏味的表达。

相等的利润率公式

这个公式是 J. C. L. Fish 教授设计的②。它建立在"公允价格"假设基础之上。其作者说,"一项二手设备的公允价格会使年度投资利润率对买卖双方而言完全一致③"。这个公式太长,在此便不重述了。这个公式也采用了偿债基金原则,但适用范围要求是以货币计价的独立的系列服务。因此,所有最初的数据都被假定是真正的货币支出和收入。真正要实现这个公式的目标,只要求在假定的使用期或者收入影响期内对收入和支出的时间作出平行的安排,并采用有效的比率。与此同时,需要通过查找利率表确定 i,一旦找到 i,你只需要在 a 期之后资本化那些残留的系列就能得出价格。

---

①一般的公式见 Gillette 写的《成本数据》第二版第 36 页。完整的但没有批判力的公式发展见 Irving Fish 的《工程经济学》第二版第 183~186 页。Taylor 写的令人满意的评估见第 18 期《美国统计关系期刊》第 1010~1012 页。
②《工程经济学》第二版第 186~191 页。
③Ibid,见第 187 页。

有人可能提出这样的问题,除非在那个基础上引入了合同,不得不作出判定,否则为什么想要这样一种估价。很难找到一个在以某个价格购买时只有低回报而愿意成交的买家,同样也很难找到当给买家带来的回报比现行的投资比率更高而愿意成交的卖家。

第十三、第十四章总结

在前面两章中我们看到,从任何可靠的意义上来说,要通过一项统计任务寻找到一个企业的资本价值,作为能够反映出现行投资回报率的最具可能性的价值,是一项非常艰巨的工作。直接这样做不仅是不可能的,而且如前面所述,尝试着区别为已用资产服务所支付的或者应付的费用与为未来所希望的服务所支付的费用这两者是一项极其困难的任务。

把收入超过或低于某个名义比率的数额资本化,没有人已经提出比这更加有效的评估企业正、负商誉的计划。如果没有合适的先前对资产的零碎评价,这样一种评价可能没有基础。资产的高估暗示了很高的账面盈利能力数值,低估则相反。真正要计量盈利超过或低于某个既定比率的数额,则需要在连续的周期内对所有资产进行评估,检查产生那个比率的价格。这涉及服务和支出的预期值与真实值之间的调整。对已有的各种各样含利率公式细节的规范需要一定程度的处理技巧,几乎没人拥有这种能力。如果能获得与它们其他的资产负债表项目的可靠度类似的任何东西,对专门的经销商来说,对已用资产的评估是会计师不得不应对的最难的问题。

一方面,就会计职业来说,必须承认他们没有赋予这个主体仔细考虑其重要性的保证。另一方面,必须着重指出的是人们总是很少关注好的评价。如果会计师他们自己很满意,对那些理论上可能被寄予厚望的事物给予了应有的考虑,利用他们连续的资产负债表和利润报表估价,他们可能用很少的额外费用提供某些额外服务,涵盖了 5 年或 10 年的资产账面价值与净营业收入的比较报表可能作为每项审计的主要展示品被展示出来。账面价值显示的收入比率至少披露了比率与通常比率的长期连续的巨大偏差。

最后，应该总结一下关于估值的职业责任。一些会计师认定对固定有形资产的评价是技术鉴定师的任务，其他人则说这是管理当局的责任。当会计师避免为那些资产的评估有很大疏忽与欺骗的报表提供担保时，会计师已经解除了他们全部的责任。

工程师对这种强加给他们的负担并不是太高兴，至少他们中有一些人认为，除非经营政策，特别是那些维修保养是事先可知的，否则要作这种评估是不可能的。

商人是真正对评估起作用的人。他们每个人都乐意承认任务的艰难，其中极少数人确信工程师或会计师对评估了解很多。

作者确信，对这项工作来说，在目前任何被认可的专业机构中，没有一种传统上支持或者提供的专业培训是足够的。不管评估是否存在于任何专业领域，它总是一个存在于现实实务界的问题。它要么是一门没有人已经被充分培训过的特殊艺术的从属物，要么真正属于那些从业于某门被认可的艺术但没有充分准备好且能承担此项任务的人。

对于大多数人造资产，问题的根源在于机器说明、设计图纸以及其结构的说明书和设计图纸。抵制资产磨损和暴露的能力以及在不过度增加首次成本的情况下使保养和维修费用最小化的说明很明显是最重要的。

不动产的支出和设备说明起着很大的作用。把那些好的放在一起，甚至联合那些已经试过的最好的标准化机器和设施一定能影响评估结果。

在生产需求一直改变，生产部门经理面临财务困难的情况下，已有设备如何能被最好地利用，这涉及技术知识。声称把单位服务成本降到最低是没有用的。当有盈利机会出现时就不得不去工作，如果是生产高峰期的"瓶颈"，设备则必须运行到报废的前几天或前几个星期。

如果有一点经验就能算出成本、价值、产品售价和收入趋势的关联，那么，所需要的数学知识，特别是概率和统计学知识要比评估专家所拥有的知识更多。最后，那个难以下定义但不差于真实事物的叫做职业感觉或者职业判断的东西，能够被指望有所帮助。

估价问题是一个很大而且很难的问题，它值得那些对它感兴趣而且最有能力、受过最好培训的人对它给以智力上的关注。它也是我们不得不面对的对社会福利有影响的最重要问题之一。不好的估价会导致资源的巨大浪费，这一点毋庸置疑。如果规则是更好的评估，也不用怀疑我们的财务结构能够用来赚取更大的社会利益和个人利益。这个问题很重要，对评估实务作可能的理性改进是很伟大的，事实上，希望在不远的将来能看到很大的进展，这被证明是正当的。事实上，那些进展已经在进行中。

第十五章 总结与展望

从历史的角度看,经济学和会计学两个专业的起源各不相同。在它们早先共存的时期,双方都没有认真地注意过另一方的文献,也没有预见到或者乐意去预测双方间互惠的可能性,而如今,这两个领域里所有善思的学者皆已认同了这种可能。它们不光是职业起源不同,而且从一开始两者就有着很大的利益上的差别。不过,无论何时,我们都不能轻视其中一个领域的研究,也不能认为一个领域包含在另一个领域中或是构成另一个领域的分支。目前我们可以认识到,也可以确信的是,经济学和会计学起初都对一些共同的题材非常感兴趣。但是,目前仍盛行的观点认为这些共同题材是不同的两种职业程序、方法所引起的不同结果,使得一方很难进入另外一方的领地。

会计学与经济学的专业区别

所有出色的统计学家都认识到:如果用从某个研究中所获得的统计数据去分析数据收集和归类与之完全不同的另一项研究,会是一件十分困难的事情。除非这个统计学家对整个总结背后的程序非常熟悉,否则,对待他从手头上的问题所得出结论的重要性时,他将冒着自欺的风险!同时,他也冒着另外一种更高的风险,那就是向阅读他报告的无意识或者不挑剔的读者传达一种错误甚或扭曲的结论。

毋庸置疑,大量积累的会计报告对经济学家是很有帮助的,它们是他数据来源的一个重要组成部分。同样不可否认的是,对于那些充分利用这些数据并得出无偏甚至是事实性的结论的经济学家来说，它们真的是很有利用价值的。

专业化的会计报告

会计报告是一系列极其专业、错综复杂的统计过程的最终产物。无论何时，会计报告应该和统计程序有合理程度上的一致，而这个一致是变化的统一。任何人要想获得时间序列的比较数据，即使是获取一个企业的数据，他也应该认识到这一点。不管他是对科目组成要素感兴趣，还是对收入、费用、资产组成、负债以及净不动产的分类感兴趣，他通常会找到在变动相对频繁的期间重新归类的依据。当会计报表中的基本描述改变时，依靠报告统计的调查人员会随着程序变化而通告变化。语言描述上的一点点变化都可能引起程序的变化，但并不是说有实质性变化或是实际发生了变化[1]。

更为隐蔽的是：实际完成报告工作的过程中所发生的变化并不会引起基本描述的变化。所有企业都有可能遭受物质情况变动之类的困扰[2]。

---

[1] 一些会计学家交替使用"延期经营费用"或者"预提费用"这两个术语。另外一些只是采用其中的一种，还有一些甚至在同一张报表中同时使用这两个词语，这就暗示它们之间是有差别的。有些会计师在他们的报告中隐含了这两者是有区别的，但是，在这些人当中，他们所认识到的差别并不是千篇一律地相似。而且，我们发现，现代企业中存在大量的会计等式，这些等式的平衡意味着，过去为盈利所发生的开支将来会被收回。收回的金额大概是整个的会计期望值，也可能是其中的一部分。这些支出是值得的，从中获取的好处也是明显不同的，不过它们之间仍有一定的共同点：只要企业持续经营，如果没有相应时期为盈利所发生的费用或者非货币风险；他们都会报告资金的积累和非货币性负债，这些都是在其他有形资产中无法显现出来，或者是没有在向相关的资产所有者呈报的资料中显示的。当这些共同点真正对经济学家重要的时候，他就可以放心地忽略源标题的变化，或者是合并两项的会计科目。但如果这种多样性显著时，经济学家必须重新翻阅账簿的原始分类账或者是终止他正在做的业务。

[2] 我们国家有点主观任意性的联邦税收法令中，有许多典型的例子。比如，他们允许一个纳税公司在计算净纳税收入时将津贴从总折旧中扣除。但是，作为一种权利问题，企业要想从这些条款中获利就必须做到：(1)在折旧发生大的当年宣布津贴扣除额；(2)在他们的会计账户中记录折旧额。这样一来就将一种责任强加于董事的身上，这种责任就是他们应该对股东最大限度地公布他们估计的年折旧发生额。在估计资产的潜在价值时，董事们可能会犯错，即使在这方面他们没有犯错的话，他们也会冒险使用繁琐的高代价的程序方法去向一个国家行政执行官证明：他们公司先前年度的一系列已经确认的错误，不是由于会计的"无知"，而是信息判断的一种诚实的失误。在了解变化情况之后，会计师们继续用相同的标题去报告"折旧"，但是他们的估计基础可能已经从"安全水平"的或者是"最有可能"的津贴额转变到几乎是一点差错也没有的津贴额。

"判断"的角色

在某种程度上,总结报告的数据会而且一定会受到非统计材料的影响。如果否定判断意见,即使是被认为是专家的人也会使自己的名声受到影响。

需要加以说明的是:每个企业在许多方面都是独一无二的。它们对将要阅读报告的利益相关群体的划分和界定随着关注程度的不同而有所差异。即使在同一家企业,这种界定也会年年相异,这是毋庸置疑的事实。既然会计师的基本职责是向企业交易中的具有法律地位的利益相关者提供被认为是有用的报告,那么报告的格式和分类也应该频繁地更改。这似乎是说,通常数据和分类账户的基本分类的稳定度比归纳这些数据的模式稳定度更高一些。

专业术语的障碍

阻碍经济学家最大的困难或许就在专业术语方面。可以确信,大多数影响会计数据运用的障碍都源于此。一些科目,比如资本、股本、收入、费用、资产、成本、价值等等,都因其在经济文献中的多重意义而臭名昭著。会计教材和文章中这些词语的意思虽不像在经济文献中那么难懂,但是它们确实有着严重的多样性;这些文章的作者虽不像经济学家那样重视词语的正式定义,但是他们通常应对无法解释这些定义负责。在这种情况下,专业术语不可避免地会附带引起犯无知错误的可能。另外,在适应的过程中,经济学家避免犯错的可能性确实很小,除非他事先已经花了许多时间去熟悉会计程序。

获取会计程序第一手资料的工作可以增强一个经济学家将会计通用语翻译成经济通用语的可信度。不过,完成这项任务实在是一项很困难的事。依目前会计文献的情况来看,这项任务是如此巨大,以至于很少有经济学家能抽出所需的时间来学习。如果某个人通过遇到障碍的频数或者是通过经济学家对会计批评的特征来作出判断,那么他将得到下面这个结论:很少有人真正学习会计程序的相关知识,也很少有人意识到要对这门学科了如指掌是多么困难。

那些允许最大限度地使用会计数据的精确度和可靠性,并希望获得会计程序知识的经济学家不希望仅仅通过阅读和信仰而获得成功。会计和审计文献与关于会计程序组成主体的陈述以及在执行某个特定操作中会计意图的说法相关联。

这些说法有许多直接的连接点。这些说法有大量的自我统一和各自之间的相互统一。这里也不是说没有大量合理的会计报表可寻,但是事实不能仅因主观臆断而与实际程序相分离,除非经过严格测试。

另外,不管是设计和总结他自己工作程序中组成要素的会计师,抑或是试图减少作为一名有前途的会计师所需时间的写作者,他们在脑海中运用会计数据时都会碰到和经济学家同样的问题。不过,他们所强调的是完全不同的听众。因此,经济学家必须忽略报表的作用以及自己的阅读目的,他所要考虑的是他所发现的程序的统计影响。即使他知道会计的目的是什么这个不争的事实,他也不敢完全依赖这些知识。在会计行业中,就像是在其他艺术中一样,人们用某种特定方法所希望得出的结果,往往不同于最有可能得到的结果。那些希望引用会计数据的经济学家必须有自己总结的观点。对某种知识的匮乏是一件危险的事情,除非你没有意识到你对它的匮乏,或是你误认为你已经拥有了该知识。

收入理论

依经济学家的观点来看,会计这种职业主要由收入及其相应的费用、计算收入和支出的方法所组成。在大多数情况下,他们所关注的是货币价值的收入和支出,以及一系列业务中哪些是服务性项目,哪些是非服务性项目。在剔除了少数几个不重要的特例之后,他们将精力集中于公司业务上,主要是那些成功企业的业务。会计所使用的技术和方法正好帮助他们处理货币计价收入。在遇到较大变动时，它们也可以运用于解决社会收入问题。但是，会计实践依赖于会计领域以外的组织以及社会经济学以外的领域。

在一个组织机制中，如果私人财产、私有企业、货币和信用经济盛行，那么货币计价会计仅仅是一种期望出现的产物。现代会计理论排除了那些不能方便可靠地转化到货币等式中的价值。毫无疑问，会计师们愿意承认一些重要的标准和价值而不是货币价值，即使它们两者结合已证明其在企业和生活模式中的价值。服务性项目和非服务性项目是用标准而不是金钱来衡量和计算的，它们对个体和社会而言都有很重要的作用。但是，这些收入和支出不能从统计性的会计数据中得出，正如它们不能用于货币计价事项中一样。从很早开始，会计的收入范围似乎就已经排除了经济学家着手处理的范围。

另外，经济学家也鲜有机会去考虑某个人赚钱和花钱的活动或是某企业类似的活动，他所关心的是那些能够作为样本代表一个阶层和一个国家的活动。同样，他也不会去关注一个企业的经营活动，除非该企业能代表一个产业，或者该企业能代表大多数企业，抑或是在某些情况下该企业可以代表一些组织机构。当经济学家关注的规模扩展到足够大时，将会引起全社会的关注。

要对这两种职业间相互辅助的可能性有更好的理解，我们必须意识到：对于收入这一公共主题，各个行业只是附带地提过，或者完全排斥另外一个职业的重要性。

产品理论

由于经济学和会计学这两种专业对收入的兴趣不同，他们对收入来源的关注程度也不相同。经济学家不管将他的"产品要素"划分为"土地、劳动力、资本"，或者是划分为"土地、劳动力、资本和组织"，抑或是有人认为的它们应统统归在"资本"之下，他所关注的只是通常那些代理人被期望向社会提供的"整个服务"。相反,会计师只需考虑对某个企业营运有用的代理业务。他衡量这些业务的重要性时,不是看它们对社会的贡献,而是看企业所有者可以获得的最大货币价值。经济学家关心这些业务能否为社会服务,能否作为企业所有者的生存方式。然而,会计师所关注的是能为企业所有者提供利益的收入业务。从专业上讲,由企业内部财产所决定的并可以开发的技术型项目并不能引起会计的关注,他唯一关注的就是能提供合理利润的业务。

同样,这两种行业对营运业务中的非服务性业务和潜在的非服务性业务的界定也是不同的。经济学家不会认为这些业务对烟囱厂的吸烟人数,仓库的难闻气味和令人讨厌的交通阻碍物有负面影响。既然这些业务只会在很小程度上减少企业财产,因而会计师对那些非服务性业务和引起企业业务出现不合理现象的财产也没有职业兴趣。

价值理论和估价理论

我们可以这样讲,经济学家所关心的是项目在一个期间大多数范围内的财富值。正如经济学家们所认为的那样,项目财富值依赖于它们能够提供的服务、附带服务和永久非服务性项目的能力。这种价值能用服务性—非服务性计量的程度是有限的。但是,在经济学家的概念中,有形物的价值在任何情况下都和会计无关。确实,只有在少数巧合的情况下,会计师对有形物的估价恰好在每一时间都和经济学家所估计的范围相同。会计师只估计对目标企业所有者有用的一系列业务的价值。他们并不是传授这样一种观点:这些估价在经济学家的专业术语里全部归为资本估价。在大多数情况下,他们不可能获得正确的资本估价。在另外许多情况下,如既不单独出售又不单独租赁的有形固定资产,从会计的角度看,它们不可能没有资本价值,因为他们还没找到一条合理的路径,从而能够找到未来一系列技术性服务的合理货币估价。从顺序上讲,会计对这种未来收益的估价和经济学家们所认为的截然不同。

在前面的例子中,不管是特定期间收入和费用的估价,还是未来可获益的服务性项目的价值的估计都不是专业会计师的任务。它实际上是通过经理人体现出来的企业所有者自己的事情。会计师只不过是以一个无利害关系的专家、负责人的身份去表述经理人对价值评估的有效性和可靠性。技术熟练的会计师会发现,他们所确认的数值其实并不是确认的指数,因为会计师可以确认这些评估价值。实际上,会计师所证实的价值要遵循掌握充分信息的、熟练的商务人员的判断。

分配理论

在经济学家的专业意识里,会计行业对分配的整个主体并不是很感兴趣,因为会计师不会询问为什么这笔交易的酬劳要比另外一笔高或是低,通常他也不会询问什么决定报酬率。他所关心的是现有合同多大程度上涉及土地租金、投资基金的收入、关联方利润以及雇员工资。他试图展示这些已经生效合同的影响范围以及目前情况下与其他有效合同的联系①。

因此,在所有领域大多数经济学家习惯划分它们范围的产品、交换、消费和分配,会计学家和经济学家有很大的差别。会计作为一门职业几乎没有进入消费领域,尽管他们所使用的方法和技术在内部组织机构和成功型企业一样。他们只关心生产所得的产品,他们的估价(而不是判断)依据的是商务人员的估价。

---

①然而,需要引起注意的是,在一些情况下,会计会考虑至少从表面上看与经济学家的分配额相同的业务。因此,如果合伙企业或是与另外一个企业有密切关系的公司,不征集资深会计的意见,他们就会忽略企业收入模型的显著差异。在合伙企业中,所有者一般在管理和经营方面都很活跃。他们对企业盈利的分享额一般按总投资的比例来分配。即使合伙人决议通过,付给合伙人的固定工资,加上除工资以外的额外盈余的分配额,这些工资是处于公司和公司客户之间的,也不作为企业债务的增加,它们仅仅是合伙企业盈余分配模型中的一个组成部分。如果公司或者合伙企业的商誉在合并时被单独估计,不管是否接受名义工资,会计都会建议将其加上合伙人所提供服务的价值,将这些工资从公司净收入中扣除,以便能够发现公司和合伙企业可比的投资回报率。

但是,在这些案例中,会计仅仅认识到分配额的存在性,他并没有表明自己关于合伙人业务和投资资本应该怎么估价的理论。关于协议的价格是由买卖双方自己决定的。

统计理论

许多经济学家沮丧地发现,会计资产负债表的计价依据来源不同(经济学家的观点),他们发现现金以"现值"计价;应收票据是以一定数量的"未来价值"计算;当期应计应收利息的估价和和本金是分开进行的;存货以成本或者市价入账(一种完全随意的数据);一些诸如组织费用、购买商誉之类的科目没有单独反映而是混合记入资产中(价值账户平衡),固定资产在假定成本不超过可计算补充服务成本的情况下,以接近于未来的服务成本值入账(将成本分为过去值和未来值计算)。此外,他们还发现,将这些不同科目的不同计价一美元一美元地加起来所得到的总资产没有现实意义。

在资产负债表的另一边,经济学家们发现:流动资产以应付金额入账(未来计价法);长期负债将利息包含在净发行价中(现值计价);资产和负债总额或多或少地会有些差异,这些任意性的差异由资本存货和盈亏项目补充(总计价的划分仅仅是由于资产和负债的不同计价法引起的)。他们得到的这些净资产利润指数和作为企业整体的真实资本价值(如果它可以被找到的话)没有必然的联系。

经济学家在特定时期的收入表中找出的数字并不像资产负债表中的数据那样令人沮丧。他们从已实现收益中既获得了一些正收益,也发现了一些负收益。同时他们也得出了:(1)购入成本和期初存货存在实际成本与市场价之间的差异;(2)期末存货存在实际成本与市价之间的差异,不过,这个差异并没有作为已确认的正收益或负收益。

各项交易的统计情况显示现实中的确存在一些问题。会计报告所使用的是不同统计顺序的方法,这些与那些被指控为专业会计滥用的会计方法是不同的。任何对经济学和会计学两个领域作交叉研究的学者不能否认上面这个事实。面对那些控诉,会计有足够的反驳理由(既然我们的方法不好,那么请告诉我们一种更好的方法,能够在工作中既实用又能让委托人乐意支付酬劳）。基于已实现收入和成本来统计过去所有收入的数据是可行的，但这样做并没有多大现实意义。这仅仅是现金收据和商业票据会计，它不包括（无论是正的还是负的）应计项目和收益。也就是说，这种做法不包含折旧和摊销，这就使得诸如生产存货的成本（不是体现在产品和直接人工费用中的成本）无法体现出来①。这种会计同样不能显示关于目前财务状况和经营情况的资料，也无法报告期末企业的盈利情况。

以前一系列业务的已实现收益的统计数据只有和未来业务相配对时才能显示其重要性。但这并非易事，下面只要稍微提出几个问题就能知道它的难度。你用何种方法去判断遥远未来已订购货物的质量？怎样确定单位价格？每期的销售量是多少？销售市场的开拓方向如何确定？除了能够获得和近期相匹配的一些零碎的科目以外，未来业务的不确定性不仅阻碍已实现收入向更为有用的方向系统发展，也阻碍了资本估价的进步。因为没有对未来折扣业务的可靠估计，就无法获得可靠的现值；如果没有可靠的本期值，就无法得到收入数据，收入数据的缺乏是受以前已实现收入、以前财富值和现期财富值共同影响的。

会计如果想提供合约所承诺的尽可能多的有用信息，必须借助于一些"妥协条件"，将过去已实现收入、成本、现时财富（可靠计价情况下的数据）、当现实财富值不充分或者无法实现时的未来财富值、现时财富值可以获得情况下的收入、成本与过去、现在、将来的价值指数融合在一起使用。不过，我们没有理由确保单个订单的统计数据可以最好地服务于会计或者主

---

① 的确，成本会计专业的学生有时也会碰到这样一些问题：成本要素很难分配给不同种类的货物或者组成多样的货物。在考虑制造业这个特例时，我们应该关注需要加班才能完成足够数量的大额订单。比如工资协议表中提供了加班时间工资是"正常工资的一倍半"。应该改变何种产品的工资奖金？何种产品实际上是在加班时间生产的？在生产产品的公历经营周期类，什么时候加班经营比较盛行？什么时候开始加班生产后一种产品或者其他类似产品？在任何案例中，上述决策都是主观的。依据这些可能发生也可能不发生的决策统计情况来看，这些决策和那些扣除了发给工人的工资以外就没有任何资料的决策是完全不同的。后者其实才是现实中使用的会计报表，这也是真实实现的收入。但是，库存货物的部分明确的补偿要素和成本价值将仅仅只是已实现收入的一种数据。

要负责人。流行的折中方法可能会改变,但是在会计现实工作中,上面那种方法却是不可或缺的。它们又可能被改进,经济学家对它们的支持并不是不可测的,但是仅纯粹地抱怨对统计数据多样性的批评可能是白费口舌。

经济学家必须有自己的"翻译"

前面提到的经济学家在引用会计报告数据时可能会遇到困难,这些困难并不是要打击经济学家运用会计数据的信心,事实上恰好相反,我们是为了激励他们。以前的经济学家过于依赖公司关系中的人类行为假设和猜测。如果经济学家们要检测自己对人类本质的假定是否充分支持他们所得出的人类行为的真实性而不仅仅是有效性的话,他们必须借助于关于人类行为的记录。那些对从虚设人物中所得出的人类本质,以及对虚拟市场上虚拟人物行为更进一步的精确推测只是一种吸引人的练习,但却不是一种科学。非经济学时代似乎已经临近。

从某种程度上讲,经济学家要研究企业中的人类行为,考察企业形式对社会利益的影响,找出公司治理活动中问题的特点,等等,他们都必须运用大量的会计数据。除了会计数据以外,其他有用的数据很少,几乎是没有。确实,现实中没有其他数据可以与这样一种数据相比,它既对自己所服务的对象负责,又对社会负责,它是专门为技术熟练的独立高层负责人准备的。或许我们可以从法庭的记录报告中找到最接近它的竞争者。但是,法庭的这些记录只是一些引起人们争论的导火线,或是引发人们触犯民法的原因。通过一步步的引导推断,法庭和案件记录各尽其责。

人口普查报告虽然搜集到许多数据,但是它们在很大程度上依赖于会计的统计数据,尽管这些数据没有其基础数据那么重要。确实,公众统计的会计基础数据没有本书所涉及的数据可靠(这种不可靠性以后仍将持续)。不过,会计师仅仅是他所工作公司的一名雇员而已,他们的工作并没有太多人去评论。虽然这并不是想否认许多会计师的杰出工作,但是(我们)应当指出,在他们中间,已经没有对外所宣称的那种防范嫉妒的完整的职业道德。会计不是一个自律的行业。在前面的例子中,基于会计统计结果的普查工作中,个体会计所作的贡献比社会会计要多。

会计结论是基于不同来源的统计数据所得出的,它的影响是无法估计的。从大量财政杂志和交易不难看出这一点。即使在商业银行、投资银行和股票、债券经纪人的杂志、传媒和出版社的广告中,也在某种程度上显示了会计数据对其他统计数据的影响。

现实中并没有合理的理由可以证明以下观点:那些和会计本身工作相独立的公司业务相关的统计数据对不远的未来是有用的。正如经济学家偏向于收集整理统计信息以备他们特殊的职业用途,他引导个人和国家去承担各自的义务和费用的工作也没有多大的前途。另外,如果经济学家以他们目前广泛的研究根基和观点来进行职业调查,他们必须依靠许多东西(如费用、非正式用的会计数据和一系列的会计程序学习)来帮助他们得到有关企业关系最有用的统计资料。

会计数据的未来趋势

我们有充足的理由相信,目前阻碍经济学和会计相互辅助的障碍会被逐渐消除。在许多培养专业经济学家的机构里,它们的成员不仅通晓高层次所需的现代会计基本知识,这些机构本身也为杰出的会计师和商人以及希望在相关学科有所作为的经济学家提供了学习特殊课程的机会。那些在大学里教授会计学的老师通常是一些在大学期间学习本身专业以外课程的经济学家,其人数正在不断上升。越来越多的经济学课程成为专业会计师准备学习的课程。这两门学科不仅在相互促进发展,也在相互渗透。

我们有足够的理由相信,未来会计所提供的数据不仅仅对他们起初服务的领域有用,也会对经济学家有用。以下这些发展足以证明这是一个希望而不是奢望:随着企业组织的不断稳定,商业道德的不断改进,人们对会计的兴趣日益增加,商人们给会计调查的空间越来越大;随着会计技术的进步,社会提供给会计进行职业培训的机会越来越多,培训内容也更加充实;培育经济学家的学校对会计渐渐重视起来,最重要的是经济学家对现代经济学构成的观念也开始转变。

这里我们所做的只是对以前文章专业术语的一个简要回顾,并不是试图去预言,这里只关注目前明显的一些趋势。对于那些从一定程度上被证明是正确的趋势,我们会寻求帮助。

企业机构的稳定性显著增加

我们通过对企业多年的资产负债表的调查,证实了对交易日账务资料的一个明显的观察结果:存货作为总资产和流动资产所占的比例越来越小,已购存货所占比例也在下降。许多交易报告显示:未来交易订单中,原材料和产成品的比例会增加。商业银行借给企业的所谓产业贷款虽然在逐步增加,但是从每年和每季度来看,它并没有很大的波动。所有这些都印证了这样一个信念:国内工业企业正在一步步适应消费需求。

许多人对正在兴起的分期销售——特别是消费产品的分期付款感到担忧。这或许是一个装满高风险、不稳定炸药的先例,也许它的产生是已实现收入大致趋于稳定的证据。虽然分期销售是一件新生事物,但它似乎做得很成功,但是在早期,人们扩大它的范围是为了阻止对分期付款基金的投入,抑或是阻止给已经投资的人带来损失。

如果企业之间的交易确实比以前更加稳定,那么一直是会计主要困扰的空洞、不完善的雇佣组织就不再那样令人苦恼。如果企业非持续地经营下去,那些经过深思熟虑的会计方法也会产生不可靠的结果。而如果企业的业务量很稳定时,相对粗糙一点的会计方法也可能会得到极为稳定的收入数字。

商务交易中的良好信誉

现代企业组织使我们不得不考虑呈现在我们面前的经济学观点和法

律观点。前者认为人类只有为自己利益而行动的趋势,后者则认为只有对那些作为能量之代表的人,才能要求或期望其保持良好信用。这两种观点要多久才会完全吻合仍是一个未知数。法庭记录和行政官员所做的调查报告都证明:身居要职或是有经营控制权的人往往信誉不好,并且会滥用职权。从那些报告国家证实的大量案例的财政出版物以及其他出版物上,我们也可以得到足够的证据。

尽管如此,在那些被认为是精英而且应该知道一种观点的人群中,有这样一种流行的观点:商业信誉正在逐步转向为社会利益服务。有大量的例子可以证实这一点,比如联邦交易委员会被要求赞同并执行交易代表起草的实务条例法律和法规。

当然,这里也不敢保证公共会计师是否会一直完整地保持这良好的信用和判断力。这些信用和判断力隐含在买卖双方利益划分不明显的卖价中。然而,目前会计职业中建立的自治程度、管理层强化道德问题以引起参与者关注的热情、他们对欺骗行为的曝光度以及对不遵守法规人员执照的曝光都是令人充满期待的。那些有关职业尊严的宣言和表述起先是针对利益相关者过于乐观的观点和经常强调对较大利益"保守"估计的观点(才提出的),但是它们实际上只对会计报告的可靠性起作用。

对公共会计的兴趣与日俱增

毫无疑问,以前对财务感兴趣的社会公众有预防毫无兴趣的专家有关公司事务的言论的趋势。然而,同样不可否认的是,为了借贷人利益的银行、为了客户利益的投资机构、站在会员和会员代理人立场上的股票交易所管理层将公司业务强加为公共会计的保护性服务。雷普利教授的《停下来,看,听》①给公共刊物和财政、贸易杂志带来了一丝振奋。他在这篇文章中提倡公共会计师站在股东的立场上,而不是以管理者和职员的身份做

---

①《大西洋月刊》,1926年9月。

年度性的会计工作。如果是在 15 年以前,这篇文章是很难发表的。我们可以通过那些题目为"要求更好的服务"的文章扩展和改善会计服务。

有关会计师工作范围的调查

公共会计师的大量工作仍然主要是某年度活动的"资产负债表审计"和"详细审计",近些年他们被要求做一些更深入的调查。"财政和工业调查"也是经常被用到的调查之一。这些调查检查了历年所关注问题以外的难点。单从工业这一整体来看,应考虑最成功企业的种类和规模,适当资本账户的"设置",以及最有利于市场发展的法规等一系列问题。

会计技术的改进

任何一个熟悉会计师和会计程序的人都不会否认:与公共会计师的客户愿意付出的酬劳所得到的服务相比,公共会计师可以提供比其更好、更有价值的服务。当然也无法否认,客户通常都会要求最好、最全面的服务。然而,对于那些希望接受改善的客户来说,这些改进技术实在是已经被耽误很久了。因而这段时间产生了一些本来可以避免出现的替代品,举例来说:间接估价代替直接估价;用习惯性的数据代替重要的检验方法;特别是存货价值的变换已经引起人们广泛的关注。它们不仅仅是在接受更进一步的改进,也是会计师自己思维的进步。在这样一个召唤高级职业服务的时代,参与者有充分理由相信,他们所使用的技术仍有许多要改进的地方。因而,用"原则"去给一些会计要素命名显得过早。同样,将原则冠名于含有错综复杂方法的统计程序之上也是错误的,至少是会令人误解的。或许工作规则可以更好地描述会计程序巨大的工作量。

公共会计师的培训

在美国社会实践领域,未来占主导地位的将是那些杰出的公共会计师。这些公共会计师将接受社会实践培训办公室提供的职业训练。培训办公室的工作人员大多是大学生,也有人在学校已经接受过良好的技术训练。从职业培训历史的转变来看,大学所花的转变时间要比法律上多一些。

公共会计师的培养在大学里是一个新领域。虽然大学目前的会计教育比以前更加充实、完善,但却仍难令人满意。从公布的会计教学课程来判断,学校太注重常规会计方法的学习,相对而言,却忽略了学生毕业10年以后原则上要处理的实际问题。同样,学校似乎对基础培训科目不够重视,尽管从专业的角度讲,这些科目是属于会计课程之外的(我们也不能忽略它们)。

足够的数学知识对于提高学生批判性地阅读现代统计读物精华的能力是很有帮助的,但是却很少有学校的职业培训课程包含数学在内。许多人都还没有认识到以下事实:在处理未解决的或是没引起人们注意的会计科目问题时,会计师对数学基础的需求比对其他任何知识都多,但是却只有一小部分会计师拥有它。

《企业法》(business law)和《商法》(commercial law)已引起人们的广泛关注,但是表面上已经足够的大量努力实际上只是真正有能力的人才所付出努力的一小部分。在法律的一些分支,如《票据法》、《破产法》、《合伙法》以及《私人企业法》中,会计人员需要深刻领悟会计原则和案例规则,他们所需要掌握的比普通律师所要掌握的还要多。通过对会计记录和程序的判断之后,你会得出以下结论:充分的法律知识通常可以改善会计的分类和估价,但是也可能使他们在不合理的证据上浪费更多时间。

足够的会计培训所花的时间和培训律师和医生一样长,而且难度也差不多。涉及培训课程的人似乎只注意会计所做的大量工作中的一些常规的程序,对那些需要具有20年以上工作经验的杰出会计工作者才能解决的问题,他们却很少关注。

因此,与过去学校的旧职业教育相对应的新职业教育培训也开始出现。但是,这种希望在校生毕业进入企业以后,当他们有足够的工作经验以后就可以胜任领导工作的想法是不切实际的。

经济学家的会计学习

  会计数据对经济学家日益增长的辅助作用并不会导致企业和会计实践工作的改善,只有当经济学家亲自将其用于实践中时,才会有改善的可能。人们通常仍会有这样一种观点,那就是从大多数学校的会计专业基础课程中可以推断出年轻经济学家使用会计数据的能力。当然,这种观点应该被否定的,因为要获得足够的单一学科知识不是一件容易的事情。一旦经济学家完全熟悉了会计的各个领域,并且意识到会计和经济学之间错综复杂的联系(两者有不同的立场和观点,但也有共同点),他们精心准备的观点就会改变。他们也会发现,《会计指南》对会计知识的传授并不会比他们自己领域的《经济学指南》所传授的知识更多。

  当然,目前大多数文献都已经认识到,仅仅靠少数几个经济学家是克服不了未来如此巨大的困难的,他们仍需有足够的学习时间。除非那些对会计和经济学都很精通的学者去描述两者之间的相互作用,否则,对于大多数经济学家来说,会计仍是一本合着的书,仍是一本用他们不熟悉的语言所写的著作。目前的作者也不敢肯定其他人会不会改善他的作品,但是这本书本身的缺陷限制了经济学家对更多话题的关注,因为这些话题还没翻译成经济学家懂得的语言。前面大多数情况下所讨论的观点只是获得了一些非正规出版物的支持。它们只是客观上描述了两门学科的理论区别,年轻的经济学家在使用其中的理论著作时会有些困难。从个人的立场出发,其作者并未因为自己视角上的不足而表达出一些歉意,而是仅仅从表示谦逊的角度指出了文章的一些不足。对成本分析问题的研究除了例子以外,作者只有干巴巴的引用。从经济学家的角度去描述和总结成本会计的程序、展示公共会计报告中统计数据对特殊程序的影响是一个艰巨的任务,至少它与试图所完成的任务一样艰巨。

未来是否真正能得到像经济学家所承诺的那样的更好的会计数据,关键在于经济学家的努力程度。正如在经济文献中找到对会计有专业用途的东西是会计的任务一样,这个翻译是他们而不是会计的任务。

经济学方法的转变

Wesley C. Mitchell 在他最有成就的一篇专业论文中说道①:

离 Alfred Marshall 教授在皇家经济学会致词已经有 18 年了,当时他说:"定性分析在经济学领域做了大量的工作,定性分析更高层次、更高难度的任务要靠详细的实际数据的发展来完成。"

……关于定性分析显著的不可忽略的功绩,我不会多讲,这里并没有其他的原因,主要因为定量分析本身涉及种类区分及质的区分。

……如今的经济学家已经取得了比过去更为广泛的"详细实际数据",拥有了更强有力的技术,以及拥有获得更多协助的机会……但是,关键问题仍然未能解决:解决经济学的基础问题时,我们应如何利用这些数据、技术以及研究帮助呢? 这些是定性分析提出的问题吗? 当一个理论家将他的任何一个问题丢给统计学家时,他会得到符合问题的答案吗? 而且,某个经济学家试图检验某个经济理论时,他的检验证据是确凿的吗?

一种观点认为,尽管定性分析已经取得了很多成功,但是当 Mitchell 教授宣布他的断言时,他并没有许诺提供比他已提供的更多的支持统计理论的统计结果。如果我们头脑中的理论就是 Jevons 教授或是 Mitchell 教授所说的那样,那么我认为这种观点是正确的。然而,我这里要讲的是,当用定性分析以前的形式去解决定量分析问题时,它还会有光明的前途吗? 我们所期望的是:用新方法可以弥补统计上的缺陷,在重新构建这个问题时,经济理论不仅可以改变的是它的复杂程度,也可以改变其内容。

在列举了一系列统计调查问题之后,他继续说:

---

① "经济理论的定性分析";《美国经济评论》第 14 卷。这篇文章是 Mitchell 教授 1924 年 12 月 29 日在芝加哥举行的第 37 届美国经济协会年会的发言。

面对这些棘手的问题以及其他未构成威胁的无数难题,定性工作者似乎难以保持其在虚拟市场上对虚拟个体的竞投标和定价的热衷。他们的理论也很有可能会变成另外一些新的理论,这些理论是关于测量主体程序变量间关系的。旧理论被这些调查人员推翻的可能性不是很大,但是极有可能被重新认定。

正如所引用的 Mitchell 教授的预言一样,当前的观点的确与所引证论文中的观点是一致的。事实上,在阅读 Mitchell 教授论文后的 4 年里,理论界出现了比以前 8 年时间里更多的预测性观点。

尽管人们对定性研究有疑问,但是作为一个团体来讲,迄今为止所做的定性研究是构成寻求新经济学的最好方法。尽管人们对定性分析与定量理论相分离有质疑,但是正如 Mitchell 教授所暗示的那样,这种分离应该是很有必要的,至少在过渡时期是必需的。经典理论、非经典理论以及兼容两者的作品都在向这个窘境前进。不过,这些再也不能为那些致力于改善它们的人们提供足够的工作机会。费雪的《资本与收益》和《利率》提出了一种截然不同的已发展完善的理论主题,虽然(他的观点)只有极少的变动,但是却既可以弥补新旧经济学之间的代沟,又可以修复统计资料。

如果我们热衷于一个吸引人、崭新的但是没有发展前途的理论,这种理论永远不可能被穿上"统计服装",而同时数据需求者已经冲破有序系统的计划,创新出一种或多或少独立的特殊理论,那我们的损失就惨重了。因为经济学现在有这样一个问题,那就是它在多大范围上和老经济学家头脑中的经济学相一致?如果用其他任何的方法系统地解决这个问题,而不是仅仅用相应的方法去研究单个的元素,都有可能得到更有用的结论。如果单独的特例不能显著地代表一些普通的基本概念,那么从一系列或是所有的特例中也不太可能推出通用的科学理论。

任何统计人员或是纯定性工作者所做的工作或是他们所提出要做的事情都没有显示出这样一种可能性:经济学中收入的概念比它在大多数情况下的定义要更加简单,更具基础性意义。没有不重视收入概念,这种现象说明它们有可能融合为一个有序的整体。其他任何的概念都没有像收入这样如此地适用于统计工作。

"消费是经济学一个最重要的组成部分",这句话经常被人们重复地说,其实也有一定道理。老一辈经济学家试图在消费理论上作出自己应有的贡献,但却失败了。但是很少有人认识到失败的原因主要是由于以下两种错误所引起的:(1)消费理论应该是经济分析的最终产品而非开端;(2)与其他定义相比,作为消费主体要素的收入的定义更需要确定性,它需要定量分析而不仅仅是定性分析。

Mitchell 预计,在使用新方法的情况下,"书本过时的速度会更快"。如果统计人员只注重研究非纯理论的定义,或者他们开始探讨复杂而不是简单的概念,毫无疑问,Mitchell 的预言就会实现。在经济学领域中,那些最稳定、最能在时代文明中生存下来的企业是那些有基础性收入,或是提供营养、庇护业务的企业。经济学里另外一些更稳定的元素组成提供这些业务的机构。世界人口的食物曾经是由一些谷类庄稼和家禽的畜类产品所组成的,这个时期究竟有多长呢?除了研究这些以外,经济学家投入大量精力去研究财产法系的显著特征、提供非直接快捷服务的产品物资的组成要素以及它们与社会组织间的金钱关系。但是因为它们存在的时间太短暂,经济学家即使依赖它们最完整的分析,也不能发现持久性的科学理论。

当然我们不可能期望统计经济学家放弃他们对商业周期的调查,放弃他们所有的研究去预测公共股票的价格和利率的变化,或者是开始对收入进行研究和分析。即使我们要求他们去做,经济学家们也不愿意去做这些研究。没有人会因为同时研究人类肝脏、化学胶、盐溶入水或是其他化学物质里面的化学或物理反应而感到惋惜。尽管后一种反应的研究结果似乎被证明更有用,但是前面一种结果可以更快地延长人类寿命。我们所期望的是:一部分经济学家选择研究基础性问题,另外一些研究当代问题的经济学家对所有经济学难题的基础都有一个恰当的认识。

大多数统计经济学家会在一定程度上引用会计所提供的数据,而且如果不是全部,也几乎是全部的经济学家会选择使用受会计工作显著影响的数据。但是,那些研究收入问题的专家既可以从会计那里获得大量直接有用的数据,也可以学到一种技术。而且,只要对这种技术作一些简单的修改,经济学家就可以将其用于那些会计学家很少关注的收入问题。不过,对于那些只热衷于目前流行的以产品开始,以消费结束的经济理论系统研究的经济学家来说,他们很难很有成效地开发利用"数据"和"技术"这两种资源。

附录 A　重估价与单位劳务成本：几种公式所产生结果之比较

在第十三、第十四章中，我们讨论了重估价公式运用于各种不同类型的资产时所产生的统计效用。为了便于读者在掌握有关公式及资产类型的基础上进一步了解公式的统计效用，本附录将以表格形式作出有关效用的比较分析。对每类资产，我们准备了两个表格。每对表格中的第一个表格，我们将描述资产的类型，表内列示以下项目：(1)原始成本；(2)残值以及预计使用年限；(3)预计经营支出以及服务收益的时间安排。和这些数据在一起的还有每期期末的账面价值，而且这些都能够在这个评估公式中找到。

从第一个表格的数据中，我们可以得出第二个表格的数据。在第二个表格中列示了每一时期单位资产的成本，这些在 8 个公式中都隐含了。每单位劳务成本在前 7 个公式中的表示如下：对于实际成本支出，可以增加折旧或者减少资产的增值。根据案例所示，并用这个代数和去除所提供的劳务的数量。在公式 8 下，每单位劳务成本的计算，同上面程序大体一致。除了利息，需在每个时期按账面价值的 5％复利去乘以单位成本比率的分子。第八个公式是本附录中采用的唯一一个包含投资利率在内的公式。

本附录中使用如下公式：

1)（未修正）的直线法；

2）偿债基金公式（以 5％的复利计息）；

3）账面价值递减固定比率（余额递减法）公式；

4）年数总和法；

5）（未修正）单位劳务法公式（工作量法）；

6）针对"非常"支出进行了修正的直线法；

7）针对所有直接支出成本进行了修正的单位成本公式或单位劳务公式；

8）修正的公式7（包括了每期5%的投资利息）。

那些作过详细比较的读者就会发现，前4个公式几乎对资产的所有类型都没有加以区别。在这些公式中，虽然已经找到了这9类资产不同的期末价值，但对其账面价值的衡量却是一致的。但是当单位劳务成本通过这些正式的资产评估公式仔细核验之后，会马上发现，这种一致是极其含混的，因为单位成本数据呈现出一种近乎混乱的状态。

公式5给予我们一种不同的答案。在某种程度上，在服务提供的特点方面，各个资产的类型都是互不相同的。这个公式和前面4个公式有所不同，因为它会影响到账面价值的结构。但是，对于任何一种给定的资产，在某个或者几个时期内将会在很大范围内变动。这是因为，这个公式同前面4个公式一样，忽略了服务支出的时间价值。单位劳务成本仅仅在"损耗价值"或者原始成本和残余价值的差额都构成单位成本的一部分时才相同。在这个公式中，同前面4个一样，针对某项服务，在估价的主要方面，初始资金和后来持续投入的资金之间存在很大区别。

公式6是第一个修正的公式。它与未修正的直线法的区别之处在于：它不仅考虑了"损耗价值"，而且对年度数据的非常项目也给予了考虑。从表面上看，这个公式似乎对未修正规则作了很多的修正。但是，当将这个公式用于单位成本的实际检验时，修正将会被认为是一种令人质疑的特征。如果它仅仅限于B和H等资产类型，而不是"非常"成本项目，那么有关初始成本的连续支出将是修正的。这样将比一般情况下给予单位成本及价值更好的评估。而对于其他某些类型来说，单位成本年度之间的变动将比平常方法下更大。

公式7不仅考虑了"非常成本",还考虑了所有的成本支出以及预期服务。它为每一种类型的资产提供了相同的单位劳务成本。这是因为,这种没有期末账面价值的任何一项资产和其他任何一种类型资产相同。这些账面价值都有相同的意义。他们认为,已经使用过的资产的价值在于其后续服务的单位成本,同替代资产以及经济上购买的服务的单位成本是一致的。

正如表中所用,公式8和公式7的不同之处仅仅在于考虑了5%的投资利息。因此,一个企业的单位劳务成本支出或者说单位劳务的价格,如果这些服务是分开来提供的,如果成本的支出已经实现(在资产使用中盈利),那么这些都需要予以实现。但是,"正如表中所用"这句话是用斜体表述的,因为这个公式需要一个对时间的有效的估计,否则该资产的经济寿命将会很快结束,包括利息支出都需要以此为基础。而公式7,换句话说,并没有包括服务的一个估计使用年限。与对预计使用年限的估计和对总支出的估计没有关系,以及与服务的质量、单位成本数据的正确性、一致性或者现行账面价值之间没有什么联系。这些包括上面任何一个问题,很明显对公式8来说都是很不现实的。在比较数据当时所假定的情况下,这些比较数据是差不多一致的。

公式7和公式8表明了,如果成本和残值为正数,则很可能会得出一个负的账面价值。现实中确实存在一些账面价值为负数的案例。但是通常情况下,在这两个公式中,负价值的出现可能表明这个资产已经作废了。其他公式中都不会出现这种情况。在其他公式下,还没有一种账户能够揭示已经作废的资产所存在的这样一种状况。G资产就是运用了一种方法去解释这些方面。值得注意的是,这些作者从来没有想过,公式7和公式8对资产单位成本一致的这种假定能够在实际工作中取得成功。

需要强调的是,如果该公式能够在基于资产取得和耗用的合理估计的前提下,使得账面价值更合理,年度单位成本变动不大,那么这个公式就会被大多数人所采用。采用公式7并不要作出什么重要的估计。要想形成一种更加理性和合理的对服务的日常衡量方法,在一年内,该公式能估计出估价错误的主要来源。一个资产的贡献率是取决于经营活动的时间而不是在经营活动已经完成的其他时间。

最后,对在运用某些方法时可能发生的对错误的自动修正,我们需要赘言几句。一般情况下,某个给定的公式通常能够发现某项资产在某个给定服务年度错误的折旧额,而且在从新产品到近乎残值的整个服务周期中,有很多这种类型的资产。有些资产的寿命期可能被估计过长,而另一些则被估计过短。企业有很多混合资产的存在,此类或其他类型的补偿都确实存在。此种存在并不能作为在理论上对统计方法的效用作出判断的依据,除非它能够表明无论采用哪种方法,其补偿额都是一致的。

此类补偿是可信的,但对于它是否对任一行业都属于事实上的存在,尚未做过大范围的研究。但是,对于这样一种状况的存在,我们拥有一个可以去考证它的坚实舞台。只要新企业哪怕是老企业,按照一个增长型的企业来建设和设计经营,只要企业持续经营期很短,只要企业在业务方面不断地变动,且经常由生产一种产品转向生产另外一种产品。如此下去,将会拥有很多沉重的资产或者其他物品。如此下去,所谓的简单方法将会是依据一种不变条件(最终的利润或损失就是在这种条件下产生)去得出估计的价值和成本。

现在还没有对前面流行的简单方法的理论上的运用达成一致,这对于不批评职业会计人员还没有放弃使用这些统计上的规则是一个坚实的实务支持。除非商业人员能够区分好与坏的会计服务,以及对于提供好的服务的动机,否则注册会计师会是非常无助的。这个改革必然先使用于账户的记录,然后再在账户审计中发挥作用,直到这项改革被一个企业所采纳。这时,注册会计师的职责才会变为减少在方法使用中的可能的错误。注册会计师在审计过程中是否应该保持谨慎,以及对他们评估工作的提高,这些都是现在的作者还没有提及的问题。

A 类资产

根据各个公式计算出的在不同时期所发生的经营支出、获得服务以及期末账面价值

时期	获得服务 S_a	经营支出 O_a	各公式算出的账面价值							
			1	2	3	4	5	6	7	8
0	0	$0	$100.00	$100.00	$100.00	$100.00	$100.00	$100.00	$100.00	$100.00
1	10	5	90.50	92.45	74.11	82.73	97.03	88.50	96.97	100.75
2	15	7	81.00	84.52	54.93	67.18	92.58	77.00	91.92	98.91
3	20	9	71.50	76.19	40.72	53.36	86.64	65.50	84.86	94.36
4	25	11	62.00	67.45	30.18	41.27	79.22	54.00	75.78	86.95
5	30	13	52.50	58.27	22.36	30.91	70.31	42.50	64.69	76.55
6	35	35	43.00	48.63	16.57	22.27	59.92	51.00	71.58	83.00
7	40	17	33.50	38.50	12.28	15.36	48.05	39.50	56.46	67.14
8	45	19	24.00	27.88	9.10	10.18	34.69	28.00	39.32	47.87
9	50	21	14.50	16.72	6.75	6.73	19.84	16.50	20.16	25.00
10	50	25	5.00	5.00	5.00	5.00	5.00	5.00	5.00	5.00

根据各个公式计算的在不同时期单位劳务所负担的总经营成本

时期	1	2	3	4	5	6	7	8
1	$1.450	$1.260	$3.090	$2.230	$0.800	$1.650	$0.800	$0.930
2	1.100	0.995	1.745	1.503	0.763	1.233	0.803	0.925
3	0.925	0.867	1.160	1.141	0.747	1.025	0.803	0.925
4	0.802	0.790	0.862	0.924	0.737	0.900	0.803	0.925
5	0.750	0.773	0.694	0.778	0.730	0.817	0.803	0.925
6	1.271	1.275	1.165	1.247	1.297	0.757	0.803	0.925
7	0.662	0.678	0.532	0.598	0.722	0.712	0.803	0.925
8	0.633	0.658	0.493	0.537	0.719	0.678	0.803	0.925
9	0.610	0.643	0.467	0.489	0.717	0.650	0.803	0.925
10	0.690	0.734	0.535	0.535	0.797	0.730	0.803	0.925

B 类资产

根据各个公式计算出的在不同时期所发生的经营支出、获得服务以及期末账面价值

时期	获得服务 S_a	经营支出 O_a	各公式算出的账面价值							
			1	2	3	4	5	6	7	8
0	0	$0	$100.00	$100.00	$100.00	$100.00	$100.00	$100.00	$100.00	$100.00
1	10	1	90.50	92.45	74.11	82.73	97.03	88.50	97.09	100.85
2	15	1	81.00	84.52	54.93	67.18	92.58	77.00	92.23	99.18

(续表)

时期	获得服务 S_a	经营支出 O_a	各公式算出的账面价值							
			1	2	3	4	5	6	7	8
3	20	1	71.50	76.19	40.72	53.36	86.64	65.50	85.42	94.85
4	25	1	62.00	67.45	30.18	41.27	79.22	54.00	76.66	87.73
5	30	1	52.50	58.27	22.36	30.91	70.31	42.50	65.94	77.68
6	35	21	43.00	48.63	16.57	22.27	59.92	51.00	73.27	84.56
7	40	1	33.50	38.50	12.28	15.36	48.05	39.50	58.64	69.20
8	45	1	24.00	27.88	9.10	10.18	34.69	28.00	42.06	50.51
9	50	1	14.50	16.72	6.75	6.73	19.84	16.50	23.53	28.31
10	50	1	5.00	5.00	5.00	5.00	5.00	5.00	5.00	5.00

根据各个公式计算的在不同时期单位劳务所负担的总经营成本

时期	1	2	3	4	5	6	7	8
1	$1.050	$0.855	$2.690	$1.827	$0.397	$1.250	$0.391	$0.515
2	0.700	0.595	1.345	1.103	0.363	0.833	0.391	0.515
3	0.525	0.467	0.760	1.141	0.347	0.625	0.391	0.515
4	0.420	0.390	0.462	0.741	0.337	0.500	0.391	0.515
5	0.350	0.339	0.294	0.524	0.330	0.417	0.391	0.515
6	0.871	0.875	0.765	0.379	0.897	0.357	0.391	0.515
7	0.262	0.278	0.132	0.847	0.322	0.312	0.391	0.515
8	0.233	0.258	0.093	0.198	0.319	0.278	0.391	0.515
9	0.210	0.243	0.067	0.489	0.317	0.250	0.391	0.515
10	0.210	0.254	0.055	0.535	0.317	0.250	0.391	0.515

C类资产

根据各个公式计算出的在不同时期所发生的经营支出、获得服务以及期末账面价值

时期	取得服务 S_a	经营支出 O_a	各公式算出的账面价值							
			1	2	3	4	5	6	7	8
0	0	$0	$100.00	$100.00	$100.00	$100.00	$100.00	$100.00	$100.00	$100.00
1	10	5	90.50	92.45	74.11	82.73	97.03	88.50	109.13	112.58
2	15	7	81.00	84.52	54.93	67.18	92.58	77.00	113.31	120.07
3	20	9	71.50	76.19	40.72	53.36	86.64	65.50	112.56	122.22
4	25	11	62.00	67.45	30.18	41.27	79.22	54.00	106.88	118.77
5	30	13	52.50	58.27	22.36	30.91	70.31	42.50	96.25	109.44
6	35	35	43.00	48.63	16.57	22.27	59.92	51.00	100.69	113.93

(续表)

时期	取得服务 S_a	经营支出 O_a	各公式算出的账面价值							
			1	2	3	4	5	6	7	8
7	40	17	33.50	38.50	12.28	15.36	48.05	39.50	80.19	92.93
8	45	19	24.00	27.88	9.10	10.18	34.69	28.00	56.75	67.16
9	50	21	14.50	16.72	6.75	6.73	19.84	16.50	28.38	34.40
10	50	25	5.00	5.00	5.00	5.00	5.00	5.00	5.00	5.00

根据各个公式计算的在不同时期单位劳务所负担的总经营成本

时期	1	2	3	4	5	6	7	8
1	$2.450	$2.255	$4.089	$3.227	$1.797	$2.650	$0.588	$0.742
2	1.500	1.395	2.145	1.903	1.163	1.633	0.588	0.742
3	1.025	0.978	1.261	1.241	0.847	1.125	0.588	0.742
4	0.740	0.710	0.782	0.844	0.657	0.820	0.588	0.742
5	0.550	0.539	0.494	0.579	0.530	0.617	0.588	0.742
6	0.986	0.993	0.880	0.961	1.011	0.471	0.588	0.742
7	0.312	0.328	0.182	0.248	0.372	0.363	0.588	0.742
8	0.278	0.303	0.137	0.182	0.364	0.322	0.588	0.742
9	0.210	0.243	0.067	0.089	0.317	0.250	0.588	0.742
10	0.310	0.354	0.135	0.135	0.417	0.350	0.588	0.742

D 类资产

根据各个公式计算出的在不同时期所发生的经营支出、获得服务以及期末账面价值

时期	获得服务 S_a	经营支出 O_a	各公式算出的账面价值							
			1	2	3	4	5	6	7	8
0	0	$0	$100.00	$100.00	$100.00	$100.00	$100.00	$100.00	$100.00	$100.00
1	10	5	90.50	92.45	74.11	82.73	90.50	88.50	79.30	82.16
2	15	7	81.00	84.52	54.93	67.18	81.00	77.00	60.60	65.42
3	20	9	71.50	76.19	40.72	53.36	71.50	65.50	43.90	49.85
4	25	11	62.00	67.45	30.18	41.27	62.00	54.00	29.20	35.50
5	30	13	52.50	58.27	22.36	30.91	52.50	42.50	16.50	22.43
6	35	35	43.00	48.63	16.57	22.27	43.00	51.00	25.80	30.71
7	40	17	33.50	38.50	12.28	15.36	33.50	39.50	17.10	21.40
8	45	19	24.00	27.88	9.10	10.18	24.00	28.00	10.40	13.63
9	50	21	14.50	16.72	6.75	6.73	14.50	16.50	5.70	7.47
10	50	25	5.00	5.00	5.00	5.00	5.00	5.00	5.00	5.00

根据各个公式计算的在不同时期单位劳务所负担的总经营成本

时期	1	2	3	4	5	6	7	8
1	$14.50	$12.55	$30.80	$22.27	$14.50	$16.50	$25.70	$27.843
2	16.50	14.93	26.18	22.55	16.50	18.50	25.70	27.843
3	18.50	17.33	23.21	22.82	18.50	20.50	25.70	27.843
4	20.50	19.74	21.54	23.00	20.50	22.50	25.70	27.843
5	22.50	22.18	20.82	23.36	22.50	24.50	25.70	27.843
6	44.50	44.64	30.79	33.64	44.50	26.50	25.70	27.843
7	26.50	27.13	21.20	23.91	26.50	28.50	25.70	27.843
8	28.50	29.62	22.18	24.18	28.50	30.50	25.70	27.843
9	30.50	32.16	23.35	24.45	30.50	32.50	25.70	27.843
10	34.50	36.72	26.75	26.73	34.50	36.50	25.70	27.843

E 类资产

根据各个公式计算出的在不同时期所发生的经营支出、获得服务以及期末账面价值

时期	获得服务 S_a	经营支出 O_a	各公式算出的账面价值							
			1	2	3	4	5	6	7	8
0	0	$0	$100.00	$100.00	$100.00	$100.00	$100.00	$100.00	$100.00	$100.00
1	1	1	90.50	92.45	74.11	82.73	90.50	90.50	90.50	92.45
2	1	1	81.00	84.52	54.93	67.18	81.00	81.00	81.00	84.52
3	1	1	71.50	76.19	40.72	53.36	71.50	71.50	71.50	76.19
4	1	1	62.00	67.45	30.18	41.27	62.00	62.00	62.00	67.45
5	1	1	52.50	58.27	22.36	30.91	52.50	52.50	52.50	58.27
6	1	1	43.00	48.63	16.57	22.27	43.00	43.00	43.00	48.63
7	1	1	33.50	38.50	12.28	15.36	33.50	33.50	33.50	38.50
8	1	1	24.00	27.88	9.10	10.18	24.00	24.00	24.00	27.88
9	1	1	14.50	16.72	6.75	6.73	14.50	14.50	14.50	16.72
10	1	1	5.00	5.00	5.00	5.00	5.00	5.00	5.00	5.00

根据各个公式计算的在不同时期单位劳务所负担的总经营成本

时期	1	2	3	4	5	6	7	8
1	$10.50	$8.55	$26.89	$18.27	$10.50	$10.50	$10.50	$13.553
2	10.50	8.93	20.18	16.55	10.50	10.50	10.50	13.553
3	10.50	9.33	15.21	14.82	10.50	10.50	10.50	13.553
4	10.50	9.74	11.54	13.09	10.50	10.50	10.50	13.553
5	10.50	10.18	8.82	11.36	10.50	10.50	10.50	13.553
6	10.50	10.64	6.79	9.64	10.50	10.50	10.50	13.553

(续表)

时期	1	2	3	4	5	6	7	8
7	10.50	11.13	5.29	7.91	10.50	10.50	10.50	13.553
8	10.50	11.62	4.18	6.18	10.50	10.50	10.50	13.553
9	10.50	12.16	3.35	4.45	10.50	10.50	10.50	13.553
10	10.50	12.72	2.75	2.73	10.50	10.50	10.50	13.553

F 类资产

根据各个公式计算出的在不同时期所发生的经营支出、获得服务以及期末账面价值

时期	获得服务 S_a	经营支出 O_a	各公式算出的账面价值							
			1	2	3	4	5	6	7	8
0	0	$0	$100.00	$100.00	$100.00	$100.00	$100.00	$100.00	$100.00	$100.00
1	1	15	90.50	92.45	74.11	82.73	97.03	88.50	96.20	97.65
2	1	13	81.00	84.52	54.93	67.18	92.58	77.00	90.40	93.19
3	1	11	71.50	76.19	40.72	53.36	86.64	65.50	82.60	86.51
4	1	9	62.00	67.45	30.18	41.27	79.22	54.00	72.80	77.49
5	1	7	52.50	58.27	22.36	30.91	70.31	42.50	61.00	66.01
6	1	25	43.00	48.63	16.57	22.27	59.92	51.00	67.20	71.97
7	1	3	33.50	38.50	12.28	15.36	48.05	39.50	51.40	56.22
8	1	3	24.00	27.88	9.10	10.18	34.69	28.00	35.60	39.69
9	1	1	14.50	16.72	6.75	6.73	19.84	16.50	17.80	20.33
10	1	6	5.00	5.00	5.00	5.00	5.00	5.00	5.00	5.00

根据各个公式计算的在不同时期单位劳务所负担的总经营成本

时期	1	2	3	4	5	6	7	8
1	$24.50	$22.55	$40.89	$32.27	$24.50	$26.50	$18.80	$22.345
2	22.50	20.93	32.18	28.55	22.50	24.50	18.80	22.345
3	20.50	19.33	25.21	24.82	20.50	22.50	18.80	22.345
4	18.50	17.74	19.54	21.09	18.50	20.50	18.80	22.345
5	16.50	16.18	14.82	17.36	16.50	18.50	18.80	22.345
6	34.50	34.64	30.79	33.64	34.50	16.50	18.80	22.345
7	12.50	13.13	7.29	9.91	12.50	14.50	18.80	22.345
8	12.50	13.62	6.18	8.18	12.50	14.50	18.80	22.345
9	10.50	12.16	3.35	4.45	10.50	12.50	18.80	22.345
10	15.50	17.72	7.75	7.73	15.50	17.50	18.80	22.345

G 类资产

根据各个公式计算出的在不同时期所发生的经营支出、获得服务以及期末账面价值

时期	获得服务 S_a	经营支出 O_a	各公式算出的账面价值							
			1	2	3	4	5	6	7	8
0	0	$0	$100.00	$100.00	$100.00	$100.00	$100.00	$100.00	$100.00	$100.00
1	50	5	90.50	92.45	74.11	82.73	85.16	88.50	64.84	68.92
2	50	7	81.00	84.52	54.93	67.18	70.31	77.00	31.69	38.28
3	45	9	71.50	76.19	40.72	53.36	56.95	65.50	4.54	12.23
4	40	11	62.00	67.45	30.18	41.27	45.08	54.00	−16.58	−9.03
5	35	13	52.50	58.27	22.36	30.91	34.69	42.50	−31.69	−25.24
6	30	35	43.00	48.63	16.57	22.27	25.78	51.00	−20.78	−16.15
7	25	17	33.50	38.50	12.28	15.36	18.36	39.50	−23.86	−20.50
8	20	19	24.00	27.88	9.10	10.18	12.42	28.00	−20.92	−18.95
9	15	21	14.50	16.72	6.75	6.73	7.97	16.50	−13.03	−11.22
10	10	25	5.00	5.00	5.00	5.00	5.00	5.00	5.00	5.00

根据各个公式计算的在不同时期单位劳务所负担的总经营成本

时期	1	2	3	4	5	6	7	8
1	$0.290	$0.251	$0.618	$0.445	$0.397	$0.330	$0.80	$0.822
2	0.330	0.299	0.524	0.451	0.437	0.370	0.803	0.822
3	0.411	0.385	0.516	0.507	0.497	0.456	0.803	0.822
4	0.513	0.494	0.538	0.577	0.572	0.563	0.803	0.822
5	0.643	0.634	0.595	0.667	0.668	0.700	0.803	0.822
6	1.483	1.488	1.360	1.455	1.464	0.883	0.803	0.822
7	1.060	1.086	0.852	0.956	0.977	0.950	0.803	0.822
8	1.425	1.481	1.109	1.209	1.247	1.525	0.803	0.822
9	2.033	2.144	1.557	1.630	1.697	2.167	0.803	0.822
10	3.450	3.672	2.675	2.673	2.797	3.650	0.803	0.822

H 类资产

根据各个公式计算出的在不同时期所发生的经营支出、获得服务以及期末账面价值

时期	获得服务 S_a	经营支出 O_a	各公式算出的账面价值							
			1	2	3	4	5	6	7	8
0	0	$0	$100.00	$100.00	$100.00	$100.00	$100.00	$100.00	$100.00	$100.00
1	50	1	90.50	92.45	74.11	82.73	85.16	88.50	81.47	83.15
2	50	1	81.00	84.52	54.93	67.18	70.31	77.00	62.94	65.46
3	45	1	71.50	76.19	40.72	53.36	56.95	65.50	46.36	49.17

(续表)

时期	获得服务 S_a	经营支出 O_a	各公式算出的账面价值							
			1	2	3	4	5	6	7	8
4	40	1	62.00	67.45	30.18	41.27	45.08	54.00	31.74	34.35
5	35	1	52.50	58.27	22.36	30.91	34.69	42.50	19.06	21.07
6	30	21	43.00	48.63	16.57	22.27	25.78	51.00	28.34	29.42
7	25	1	33.50	38.50	12.28	15.36	18.36	39.50	19.58	20.46
8	20	1	24.00	27.88	9.10	10.18	12.42	28.00	12.77	13.35
9	15	1	14.50	16.72	6.75	6.73	7.97	16.50	7.91	8.16
10	10	1	5.00	5.00	5.00	5.00	5.00	5.00	5.00	5.00

根据各个公式计算的在不同时期单位劳务所负担的总经营成本

时期	1	2	3	4	5	6	7	8
1	$0.210	$0.171	$0.539	$0.365	$0.317	$0.250	$0.391	$0.457
2	0.210	0.179	0.404	0.351	0.317	0.250	0.391	0.457
3	0.233	0.207	0.338	0.329	0.319	0.278	0.391	0.457
4	0.263	0.244	0.289	0.327	0.322	0.313	0.391	0.457
5	0.300	0.291	0.252	0.325	0.325	0.357	0.391	0.457
6	1.017	1.021	0.893	0.988	0.997	0.417	0.391	0.457
7	0.420	0.445	0.215	0.316	0.337	0.500	0.391	0.457
8	0.525	0.581	0.209	0.309	0.347	0.625	0.391	0.457
9	0.700	0.810	0.223	0.297	0.363	0.833	0.391	0.457
10	1.050	1.272	0.275	0.273	0.397	1.250	0.391	0.457

H 类资产

根据各个公式计算出的在不同时期所发生的经营支出、获得服务以及期末账面价值

时期	获得服务 S_a	经营支出 O_a	各公式算出的账面价值							
			1	2	3	4	5	6	7	8
0	0	$0	$100.00	$100.00	$100.00	$100.00	$100.00	$100.00	$100.00	$100.00
1	50	15	90.50	92.45	74.11	82.73	85.16	88.50	85.63	87.03
2	50	13	81.00	84.52	54.93	67.18	70.31	77.00	69.25	71.41
3	45	11	71.50	76.19	40.72	53.36	56.95	65.50	53.81	56.31
4	40	9	62.00	67.45	30.18	41.27	45.08	54.00	39.31	41.75
5	35	7	52.50	58.27	22.36	30.91	34.69	42.50	25.75	27.76
6	30	25	43.00	48.63	16.57	22.27	25.78	51.00	33.12	34.36
7	25	3	33.50	38.50	12.28	15.36	18.36	39.50	21.44	22.60
8	20	3	24.00	27.88	9.10	10.18	12.42	28.00	12.69	13.54
9	15	1	14.50	16.72	6.75	6.73	7.97	16.50	4.87	5.33
10	10	6	5.00	5.00	5.00	5.00	5.00	5.00	5.00	5.00

根据各个公式计算的在不同时期单位劳务所负担的总经营成本

时期	1	2	3	4	5	6	7	8
1	$0.490	$0.451	$0.818	$0.645	$0.579	$0.530	$0.588	$0.659
2	0.450	0.419	0.644	0.531	0.557	0.490	0.588	0.659
3	0.456	0.430	0.560	0.507	0.541	0.500	0.588	0.659
4	0.463	0.444	0.489	0.527	0.522	0.513	0.588	0.659
5	0.471	0.462	0.423	0.496	0.497	0.529	0.588	0.659
6	1.150	1.155	1.026	1.121	1.130	0.550	0.588	0.659
7	0.500	0.525	0.292	0.396	0.417	0.580	0.588	0.659
8	0.625	0.681	0.309	0.409	0.447	0.725	0.588	0.659
9	0.700	0.811	0.223	0.297	0.363	0.833	0.588	0.659
10	1.550	1.772	0.775	0.773	0.897	1.750	0.588	0.659

根据对前 6 个公式的计算的 9 类资产单位成本的误差范围,可做成联列表如下:

公式序量

排列	1	2	3	4	5	6
1	1	0	2	0	6	2
2	0	4	2	2	0	0
3	4	0	0	2	2	1
4	4	1	0	0	1	3
5	0	0	0	5	0	3
6	0	4	5	0	0	0

表中对任意两个对同一项资产表现为相同的误差的公式,会给出同样的排序。因此,对资产 E 而言,公式 1、公式 5、公式 6 被给出了相同的无误差的结果。三个公式的排序皆为 1。排在第二位的公式——公式 2 给出的排序为 4,等等。

附录 B　优先标准：一种用以测定两种方法相对优势的方法

会计学著作中大量篇幅讨论各种折旧处理方法。关于折旧的性质已有诸多讨论，目前关注的重点在于折旧的统计处理。实务和学生的设计中对各种有关折旧的程序和规则的描述几乎是无穷尽的。对于因为所选择方法不同而导致的量化结果的差异，人们也已做了充分的说明和阐释。

但是，对于各种规则的量化结果与企业理论之间的关系，则鲜有提及。比如，这方面的作者都会说，直线法是把资产的应折旧价值，即初始成本与残值之间的差额，在剩余服务年限内每年以同等金额进行摊销。可是，很少有人考虑这种方法所产生的全部统计效用，很少有人提到使这种方法产生最有用的数字所需具备的条件。更少有人谈论资产折余价值所代表的费用以及因为购置资产而付出的巨大支出所包含的一般意义。也就是说，很少有人清楚那一系列支出究竟应该在哪个时间点上构成特定服务的支出。

大家也很少关心一个程序要产生比其他程序更重要的结果需要具备什么条件。我们认为是后一类问题应该成为学会计理论的学生所主要关注的事。当然，并不仅仅局限于折旧程序，如果考虑各种经营模式在统计上的差异性，则需深入到程序的每一个要素，包括每一种程序元素。

然而，本书并没有尝试使用统计理论的方法研究会计程序。这项研究的目的并不陌生，是为了指出这个更大、更重要问题的本质，提出一个基本的对研究方法的解释。

在某种条件下(见第十三、第十四章和附录 A),代表每单位服务成本的数据来源于一个既定值,应该每年以最小值为限波动。这种观点是吸引人的。然后,折旧公式优点测试的其中之一应该达到使单位成本在数值上的波动最小化。A 和 B 两个公式中,如果公式 A 没有产生单位成本波动的条件,包括:(1)所有例子中公式 B 都没有引起波动;(2)一个例子中公式 B 引起了波动,在这些条件下,关于这项优点测试的结果是,公式 A 比公式 B 更好[①]。

假定这项测试是在直线法和工作量法之间进行。在直线法下,一项资产在第 a 期的总服务成本是:

$$\frac{W}{n} + O_a = \frac{W + nO_a}{n} \tag{1a}$$

也就是说,总成本由这段期间的折旧总和与发生在此项资产上的维修保养等经营支出构成,单位服务成本是:

$$\frac{W + nO_a}{nS_a} \tag{1b}$$

此项资产在寿命期内的总服务成本是:

$$W + \Sigma O \tag{2a}$$

单位成本是:

$$\frac{W + \Sigma O}{\Sigma S} \tag{2b}$$

无论采用哪种公式,(2a)和(2b)都是确定无疑的。因为(2a)是一个单一的固定的数量,有 n 个像(1b)一样的数量(每个经营周期有一项),只有当(1b)是常数时,直线法公式才能避免单位服务成本的波动。即当:

$$\frac{W + nO_a}{nS_a} = \frac{W + \Sigma O}{\Sigma S} \tag{2c}$$

---

① 这一段中提出对两个公式相关的优点没有进行一般的测试,甚至没有对一个公式优于另一公式的条件进行一般的陈述,关于这点提出了一个可能的测试。后者可能需要案例的处理,在案例中两个公式都引起单位成本数字的起伏不定。提出的所有东西都是一个特别的试验,案例的表述中每个公式根本不会发生波动。

因为 W 和 n 都是常数,且 $n>1$,只要下列任何一式成立,则条件就能满足:

(a) W 等于零且 O/S 是常数; (3a)

(b) 或者当 W 不等于零且 O 和 S 都是常数。 (3b)

由工作量法公式得出,一项资产在第 a 期内的总服务成本是:

$$\frac{S_a W}{\sum S}+O_a=\frac{S_a W+\sum SO_a}{\sum S} \qquad (4a)$$

单位服务成本是:

$$\frac{S_a W+\sum SO_a}{S_a \sum S} \qquad (4b)$$

由上面所给的(2a)和(2b)的原因可知,工作量法公式要想避免单位服务成本波动,必须是:

$$\frac{S_a W+\sum SO_a}{S_a \sum S}=\frac{W+\sum O}{\sum S} \qquad (4c)$$

要使这个条件满足,则:

$$O/S (是一个常数)=K \qquad (5)$$

用 K 代替 O/S,简化分数,调整位置,我们得到:

$$S_a W \sum S + K S_a (\sum S)^2 - S_a W \sum S - K S_a (\sum S)^2 = 0 \qquad (6)$$

但是,通过检查很明显看到,只要(3a)或(3b)为真,(5)就为真,当(3a)或(3b)不为真时,在一些案例中(5)就不一定为真。

会计经典丛书已出版著作目录

书　名	作　者
《簿记论》	卢卡·帕乔利
《连环帐谱》	蔡锡勇
《银行簿记学》	谢　霖
《无形资产论》	杨汝梅
《高级商业簿记教科书》	潘序伦
《改良中式簿记概说》	徐永祚
《会计理论》	埃尔登·S·亨德里克森
《公司会计准则绪论》	W·A·佩顿,A·C·利特尔顿
《账户的哲学》	C·E·斯普拉格
《会计中的经济学》	约翰·B·坎宁
《1900年前会计的演进》	A·C·利特尔顿
《1925年前成本会计的演讲》	S·保罗·加纳